周蓓 主編

『民國專題史』叢書

中國政治制度史

楊熙時 著

詳細論述中國自三代至清代的政治制度發展、演變歷史，共分爲導論、歷代的中央政治制度、歷代的地方政治制度

河南人民出版社

圖書在版編目(CIP)數據

中國政治制度史 / 楊熙時著. —鄭州：河南人民出版社，2016. 4(2017. 1 重印)
(民國專題史叢書 / 周蓓主編)
ISBN 978-7-215-10094-7

Ⅰ. ①中… Ⅱ. ①楊… Ⅲ. ①政治制度史-中國 Ⅳ. ①D69

中國版本圖書館 CIP 數據核字(2016)第 080725 號

河南人民出版社出版發行
(地址：鄭州市經五路 66 號　郵政編碼：450002　電話：65788063)
新華書店經銷　　河南新華印刷集團有限公司印刷
開本 710 毫米×1000 毫米　1/16　印張 15
字數 220 千字
2016 年 4 月第 1 版　　2017 年 1 月第 3 次印刷

定價：95.00 圓

出版前言

中國現代學術體系是在晚清西學東漸的大潮中逐步形成的。至民國初建，中央政治權威進一步分散和削弱，加之新文化運動帶給國人思想上的空前解放，新學的啓蒙，新知識分子的產生，民國學術如草長鶯飛，進入一個自由而蓬勃的時代。中國傳統學科乃中國學術之根基與菁華所在，民國學人采用『取今復古，別立新宗』之方法，引入西方的學術觀念，積極改造，使史學、文學等學科向現代學術方向轉型。此外，大力推介西方社會科學的新學科和自然科學，在學習、借鑒乃至移植西方現代學術話語和研究範式的過程中，逐漸建立中國現代學科，使中國的學科門類迅速擴展。一時間，新舊更迭，中西交流，百花齊放，萬壑争流，開創了中國現代學術的源頭。

伴隨知識轉型和研究範式轉换而來的，還有學術著作撰寫方式的創新。中國古代的著作向來以單篇流傳，經後人整理匯編後，方以成册成集的面目出現并持續傳播。直到十九世紀末，東西方的歷史編撰體裁不外乎多卷本的編年體、紀傳體和紀事本末體等，章節體的出現標志着近代西方學術規範的産生和新史學的興起。章節體具有依時間順序，按章節編排；因事立題，分篇綜論；既分門別類，又綜合通貫的特點。以章、節搭建起論述之框架，結構分明，邏輯清晰，較傳統的撰寫體裁容量大、系統性强。它的傳入，使中國現代學術體系從内容到形式被納入了全球化的軌道。民國時期專題史的研究、譯介、編纂、出版恰恰是在這樣的背景下欣欣而發，是學術的實驗場，也是歷史的記録儀。編選『民國專題史』叢書的初衷正是爲了從一個側面展示中國學術從傳統向現代過渡的歷史進程。

專題史是對一個學科歷史的總結，是學科入門的必備和學科研究的基礎，也是對一個時代艱深新鋭問題的解答，是學術研究的高點。民國專題史著作中，既包含通論某一學科全部或一時代（區域、國別）的變化過程的，又囊括對一時代或一問題作特殊研究的，還有少部分是對某一專題的史料進行收集的。原創與翻譯并重，翻譯的底本大多選擇該學科的代表著作或歐美大學普及教本，兼顧權威性和流行性，其中日本學者的論著占據了相當比重。日本與中國同屬東亞儒家文化圈，他們在接納西方學術思想和研究模式時，已作了某種消化與調適，從思維轉換的角度看，更便于中國借鑒和利用，他們的著作因而被時人廣泛引進。

與當代學術研究日趨專業化、專門化、專家化的『窄化』道路迥乎不同的是，中國傳統學術崇尚『學問主通不主專，貴通人不尚專家』的通識型治學門徑，處于過渡轉型期的民國學術在不同程度上保留了這種特徵。民國學術大師諸學科貫通一脉，上千年縱橫捭闔之功力自不待冗言，外交家著倫理政治史、文學家著哲學史、化學家著戰爭史等亦不乏其人，民國專題史研究呈現出開放、融通、跨界撰述的特點。與此同時必須看到，自晚清以來，中國的命運就在外侮屢犯、內亂頻仍的窘境中跌宕彷徨，民族存亡仿若命懸一綫。這股以創建學科、總結經驗、解决問題爲指歸的專題史出版風潮背後，包裹着民國學人企望以西學爲工具拯民族于衰微的探索精神，及以學術救亡的愛國之心。梁任公曾言：『史學者，學問之最博大而最切要者也，國民之明鏡也，愛國心之源泉也。』這種位卑未敢忘憂國的歷史使命感和國民意識是今人無法漠視和遺忘的。

『民國專題史』叢書收録的範圍包括現代各個學科，不僅限于人文社會科學，學科分類以《民國總書目》的分科爲標準，計有哲學、宗教、社會、政治、法律、軍事、經濟、文化、教育、語言文字、中國文學、外國文學、中國歷史、西方史、自然科學、醫學、工業、交通共19個學科門類。本叢書分輯整理出版，內不分科，單本發行，方便讀者按需索驥。既可作爲大專院校圖書館、學術研究機構館藏之必備資源，也可滿足個人研讀或興趣之收藏。

與目前市場已有的一些專題史叢書相比，『民國專題史』叢書具有規模大、學科全、選本精、原版影印的特點。本叢書選目首重作者的首創、權威和著作影響力，尤其注重選本的稀見性。所謂稀見，即建國後没有再版，且多數圖書館没有收藏，或即便有收藏，也是歸于非公開的珍本之列予以保存，普通讀者難以借閱。部分圖書雖有電子版，但作爲學術研究的經典原著讀本，紙質版本更利于記憶和研究之用。本叢書精揀版本最早、品相最佳的原版圖書作爲底本，因而還具有很高的版本收藏價值。

『民國專題史』的著作是民國學者對于那個時代諸問題之探究，往往有獨到之處，無論其資料、觀點短長得失如何，要之在中國現代學術史的構建與發展進程中，自有其開宗立論之地位。

目錄

中國政治制度史

第一編 導論

第一章 中國政治制度的演進

第一節 政府職務的發展

政治學上的政府是一種政治組織。政府組成的目的，是為人民或人民的團體服務的，政府管理事務的範圍非常廣泛，包括人與人在社會上所發生的一切公共事務，在一個大社會之內，一方面固然需要以風俗習慣作為社會制裁的方法；他方面更需要有一種較正式較有系統的方法，就是：由政治的行動，使各個人服從團體的意志，受團體的支配，以管理個人和個人間的一切事務，換言之，在團體之內，設立確定的機關，行使職權，決定各個人或團體間的事務，對於違背團體意志的行動，加以刑罰。這種政治的行動，是包括在政府職務範圍之內。

依據人類學家研究的結果，建立了許多確切而可寶貴的理論，使大家明瞭政府與人類歷史關係的重要。大概在遠古人類尚未進化的時代，所謂政府，確是沒有存在的可能性；可是，在全部的人類歷史上，在有歷史記載以前的時期，每當人類有了社會生活的確實表現，政府就已變為造成人類生活的一種主要要素；並且人類社會愈進化，文化愈複雜，人民依靠政府的地方亦愈多，政府在人類事務方面所佔的地位亦愈重要。世界上最先勃興的國家，是古代的幾個東方國家。

政治制度是和社會同時發生，無論怎樣的社會，總有一種政治制度。在人類進化的過程中，最初的政治組織，是以確定的土地作根據，成爲一個國家的組織，而人口衆多和關係複雜，便成了國家組織的主要特點。大家共同處在確定的廣大的區域裏面，有一個權力很大的政府，政府的權力是和「宗教」「習慣」及其他社會制裁的方法不同，這種權力是由確定的個人或機關去執行。

本來，團體生活和團體行爲的根本職務，不外是「決定」和「執行」兩種，政府更是一種範圍廣泛，情形複雜的人類社會，就其根本職務以及執行職務的各機關來說：關於決定行爲準則的各項職務，稱爲立法，執行立法職務的機關，稱爲立法機關（如稱：國會或議會等）；凡執行立法方面所議決的一切法律規章或政策的職務，稱爲行政，各種行政機關，稱爲：行政院，行政委員會，行政部，內閣，法庭等。

從前的獨裁政治或寡頭政治，治權既不容許分開，而執行各項職務的機關也不分開，君主是立法者，是行政領袖，又是司法官，縱然是委托幕僚執行大部分的職務，但仍操有最後決定的權力。在寡頭政治之下，最後大權，操在少數人之手，他們幾個人包辦了一切立法行政和司法事務。到了立憲時代，才漸漸表現分權的趨向，政府的組織，也發生了改變，立法的權力，得以由整個的治權中分離出來而漸漸獨立，人民團體或個人漸都有參與的權利。凡有參與立法權的團體或個人，便聯合而成爲有機體的組織，以執行職務。立法機關的權力一天天進展，便減削國王的權力了，此外執行立法權的人民或人民代表，不必同時執行行政權，因爲行政事務和立法事務的性質不同，行政事務需要繼續的工作，需要一致的手續，更需要有效率的方法，所以，各別的行政機關也就逐漸設立起來。

近代國家，因爲人民直接立法制度的施行，比較困難，大都將立法權委托人民代表去執行，於是形成了國會或議會。根據所規定時期，地點，組織，以及議事的程序，以人民代表的地位，替國家制定一切需要的法律，這是間接執行立法職務的代議機關。現代各國大都具備一院或兩院的代議機關，執行立法職務，立法機關的權力，或是無限制，或是受憲法的限制，或受行政元首的特權所限制，各有不同；立法機關或是代表全國人民，或是代表人民團體，或是代表某一階級，也有不少的差別。一九一八年以前的德國政府，奧國政府，一九一七年革命後的蘇聯政治等，都表現出性質不同的政制。由近代以迄現代，雖有許多代議政府的產生，但是，這些代議政府不一定都符合民治政府的條件。

政府方面的主要職務，對內須保護社會的秩序，對外須防止外患的侵入，要達到這些目的，政府不得不施行強制執行的方法，去防止或責罰種種擾亂治安的行動；政府更不得不有自給與自衛的方法，以防護國境及執行正當的職務，於是徵收賦稅以供給費用，募集軍隊以抵抗外侮。而徵收賦稅原爲供應一切有益於社會全體的公共費用，政府却不可憑藉這種權力，來對人民橫徵暴斂，近代各國相繼勃興的代議制度，大部根源於賦稅問題而起。

我們觀察政治制度發展的史跡，可以明瞭政府職務中的司法權和立法權，是經過極長期的變化之後，才由政府直接執行。政府執行立法職務，較之執行司法職務爲期較遲，十九世紀以來，各國政府才設立確定的立法機關，着手行使立法方面的職務。在政治社會發展的初期，政府的主要職務，不一定包括關於私法的制訂，私鬥的解決，以及賦稅的徵收；但在文化發達之後，這些政治的行動，都成了政府的主要職務。政政的職務，又擴充到了收用私人財產，建築一切公用的工程，辦理外交，執行警務，種種方面。

十九世紀末期以來，歐洲國家漸漸都從社會聯帶主義(Social Solidarity)或集產主義(Collectivism)的觀點，注意社會問題，企圖依國家干涉政策以求得社會改革的實現。一般產業發達的國家，都以新的社會立法，來增加政府的工作與負担。近世國家的職務，大爲擴張，其目的並不專爲維持國內治安，更須爲了增進人民方面經濟的工業的文化的道德的種種利益而努力。所以，政府方面經濟的社會的職務，便和政治的職務並駕齊驅，閎勢所趨，各國政府不但增進了對內的職務，而且由近代國際關係的突飛猛進，也增加了許多國際性質的職務。

現代的政府，已經變爲一種辦理公共事務的機關，雖說所執行的職務種類很多，各國政府又因其社會狀況的差異而執行各別的職務，可是，現代政府職務的大部分，都是帶有公共福利的性質，同時，在現代政治演進中，有一種實驗主義的趨勢，以實利爲目標，來決定政府職務的正當範圍，如果和社會福利有關係的事務，只有政府能做，而又較優於個人或人民團體的經營，則應由政府執行；反之，如果人民或人民團體的經營，較優於政府的推行，則政府應當放任，不必加以干涉。

現代的急進法學家，如：杜驥(Leon Duguit)和克拉伯(H.Krabb)甚至攻擊政治學上關於主權的觀念。杜驥根據人類社會組織的社會學原理，根據涂爾幹(Durkheim)的分工原則，以爲：因社會的團結，構成了拘束各分子的客觀法，這種種觀要求，凡增加團結的一切事務，必須實行，凡減少團結的一切事務，必須避免，國家受法的拘束，也和團體各份子一樣，要受客觀法的制裁，法律的作用，是組織許多公務，並使之繼續運行，這種公務，是社會生命所不可缺少的。政府不是各種權力的集合體，而是組織和管理公共事務的各種機關的集合體，法律是公共政策的一種表示，一種關於社會所希望必須實行的方法的決定，以供給關於公共和私人性質的一種需要。杜驥的學說，是以社會本身做出發點，政府機關只於確立法律和道德關係下履行其職務，他以「公共職務」說來替代主權說，克拉伯更以「法律權力」說代替主權觀念，主張一切權力，以法律的權力爲基礎。

現代各國採用各種方法，想使行政機關和立法機關都具有一種代表性質，或使行政官吏直接由人民舉出，或間接由民選的官吏任命；或使全部的行政組織，對立法機關負完全的責任。政府的職務，一方面是決定政策，稱爲立法，另一方面是執行政策，稱爲行政。在代議政府的第一類職務中，除立法之外，還有選擇和監督官吏的職務，政治學者稱之爲「政治的」職務；同時，以「行政的」職務包括純粹的行政事務，並且主張畫分這兩種職務。凡執行「政治的職務」的機關，不必執行「行政的」職務，或擔負行政方面的責任；而行政性質的機關，亦不必參加立法的職務，或負担立治方面的責任。其次，行政機關不能完全和上述的「政治的」機關脫節，而忽略人民的意志，致於不能忠實的去執行「政治的」機關所議決的政策，而政治性質的機關，對於行政方面的監督，也只須形成一種普通的監察權，卻不可干涉行政上的詳細事務，或直接執行行政的事務。

行政的職務，又可分為兩大種類，第一種是司法行政，是解釋法律，並且應用法律條文到各種案件上，依照一派學者的意見，司法行政是和「立法」及「行政」完全不同，應該使之獨立，自成一種特殊的政府職務；另有一派學者的主張，以為應該屬於「行政」的範圍，因為司法職務根本上就有行政的性質。行政職務的第二類，是關於執行政策時的許多程序，稱為普通行政，如：收稅、撥款、購料、用人等項，普通行政也可包括財政行政、衛生行政、教育行政、軍事行政等。現代政府的組織，大都有立法、行政、司法三種機關，歐美學者漸漸感覺到三權分立的學說，不能適應現代的政治狀況，而有種種改進的趨勢，甚至主張專以「政治的」和「行政的」兩部門，來劃分政府的職務，並以司法的職務附屬於行政範圍之內，這種主張自必引起實際政治問題上的許多論爭。國父早已垂示我們，認為三權分立的學說，不能使政府職務得到完滿的施展，所以，創立五權憲法的典範，以立法、行政、司法、考試、監察五個部門，分別執行政府的職務，以適應現代民主政治的需求，而改進現代的政治機構，以造福於世界人類的政治生活。

第二節　中國法制中之組織法

近代的立憲政府，是表現法治的精神，人民有直接或間接選出代表參與政治的權利，立憲政府的根據，是成文的或不成文的憲法，政府的職權，有確定的範圍，人民的權利，也有確定的法律保障。樹立立憲政府的基石：一是獨立的司法機關，保障人民在法律上的權利；一是職務確定的行政機關，由法律明定行政官吏的職權，凡法律範圍以外的一切命令，都不能發生效力；凡一切非法的舉動，都須受民事或刑事的處分。

古代希臘和羅馬時代，雖沒有像近代人士的憲法觀念，也沒有和近代憲法相似的法典，但因民治的發展，各有類似憲法的單行法規和習慣。歐洲史上的中世紀，約自第五世紀西羅馬的滅亡，到十六世紀的宗教改革，是封建時期，是近代憲法觀念萌芽的時代。君主的勢力，往往受各地方封建諸侯或各城市團體的限制，這些限制，又以法律的形式來表示，很類似近代的憲法或根本法，關於這種法律的變更或廢止，只能由議會而不由君主，因爲當時都認君主只是一個普通的立法者。中世紀的根本法觀念，和近代的憲法觀念似相接近。

現代的憲法觀念，在十六、十七世紀宗教革命和政治革命時期，已經成熟，又由近代的立憲運動，滲以擴充補助之功，美國獨立和法蘭西革命期間所產生的憲法，是現代憲法的直接淵源。當時確立了幾種觀念：一、根本法須爲成文法；二、根本法須經特別制憲機關制定；三、根本法的效力，高於普通法律。法國革命後，歐洲各國先後推動立憲運動，自一八〇〇年以迄一八八〇年中，歐洲各國陸續建立或改訂的憲法，約有三百種，其中仍多欽定憲法或協定憲法的形式。第一次世界大戰之後。各國新憲法大多容納民主主義，對於憲法的成立和修改，都承認憲法須由人民直接表決，或由人民所特別選舉的製憲機關表決；而憲法的效力，且高於普通法律的觀念，更成爲第一次世界大戰後的重要原則，成了一種時代的趨向。

國家是一個有政治組織的社會，西文中之所謂國家，其意義經過了許多的變遷，是和一時代的政治組織相適應的。一時代的政治組織，自然具備其時代的特質，古代希臘羅馬的國家領域，都以城市及其近郊爲範圍，是一種「市府國家」，希臘羅馬人所稱的國家，含有城市的意義，中世紀封建制度時代，政治權力和土地所有權的關係密切，於是以「邦域」(Land)成了國家的普通稱呼。十五世紀以後，歐洲封建制度衰微，英、德、法、意各國人民便以所差異的文字表示「國家」，如：英語之State、法語之Etat德語之Staat意語之Stato。

「國」「邦」等字，是中文裏面表示國家的名詞，其來源大概產生於中國封建制度的時期，封建時代的政治觀念，偏重土地要素。孟子上說：「大國地方百里，次國地方七十里，小國地方五十里。」周禮上說：「大宰掌邦之六典，以佐王治邦國。」（註曰：大曰邦，小曰國。）國、邦等字，都是表示當時封建諸侯的領域。秦封建時代，稱天子之所治曰「天下」，諸侯之所治曰國（或「邦」），卿大夫之所治曰「家」，如孟子上說：「天子不能以天下與人。」「人有恆言，皆曰天下國家：天下之本在國，國之本在家，家之本在身。」

「王曰何以利吾國，大夫曰何以利吾家，士庶人曰何以利吾身。」「天下」「國」「家」表示出不同的意義，都所以表示「天子」「諸侯」「大夫」三種階級的治域。此外，國家兩字，後漸聯用，成爲單獨名詞，尤其是在先秦封建制度廢止之後。

若就憲法的形式上的特性來說，憲法觀念，更是西方文化的產物。我國歷來關於國家根本組織的法律，如：六典、會典等，大都由臣僚草擬，由君主裁可頒佈，其他法律也是如此，（例如：歷代刑律）一切法律都由君主制定，一切法律的效力自然相等。所以，就法律的效力來說，我國歷來的法律，都沒有等級可言，例如：唐六典和唐代刑律；明會典和明刑律；清會典和清刑律；其效力各自相同，不發生統屬關係。

自從有了殷墟的發見，關於中國史的開始，學者多以殷代作第一頁，因爲殷墟所發現的材料，多少足以供給研究者的證明；但是，春秋戰國以來，中國的思想家，常有「托古改制」「假設爲法」的傾向，漢代晉代，又有一般人從事作僞立奇的行動，所以，殷周以還，關於中國法制的史料，很不容易判定其眞實性：加之，各家對於法制的記載，往往不同，其解釋也常有差異的地方。例如：周代鄉制，周禮上以五家爲比，五比爲閭，四閭爲族，五族爲黨，五黨爲州，五州爲鄉；而尙書大傳上則以八家爲鄰，三鄰爲朋，三朋爲里，五里爲邑，十邑爲都，十都爲師，十有二師爲州，以上兩說，就有差異，又如：王制言爵，與孟子不同，王制所記述的，白虎通認爲是周制，鄭玄則認爲是殷制。

關於中國成文法典公布，大概始於鄭子產鑄刑書（約西元前五三五年）晉趙鞅鑄刑鼎（約爲西元前五一二年，鑄刑典於鼎，很類似羅馬的十二銅表法。）至於法令，則早見於左傳，屈原傳上稱：「懷王使屈原造爲憲令，」當時的楚國已有「法」兼「令」了。又關於立法的發運，始於魏李悝的法經，唐律疏義上說：「賊衰刑蠧，戰國異制，魏文侯師於李悝，集諸國刑典，造法經六篇。」

司馬遷班固等先後確立正史之宗，正史中的書志一門，多有關於典章文物的記載，供給關於中國政制和法律史上的重要材料不少。此外，歷代都有直接記載律政的文字，如：唐律疏義，大元通制，大淸律例。歷代都有記載典章法制的要籍，如：唐杜佑之通典，唐之九朝會要，續會要，宋之六朝會要，中興會要，宋鄭樵之通志，宋王溥之五代會要，宋林慮及樓昉之兩漢詔令，馬端臨之文獻通考。又如：清通典，清通志，清文獻通考，光緒會典等。

歷代的成文法和不成文法，名目不一，又多變遷，其中較爲確定而一致的，如：律、令、典三種。這三種在大體上是屬於成文法典，律的功用在於正罪名，始於秦漢；令的功用，在存事制，魏晉時代非常著要；典的功用在敍述組織，唐時創立，明清兩代因之。歷代的典章法制，彼此都有聯繫的性質。晉書刑法志上說，「魏李悝撰次諸國法，着法經。」唐律疏義注明「李悝集諸國刑典造法經六篇。」唐六典注「商鞅傳法經，改法爲律以相秦。」「魏命陳羣等增改九章而爲魏律十八篇，晉命賈充等就漢九章而定晉權，南朝權制都以晉爲本；北朝雖改魏晉之舊，但北魏權依然源出漢制，北齊北周因之。陳代依北齊權制，並且拆衷魏晉時代的法制，唐時增損隋之開元律令，上集秦漢魏晉的大成，下樹五代、宋、遼、金、元、明、清各代的圭臬。

中國從前沒有「憲法」的專稱，憲字的意義有三：一、憲之意義，多指普通法律而言，如：國語「賞善罰姦，國之憲法。」尚書「率與作事，愼乃憲。」二、是指涉及司法之事，如：漢稱御史臺曰憲臺，唐稱執法官曰憲臣，宋稱諸路提點刑獄官曰憲司。三、憲字的意義，也近乎根本法和典則。如：尚書說命「監於先王成憲，其永無愆。」晉書「稽古憲章，大釐制度。」唐書「永垂憲則，貽範後世。」這些典則，大概類似近代的不成文法。所以，從前中國當名詞中的「憲」及「憲法」的意義，係指「典章」「法度」，係指一般的法規而，言和現代所謂「法」的意義相當，却和現代所謂憲法的意義有別。

現代之所謂憲法，其本身含有形式的與實質的兩面。所謂形式上的特性，一方面是指憲法的效力高於普通法權，一方面關於修改憲法的機關或手續，都和修改普通法律不同。所謂實質上的特性，就是指憲法上面所規定的事務，憲法的內容，在規定國家根本的組織。憲法是規定國家根本組織的法權，其內容不僅是規定個人的基本權利與義務，還要規定國家最重要機關的組織，職權，及其相互的關係，以及修改憲法的方法和手續。實際上，因各國憲法所規定的事項並不一致，所以，各國憲法表現出各自相異的特點。

若就現代憲法觀念，單從實質上的特性來說，我國歷來也算有憲法了，並且類似具有成文憲法的形式。周禮頗具成文憲法的形式，但周禮所記是否爲周代的遺制，久已成爲學者爭論的問題。我們固然不能確定成文憲法的起源時期，可是，自唐以來，已有了成文形式的憲典。唐開元時代頒佈的六典，可稱是憲典中之最古而至今未散佚的。唐代已開中國法典的新紀元，所謂六典，分爲理典、教典、禮典、政典、刑典、事典六部分，仿效周禮「大宰之職，掌建邦之六典」的設立，紀述職官及典章制度，分別規定國家各重要機關的組織和權責，以及施政的準則，成了明清會典的楷模，明清兩代的會典，也類似六典。

清乾隆時代欽定的大清會典凡例，述及會典是「以典章會要爲義，所載必經久常行之制，」凡「官司所守，朝野所遵」皆「總括綱要」併入此種「國家大經大法」之中，雖然沒有綱羅一切，（如：關於皇位繼承問題並未規定，僅存於習慣之中。）仍不失其爲成文法的性質。此外，依據近代的憲法觀念，凡是立憲國家，必須承認人民享有若干參政權，否則不能稱爲具有憲法的國家或立憲的國家。如果要依照這種理論來檢點中國古代的政治，則我國歷來可謂沒有憲法，因爲六典等類，雖是一種根本組織，却不如外國憲法是一種「人民的權利書」。

第三節　中國政制之時代的劃分

在周代以前的政治形態，可說是部落國家，其眞相，很難有信史來引證，但亦略可就傳說去研考，左傳「禹會諸侯於塗山，執玉帛者萬國」。這些「國」，大概都是部落。在部落中係一種巫覡政治和部民政治，最古的政治組織，以巫覡爲主，般人尙鬼，見於傳說，安陽甲骨文字，多是占卜所用，周時的禮治，仍始於祭。禮記「諸侯祭社稷」，孝經「然後能保其社稷，而和其民人」，這是以土穀兩神的社稷稱謂，用以代表國家，也可說是巫覡政治的餘意。其次，部落中如有重大問題，還要諮詢族民，盤庚「王命衆悉至於庭。」孟子稱，大王將遷歧，屬其耆老而告之。左傳定十年，靈公將叛晉，朝國人問焉；哀公元年吳之入楚也，陳懷公朝國人問焉；僖公十五年，晉惠公爲俘於秦，使呂飴甥朝國人；昭公二十五年周王子朝之難，晉士伯立於乾祭而問於介衆。

秦代以前的政治，是封建政治，文獻通考封建考上說：「按封建莫知所從，始也。三代以前，事跡不可考，召會征討之事，見於史記黃帝紀，巡守朝覲之事，見於虞書舜典。」由此看來，黃帝，堯舜時代，似已有封建的痕迹。武王克殷，滅國五十，既立其威於羣后，並以褒封名義，承認各舊部落以示恩惠。史記周本紀「武王追思先聖王，乃褒封神農之後於焦，黃帝之後於祝，帝堯之後於薊，帝舜之後於陳，大禹之後於杞。」並封許多新國，被封者不爲同姓，卽爲功臣，以監視舊的部落，（如：管蔡之封，卽在監視殷之武庚。）而舊部落又多爲新封諸侯的附庸。

周武王新封之國凡七十一，被封者兄弟之國十五人，同姓之國四十人，兄弟之國，以周公旦爲首，同姓之國以召公奭爲首，封於燕，被封者爵位的高下，分爲五等，卽是：公、侯、伯、子、男，男之下，更有附庸，土地的廣狹，分爲三等，卽是：百里、七十里，五十里，公國與侯國都有百里，伯國有七十里，子國與男國，都有五十里，其餘不滿五十里之國，叫做附庸。又公侯之國叫做大國，伯國叫做次國，子男之國叫做小國，各國的官制，都有一定：大國有三卿，都由中央的天子任命，有下大夫五人，上士二十七人，次國也有三卿：二卿由中央的天子任命，一卿是封君自己任命，也有下大夫五人，上士二十七人。小國只有二卿，都出自天子的任命，小國也有下大夫五人，上士二十七人，這是官制的大要。

關於軍制：大國有三軍，次國有二軍，小國有一軍，據周官所載，一軍有一萬二千五百人。中央的軍隊，較大國多一倍，有六軍。封國的諸侯，與中央天子的相互關係，又表現在朝覲巡守的行動上，孟子「天子適諸侯曰巡守，巡守者，巡所守也。諸侯朝於天子曰述職，述職者，述所職也。」又以宗法制度維持其與同姓國間的聯絡；以族外婚姻制度增加其與異姓國間的情感。國家區域的分劃，據梁啓超氏分爲甸（王畿內的釆邑），侯（卽諸侯），衞（舊部落之爲附庸者），荒（封建所不及的邊地），周室以王畿千里筦其樞紐，形成一種有系統的封建國家。

周代建國都於渭水流域（今之西安附近），又置陪都於河南省的洛陽，所以，西安附近，是周代的發祥地，洛陽陪都地當中原的要衝，便於監視諸侯，又可威壓商之餘類，鎬爲本，洛爲末，兩地成了支配中國全土的重心。鎬京以北的渭水流域，古有沃野千里之稱，西南華山一帶，物質極爲豐富，周代已具有勤勉稼穡的民風，周代的武力，又能防壓北狄而使人民營平和的生活，但自昭王以來，漸次失勢，懿王時代，戎狄漸漸侵入內地。所以，詩人有「靡室靡家」之嘆。宣王雖表現一時的中興，然不能保持長久，結果由諸侯共立的平王，不得不抱祭器東遷洛陽。鎬京曾失陷於戎狄，於是文化支持者之王官，各帶其掌管的記錄，散走四方，或秦，或楚，或燕，趙，或鄭，魯，或遠至吳，越，散佈文化種子於各地，而有以後春秋戰國時代的文化發展。

秦代以前的政治制度，是一種方伯政治與世卿政治。據王制「千里之外設方伯，五國以爲屬，屬有長；十國以爲連，連有率；三十國以爲卒，卒有正，二百一十國以爲州，州有伯。」「八州各以其屬，屬於天子之老二人，分天下以爲左右，曰二伯。」公羊魯隱公五年，有「三公者何？天子之相也，自陝而東者，周公主之；自陝而西者，召公主之，一相處於內，」與王制之二伯合。左傳僖四年『管仲告楚人之辭曰：「昔召康王命我先君大公曰，五侯九伯，汝實徵之。」』與王制之州伯相合，可見方伯之制，必有所本，又如：尙書胤征、湯征諸侯注，湯之爲夏方伯，得專征伐。史記周本紀，昌之爲殷方伯，故稱西伯。方伯不僅握有諸侯之政，並永輔王室，周公在成王時攝政七年；召公畢公佐康王；在厲王之後，周召二相所行的共和政治，更是方伯政治，春秋時的齊桓，晉文等，以一州伯，尊周攘夷，後來伯政漸衰，世卿政治代之而起，到了戰國時代，世卿有取諸侯而代之之勢。

春秋以後，封建制度便發生動搖，一方面表現天子大權下移（如：齊桓公挾天子以令諸侯），一方面有世家的專橫，（如：魯之三桓，齊之田氏，晉之六卿）一方面更有許多弑逆的現象。春秋時代的弑逆事很多，如：晉武公弑晉侯緡，夏徵舒弑陳靈公，崔杼弑齊莊公（這是以臣弑君的例）。如楚穆王弑楚成王，蔡靈侯弑蔡景侯，（這是以子弒父的例）如：公子州吁弒衛桓公吳闔閭弒吳王僚（這是以弟弒兄的例）。經過春秋時代二百多年的長期紛擾以後，由兼併的結果，到戰國時只有齊、楚、燕、趙、韓、魏、秦七個大國。秦滅六國，使封建制度從形式趨於消滅，展開了統於一尊的新政治組織。

秦代變法，結束封建制度，逐漸創立中國的法統，通考上說：「自秦廢井田，隳什一之法。」漢書食貨志「秦用商鞅之法，除井田，令民得買賣。」實際上井田之壞，是由積漸而來。孟子「經界不正，井地不均，穀祿不平。」可知到了秦代制定阡陌的時候，土地的私有，已經成爲定制了。郡縣制度在秦以前，大抵已有。關於「縣」者：左傳昭二十八年「晉分祁氏之田，以爲七縣，羊舌氏之田以爲三縣。」關於郡者：周書作雒篇「千里百縣，縣有四郡。」說文「周制地方千里，分爲百縣，縣有四郡。」晉語「夷吾謂公子縶曰：『君實有郡縣。』」趙簡子稱：「上大夫受縣，下大夫受郡，」郡縣並非創自秦時，但因秦代集權皇帝，以郡統縣，郡縣的地位，便愈加明顯起來。

嬴政初併天下的時候，王綰請立諸子以王燕、齊、荊等遠地，未加採納，而聽從廷尉李斯之議：「周文武所封子弟同姓甚衆，然後屬疏遠，相攻擊如仇讎，周天子勿能禁止。今海內賴陛下神靈一統，皆爲郡縣，諸子功臣。以公賦稅重賞賜之，甚足易制，天下無異意，則安寧之術也，置諸侯不便。」始皇曰：「天下苦戰鬥不休，以有侯王，賴宗廟，天下初定，又復立國，是樹兵也，而求其寧息，豈不難哉？」於是分天下爲三十六郡，郡設守以理民財，設尉，以主兵柄，設監以司糾察。以前坐食一方的所謂公、侯、伯、子、男等不復存在，而代之以由中央隨時設置的地方行政長官。

秦併天下後，對於有功者，又有一種給空爵而不給土地的賞賜方法。文獻通考封建考：「秦制爵二十等以賞功：二十，徹侯；十九，關內侯（徹侯稍有土地，關內侯就只有虛名）；十八，大庶長；十七，駟車庶長；十六，大上造；十五，少上造；十四，右更；十三，中更；十二，左更；十一，右庶長；十，左庶長；九，五大夫；八，公乘；七，公大夫；六，宮大夫；五，大夫；四，不更；三，簪褭；二，上造；一，公士。」以秦漢時代，都是集權的君主政治，皇帝是唯一的統治者，皇帝以上，沒有任何人或任何法的限制，在實際上如有英明的君主，便能獨攬一切，行使充分的權力，否則便是庸主當國，王權削弱，任由權臣挾制或壓迫。秦漢的政治制度，大都相同，漢初恢復封建，吳楚七國亂後，又嚴諸侯王禁制，雖有爵國，名存實亡，漢代的封建，有兩特色：一、郡國雜處，帝國分地，與諸侯王國分地，犬牙交錯，以相牽制；二、天子爲諸侯國置傅相，管其政治，諸侯不得在其國內有所作爲。這種法度的外形，是矛盾的，就封建和郡縣兩種對比看來，都可謂似是而非。漢制，貴爵爲三等，即：諸侯王、列侯、關內侯，而漢代強幹弱枝之策大行，中央政府的權力，達於極點，皇子之國，其勢不敵宦豎，諸侯王，列侯，有封建之名而無封建之實；但漢末的州牧，無封建之名，反有封建之實，開了中唐藩鎮的先聲。此外，漢代的相權極重，貴戚之卿，又復相繼總攬大權，而宦官漸起，也攘奪政治上的支配權，形成古代政制史上的特殊狀態。

西晉恢復封建，又敗於八王之亂。自魏晉以來，權臣政治，閥閱政治，非常發展。魏時，以九品中正取士，閥閱之家，得以參與政治。六朝，士族自重，天子用一寒士，而須下詔政治機構，寄於右姓豪族，君主可出身素族，寒人亦可掌管機要，但政治不敢違背閥閱的勢力，至若王導謝安，更以閥閱而直接參與政治，另一方面權臣鎮將，也左右政治，如：桓玄謀反雖然未成，劉裕篡位，却成功了。南朝宋、齊、梁、陳以鎮將而奪帝位；北朝魏、齊、周、隋之所謂禪讓，都是以軍閥而劫奪而操縱國政。

唐自中葉以後，政權內劫於宦官，外操於軍閥，宦官之禍，遠自東漢，至唐更烈，可領禁軍，典樞密，馴致立君弒君。至於軍閥之興，始於三國的州牧郡守　迄唐玄宗廣設節度使，又使之發榮滋長。方鎮強大，中央政府實權墜地，山東河朔，皆擅自委吏，以賦稅自私，以土地傳子孫，甚至合縱以抗天子，到了五代，兵士更可隨便策立天子。唐時的封爵，都導於漢朝的關內侯，（唐分爵爲九：曰親王、郡王、國公、郡、縣開國公、侯、伯、子、男，大都榮典而已，清代亦同。）有租庸之祿而無其國，漢唐的政制，具有類似均權的意義，漢唐盛時的共同精神，是「居重馭輕」「軍民分治」「注重地方政治」。唐代府兵制度的興廢，和分權制度的盛衰，有密切的關係。

我國歷代政制，以唐代爲承前啓後的重要時期，當時三省分立，中書省類似現代之立法機關，門下省的職權，已兼及司法和監察兩權，而政務都出命於尚書省，由門下省加以審議，而尚書省執行之，唐代的三省，本是沿襲隋朝。中國的內閣制度，到了唐代，也可算是相當具備。所以，隋唐時代中國政制，表現分權或類似均權的傾向；並且，還從分權或類似均權趨向中求到合議的益處。

晉代八王之亂，所爭的對象，是中央的權力。唐代藩鎮的目的，在於力求鞏固地方的權力而與中央分割勢力。自宋迄清，中央集權的趨勢日盛，所謂古代豪族，六朝閥閱，到宋代都已消除。宋代以文臣出知軍州事，設通判以分其權，而諸州兵之強者，又升爲禁軍，同時爲防止大臣專橫，又將中央的權力，分立起來，使之一統於君主，地方權力爲固衰，中央權力，依舊未能加重，結果，只是和外患形成始終之局。

元代諸王后妃公主各有食邑，但賦不得私徵，必受之於有司之手，明太祖封子三十九人，各設官屬，傅相、置衞兵，但不得干涉政事，包含一種和古代封建制度不同的性質。唐代的政制，多承隋制，宋承唐制，元代雜採唐宋舊制，而加以增損，明代沿用元代舊制，朱元璋後又集權於一身，中葉以來，權臣宦官之禍又復形成。元清兩代的政制特點，在於施行種族專制的政治，同時，又是中國政治史上最專制的時期。

總括言之，中國歷代政制之時代的劃分，大概是：第一，自周至秦爲封建政治時代，自周武王滅紂以迄秦始皇實行完全專政一尊，這時期之內，政治制度是封建制度，自周武王至周平王，封建制度尚是完整，自周平王至秦始皇，封建制度漸次衰微。第二，有秦一代，是封建政治與專制政治的交替時代。第三，秦代以來，專制一尊，成了政治的常軌，所謂漢晉明各朝所恢復的變相的封建制度；所謂魏晉南北朝的門閥政治，中唐的藩鎮，元清的種族專制等，都在這個自秦以來的專制一尊的政治環境裏盤桓。第四，從政治制度的進展上看來，唐代是中國政治史上一個承前啓後的重要時期。第五，中國政治史上所劃分的時期，固然基於中國政治制度的變遷與發展，但是，這種政制的變遷和發展，又源於歷代君主的近臣，他們在政治舞台上的起伏興替。

第二章　歷代中央政制的特徵

第一節　權能分掌的進程

十九世紀後半期，美國有一種新的政治思想，他們所用的方法，較之從前爲具體化科學化，對於從前政府所着重的「保護目的的觀念，」表示一種反響。他們認爲政府的使命，不僅在於維持社會的法律和秩序，以及抵禦外侮的侵凌，以求保障個人的權利爲任務，更應以增進全體社會的利益爲天職。國家的使命，不應當只限於禁止某種行爲一類的消極工作，尤須以精密的方法和計劃，而予公共幸福以積極的推進。威爾遜（Woodrow Wilson）等，都有這種共同的見解，都認爲：只有社會經驗和時代需要，才足以限制政府的行動，國家的職務不能以保護個人利益爲止境，而應擴張到增進公共幸福方面去努力，這都是關涉到近代政治組織中「政權」和「治權」的種種問題。

舉凡政治組織的形成，不是偶然的產生，大都經過長時期的演進。一七八七年由制憲會議制定的美國憲法，其中政治制度的來源，是基於一二百年以前的英國殖民地時代的歷史，這就是政治制度形成的若干原動力。就英國憲法來說：政治意義上之所謂憲法，是規定政府的重要組織，並確定政府與人民間的關係，英國憲法的特點，不是指一種成文的文件，而是指現行政治制度的全部機構。英國憲法，在原則上有非常穩固的性質，同時，卻有「常作不重要改革的」習慣，以反映社會上慣例與思想的變更。因此，便成了最保守而又最新穎的成果，英國憲法確是長時期歷史發展的結晶。

英國是一個有君主國形式，和共和國制度的國家，其專制政體的消滅與政府「向議會負責的」原則之代興，經過了差不多兩世紀的鬥爭，才漸次明朗化。在英國政府內，形成共和國制度與君主國形式的混合和調和，在法國自一七八九年開始的改建共和運動的推行，至十年以後，即被拿破崙打破，八十多年間，繼續表現出許多次反自由主義的政治。和法國革命同時並進的產業革命，更阻礙共和國的成立，英國在十七十八世紀中，集中全力，從事應付關於組織議會政府所引起的政治問題，但法國却受了新起富豪階級的障礙，使法國在十九世紀的民主政治鬥爭中，不能適應「新政治制度建設」與「社會改革」兩大問題。法國文學家阿雷（Alain）認法國有三種勢力，即：民衆、富豪、與文官（文官代表舊制度下專制政治的傳統精神），他指出法國政治社會大騷動中三個衝突的潮流，——民主政治、富豪政治、專制政治，——的交相刺戟。

所以，第一個影響於政府組織的重要原動力，是人民的政治歷史背景。人民最初的政治經濟的經驗，都足以影響到他們的政治心理與政治習慣。其最初所形成的特點，雷風餘韻，還足以傳遞到自民族以後的政治生活。安格魯撒克遜人具有幾百年部落政府的政治經驗，傾向於一種比較的自由生活，因此，英國人民最早就不能忍受國王的專權行爲，而合力限制國王的權力，擴大代表人民的國會的職權；反之，法蘭西人民在羅馬政府之下，過了幾百年的被壓迫的生活，才算比較能夠忍受十六十七兩世紀的專制生活，北美洲的英國殖民地人民，與南美洲的西班牙殖民地人民，其政治背景完全不相同，便表現出南北美洲在實際政治組織上的差異。

其次，社會經濟生活的性質，也足以影響於政治制度的發展，舉凡政府的形式，政府職權的分立，其目的，不外應付各種社會與經濟團體的需要。工商業國家的英國政制，自必和農業國的俄、德、法不同，而英國因社會的經濟的因素的發展，產業團體參與政治的趨勢，促成了英國政治組織的改革，這是爲一般社會組織比較簡單的國家所望塵不及的。其三，政治組織也受地理狀況的影響，英國是島國，其代議政治的發展，當然和龐大的大陸國家（如俄國）情形不同，法德兩國又不具備地理上如英美的天然保障，所以，法德的政治組織不似英美之趨向地方分權，反而因德法兩國基於外侮的地理情況，容忍了中央集權政制的施行；更因社會和經濟組織的不同，其民族的政治自覺心，也自不同，便引起政治組織的差異。

其四，人類是政治的動物，政治是指大家事體的管理，其內容非常錯綜複雜，不外由政治的現象，政治的制度，政治的觀念等因素所構成。政治思想更是其中的主幹，政治思想以人民的論理的能力作淵源，以實際政治的合理化爲企求的目的，有了政治，就有各種的政治思想，人類思想是一片整個的領域，政治生活是人類生活中的一部分，人類生活的其他部分有了變遷，勢必影響到其他部分的思想，也會影響到政治的生活和政治的思想，換言之，凡宗教的倫理的法律的經濟的各種生活或思想，有了變遷，也必使政治生活和政治思想發生變遷。人類思想的發生，旣由於實際社會情形的啓發，我們要瞭解政治制度的性質，更須從縱的方面研究政治思想的演進，因爲政治思想是在促進人類政治事實的改善，以求人類政治生活的正當發展。任何時代的政治思想，都和當時的實際政治情形有密切的關係，同時，一個時代的實際政治，也處處受到政治思想的影響。

政治組織旣是處處受自然現象或社會現象中幾種原動力的影響，則自近代的史跡看來，可以瞭然世界各國的政治組織，逐漸向着民治的坦途邁進，美國學者亞丹(Adams)在英國憲政史要(Outline sketch of English Constitational History)上說明，英國的大憲章（Magna Charter 1215）內，具有兩種根本原理，其效力到現在依然未減，而成爲英國憲法以及由此發靭的其他憲法之唯一基礎。這兩大原理，即是：（一）國家有其本時政治組織的根本法律，其君主（或如今日之政府）必須遵從：（二）如政府不遵從這種法律時，人民即得强迫使之服從，甚或推翻政府而改建之。我們引證英國的歷史，就可知道每值英國人民的自由發展而遭遇危機時，這兩種原理，即是人民的根據，以逐漸造成自由的政府。

在民治推進的潮流中，近代民主政治的組織，常常依據人民主權方法的不同，而有「直接民主」的政治組織，和「間接民主」的政治組織。直接民主的政治組織，就是人民組織民主的政府後，他們可以行使其主權。而這種直接民主的政府，就是人民自身爲行使立法權及行政權的一個直接機關。政府的各種機關，都由人民會體來決定，各種重要事務，都取決於人民全體的公意，官吏由全體人民選舉，且受全體人民的節制和監督。從前如希臘時代的城市國家（City States），以後如瑞士的幾個小邦，以及美國獨立前的新英倫幾個城市，會經採用直接民主政府的制度，不過僅表現於地方政府而已。

從實際上言之，全體人民既然缺乏敏捷的判斷能力，很難應付政府方面，種種的困難問題，人民既不能全受技術的教育，自不能都具備有技術知識，便不能處決許多關於專門技術性的政府職務；何況近代國家幅員遼闊，人民衆多，人民的利益，又有不同；人民的政治能力既然缺之，而政府職務一天天增加，更難適用直接的民主政府制度，所以，近代採用直接民主政治組織的國家很少。

近代各國所通行的，是間接民主制，或稱代議制度，由人民選舉而有定期改選的議會，作人民的代表，爲發表民意的總機關，盡量發揮民意，並由議會操有決定國家政策的權力；但是近代的代議政治，早已發生了許多弊害，誠如蒲萊士(Bryce)所稱：「人民對政治既然冷淡，議員又過於利己，而黨派的操縱更甚。」自十九世紀末葉以來，反對代議政府制度的趨勢，一天天發展，人民對於代議制的感想，也發生了變動，美國各州的憲法，初採議會中心主義，使議會有國家之至上的權力，後來漸次趨向於限制議會的權能。各州對於憲法的修改，已漸採用憲法上的複決權，後來更採用立法的複決權；此外，德意志的新憲法且規定於議會之外，另設產業會議，以爲協商和議決經濟問題的機構。

三民主義的政治組織，雖建築在直接民主制度的基礎上，但僅採取直接投票制度中的直接民權，並以五權分立制去救濟間接民主制的弊端，使在間接民主制度之下，可由創制、複決、罷免、選舉四種直接民權，以充分求民權的伸張和發展，三民主義的民權主義，是將「權」「能」分開，人民有權，政府有能，以求得民衆的幸福，這種操於人民的政權，在近代和現代的憲法上，已經表現了許多重要的規定和力行的事實。

近代憲法上有所謂個人的基本權利與義務的條文，這種關於個人的基本權利與義務的規定，其意義在謀有以範圍未來的立法者，行政者，或司法者之行爲，遠如法國一七八九年的人權宣言，共十七條，條文簡單，禁止法律溯及既往，或不依律文而加處罰，並担保人民在法律上的平等；近如第一次世界戰後的德意志新憲法，更有較詳的規定，以爲人民權利的有效保障，這種個人的基本權利，一方面是消極的，如：人身自由，言論自由，信教自由，集會自由等等個人自由，使個人的知識，道德，與身體上的個性，盡量可以發揮，國家負有不加侵犯與防止侵犯的義務，近代各國憲法多列引人民的基本權利，而以美國諸州之權利宣言與法國之人權宣言為其淵源。

至於積極方面，個人的基本權利，除了國家供給人民以最小限度的教育權利，救卹窮者，保護勞工諸項之外，更有人民的政權，如：選舉權、複決權、創制權、罷免權、就選舉權來說，卽是公民依書面或非書面的方法，選定國家立法機關或其他機關人員的權能，從前希臘時代，社會組織簡單，人民視選舉為公民自然聯帶的事務，他們以為「國」由家族推演而來，國家與人民不可分離，因此，除奴隸外，希人常常參與種種公共的活動，如：參加會議，通過法律，選舉官吏，否決政策等，當時的選舉方法，係用抽籤來決定，雅典人民以為這種決定，出自神的意旨。抽籤制度之外，尚有法庭投票為表示民意的另一方法，官吏由此常被公民控告，法庭根據控告受理案件，對於被告者，得予以懲罰，人民在法庭投票與在人民會議中股票相同。

羅馬共和時代的公民範圍，較希臘為廣，亦由全體公民選舉行政官，制定法律，其所用選舉方法，和希臘不同，羅馬的選舉機關先後表現在三種形式之上：一、貴族會議(Comita Curiata)，在王政時代，為貴族三十八的組織，其職權可以選定國王，並賦予最高與終身權力，到了共和時代，其職權已經喪失，僅餘管理宗教事務之權，二、百人會議(Comita Centuriata)為有服兵役資格，自由財產資格，與貴族資格的組合，其目的在調劑階級間的不平，使貴族平民共同參與會議，大部分重要的官吏，都由該會選出，全體公民都有權選舉，然須依照階級秩序舉行選舉手續，所以，界限仍極清晰，貴族武士，是處於優越的地位。三、平民會議（Comita Tributa)，是共和末年最著名的立法機關。羅馬人按照部落，選舉代表，其中四人出於羅馬城，二十四人出於其他各處，當時舊有的各機關仍舊存在，但各機關的職權不同，宗教方面屬於貴族會議，關於選舉執政官，裁制執政官，及一切最後裁決權，和戰問題等，其權都屬於百人會議；而選舉保民官，以及下級官吏，又屬於平民會議，此外，尚有元老院（Senate）支配一切大計，羅馬的選舉，和希臘的組織不同，羅馬人的要求，不在直接支配公務，而在選出執行公務的官吏。

孟德斯鳩頌揚英憲，且稱英憲有許多是借助於日耳曼人的政制，認爲「政治自由」是日耳曼荒林中的產品，日耳曼各民族的文化雖低，但其個性很發達，好勇貪殘，並且有原始粗淺而真實的政治自由。戰士團的領袖。由戰士全體推戴，其初期君主，大都出於推選，且無立法大權，由全體大會或地方議會決定重要的政事，其法律重習慣而不求成文。近代的西方政制，直接或間接所受日耳曼人的影響不少。自十七，十八世紀以來，各國漸漸承認選舉權爲國民的固有權利，認選舉權爲國民之一種社會職務，各國政治演進的鵠的，莫不着重國民選舉權的推廣與普及，選舉權成了重要的政權之一。

就創制權來說，這是公民直接造法權利之一，古代希臘的許多城市國家，其公民團體享有選舉官吏之權，尚有直接造法之權，當時的公民大會不僅是最高的造法機關，並且爲唯一的造法機關。現代國家，如瑞士，尚有數州沿襲中世紀遺下的公民全權會議。(Landsgemeinde)的制度，委以完全的造法權，近代的創制權（Popular Initiative)是承認公民達到相當的人數，得提出關於法律或憲法的建議案，要求公民複決，所以創制的目的，在於防止議會違反民意而不制定某種法律，創制的適用範圍，一方面承認法定數的公民，對於憲法修改問題，得提出建議案而要求公民複決，形成制憲的創制；他方面又承認法定數的公民，對於普通立法問題，得有建議案的提出，與公民的複決，美國各邦中，因視制憲問題較立法問題爲重要，所以轉向立法的創制。

就複決權來說，複決(Referendum)制度，在令公民團體對於議會所通過的法律案或憲法案，而爲贊成或否決的表示，以防止議會違反民意而制定某種法律，這種制度的遠源，雖不始於近代，但由十八世紀的美法革命，卻樹立了嚴格的複決制，十九世紀以來的瑞士和美國，以及第一次戰後的歐洲新憲法內，都有採用的事實。複決權的形式，一爲制憲的複決(Constitutional Referendum)，美國各邦所採用的複決制，多限於憲法案。二爲立法的複決（Legislative Referendum），瑞士各州，除採用制憲的複決外，並採用關於普通立法案的複決。三爲強制的複決（Obligatory Referendum），指議會所通過的憲法案或法律案，必須複決，始能成立，現時瑞士採用的制憲的複決，概爲強制的複決。四爲自動的複決（Facutative Referendum）指議會通過的憲法案或法律案，必須經由公民自動的要求或其他機關自動的要求，始付複決，各國有採用立法的複決者，大抵爲自動的複決，對於制憲事宜，各國亦有僅採自動的複決者。

在民權發展的國家，人民的政權，除了選舉、複決、創制三種之外，還有直接罷免權(Recall)。瑞士諸州，以及美國諸邦，拿這種權利授予公民，使他們對於國家機關的議員或官吏，可以行使直接的制裁。換言之，公民依照法定數額對於失職的議員，行政官吏，或法官，要求公民全體投票，以罷免其職守，一九一九年後的歐洲新憲法，頗多採用這種制度。我們由以上幾種直接民權，可以看出人類政治社會的歷程，離不了民治的傾向和進展；而民治的實際施行，又脫不了「權」「能」分掌的原則，由各國政治制度演進的史跡去追尋，在在足以顯露權能分立與其相互影響的事實，中國古代的政治，也含有這種同一性質的表現。

近代西方民治的演進，展佈了代議制與內閣制的前途，兩種制度的關係，非常密切，內閣閣員大都由國會議員中選任。中國的君主專制政體，行之幾千年，其適應人民參政心理的方法，或以選舉制度或依考試制度，使朝野相通，寒貴同仁，徵攻天下的人才，發展政府的效能，所以中國古代的選舉制度，亦具有其特點，這種特點，即在打破了經濟的和社會的界限，一般士人，都可參加國都舉行的定期考試，由當選而可取得參預政治的地位，這是政務官必經的階段，論者以爲中國古代的選試制度，似可稱爲一種代議制度，其劣點固有，如科舉制度的流弊不少，帝王既利用之以錮民智，學子亦趨赴之以閉其思想。但是，也自有其優點：一、人無分貧富，只要考試及第，即可備位廊廟，參與政治；二、中國考試的制度，普及全國，可以網羅在野的人才；三、主試者概由遠方派來，不易有地域偏袒的弊害；四、中國的考試制度，完全以教育爲標準，類似舉行全民的普選，比較更符合於民治的原則，不像歐美的國會選舉，仍脫不了經濟上社會上特殊權利的操縱。

中國古代的政治思想和政治制度，有很多是含有發揚民權的深意，儒家以及其他思想派別的尊君觀念，論者以爲現代當然決不容許君主的存在，但在古代，則是基於時代的因素，而似含有一種求表現民族一統的象徵，好像現代的英國人，對於英國國王的觀感一般，視國王爲人民的代表，如果暴虐殘民，人民即可起而革命。就中央行政的機構而言，英國內閣最初原是國王的幕僚，行政的樞機在王室，視政府是隸屬於王室；在中國古代則不然，其行政樞機在政府，而不在王室，視王室是隸屬於政府，天子為王室的元首，丞相為政府的首腦，雖由天子授名器於丞相，但丞相的地位，可與天子分庭抗禮，天子詔書，必須丞相副署才能施行，古代的三省六部九卿，都屬於宰相的系統，政權在宮中，治權在府中，政權治權，由天子與丞相分任。

歷代宰相的地位與聲望，非常隆盛，天子對於宰相，優禮尊重，宰相非天子的私人，其名位非親主可比。文信國有言：「丞相之在朝廷，修法度，正紀綱，選賢任能，使各得其職，下則振導民俗，使其遷善遠罪而不自知，故其事功非可歲月考而一二數也。」論者以為中國的宰相制度，足以保障民權，若宰相失職，即可見民權的衰頹。天子的政權和宰相的治權，如果配合得不相宜，其結果，或是政權太弱，不足以節制治權，而釀成權臣專橫的局面；或是天子侵凌相權，而公道淪亡，唐末的節度使，本是宰相的僚屬，後竟盜竊相權，內外混雜，上下凌越，因相權旁落而使民權衰，而使唐代滅亡，北宋之亡，由於天子侵犯相權，南宋之覆，由於權相迭起，如秦檜，韓侂胄，史嵩之，賈似道等，專制朝政，斷送國脈，由此可見中國古代政制中權能分掌的進程，及其重要性，文信國嘗加評議：

「公道在天地間，不可一日壅閼，所以昭蘇而滌除之者，宰相責也，天子而侵宰相之權，則公道亡矣。」

「三省樞密，謂之朝廷，天子所與謀大政，出大令之地，政令不由中書，昔人謂之斜封墨敕，非盛世事，國初，三省紀綱甚正，中書造命，門下覆審，尚書奉行，宮府之事，無一不統於宰相，蓋宰相之權尊，則公道始有依而立也。宣靖間創御筆之令，蔡京坐東廊，專以奉行御筆為職，其後童貫梁師成用事，而天地之分裂者數世，是可鑒矣。」（御試策）

第二節　五權政治的傾向

在各國政治制度演進的過程中，政府的治權早就有了一種分立的趨勢，他謂分立的涵義有三：一、立法行政司法考試監察五種治權，當各別執行其職務時，不受其他各權的指揮命令，這是職務上的分立；二、五個權力的執行者，在各別職權上，不受其他權力的侵犯，例如：行政院或立法院不能任意革除他院的職員，這是地位上的分立，三、所謂分立，並非絕對分離獨立不相干涉之謂，在上述的兩種原則之下，立法、行政、司法、考試、監察各部門之間，常有互相參預的關係。

政治上分權的見解，來源已久，希臘哲學家柏拉圖(Plato 428—347B.C.)在他晚年的政治思想——法律篇——中的見地，已由人治而重法治。已由貴族政體而崇仰混合政體，混合政體的組織裏面，有公民大會，有執政院（三十七人，由公民大會經三次選舉手續產生，年齡須五十至七十，任期二十年），有元老院（以三百六十人組成，由四級國民各舉九十名，兼用選舉與抽籤，全院分十二股，每月由各股輪流負責）軍隊統帥三人，由執政官提名，經已屆軍役年齡的公民選出，柏氏思想，已包含分權與制衡的原理。法律篇最後一章，似又恢復共和國的精神，制度方面增設監察官（四十至七十五人，年齡爲五十以上七十以下，每年推選，操其他官吏的生殺權）及訪問使（派往外國考察）。

柏氏弟子亞里斯多德（Aristotle 384—322B.C.）以爲國民或公民（對兩者似不加區別）爲「分任立法、司法、行政、及官職」者，良善公民者，乃能自由發令受命之謂，易言之，公民資格，係一種職務，非任何人所能；公民衆爲治者與被治者，少壯時受命，老大時出令，教育的最大目的，在造成和發展有美德的公民，亞氏也說到立法司法行政的分劃。

羅馬的政治思想家波里比阿（Polybius 204—122 B.C.），其思想多源於柏拉圖與亞里士多德，波氏也論到混合政體，以爲最優政體，在於混合君主、貴族、民治三種政體之長，執政官顯示是專制的君主的；元老院是貴族的；而人民的權力是民治的，由此，他議論到制衡原理，他以爲這三種成分，相互在職務上有密切關係，在權限上更彼此限制。執政官若不得元老院通過的律令，則其所率的軍隊，無法供應軍費；若不得人民的通過，又不能媾和訂約。其次，元老院不能離民衆而獨立，關於死罪的執行，非先經人民的批准不可；但人民却不能漠視元老院，因爲發給建築合同，雇用徵稅員吏等等，全由元老院掌握。

十七世紀洛克（John Locke 1632—1704）的政府論，論及政府的治權有三。即是：立法、執行、與外交（原詞爲 Federative Power），其中以立法權最重要，認爲立法不單是國家的最高權力，且在社團所曾付托者之手中爲神聖不可更易；但立法權的限制，在不能傷害人民的生命財產，不能捨置已成法律而擅出指令等，後有孟德斯鳩（Montesquieu 1689—1755）在他的著作上說到，政體有三種，卽共和、君主與專制，他極力頌揚英憲，以爲英國政治的優良，在於三權分立與抵制平衡的制度，認爲每一政體中具有三項權力，即：立法權、行政權、及司法權。立法權與行政權而合由一人或一機關掌握，則不能有自由，立法權應屬人民，司法權應由民間出身的官吏掌握，三權分立的時候，又須彼此間發生制衡的關係。

孟德斯鳩的學說淵源，是出於洛克，洛克的政府論（Essay on Civil Government）中，雖分國權爲三種（立法、執行、外交）但這是學理上的分類，在實際上除立法權應屬之於議會外，洛克以執行權及外交權屬之於同一的機關，因爲執行權外交權，都需要一種社會的武力作後盾，勢不能以社會的武力，分屬之於兩個機關，否則必致紛歧，必致使社會秩序爲之淩亂，所以在學理上是執行權與外交權劃分，在實際上則合而爲一。以權的種類而言，洛克雖劃爲三，以「權」的分立而言，則僅存其二，加之英國當時的司法，尚未能獨立成爲一權，洛克的分權論，可稱爲兩權分立論，在於着重立法與執行的分離，使立法與執行不致混一，而不致有以法律遷就各個之事實。

孟氏分權論中的三權和洛氏的三權不同，孟氏是以執行外交兩權合而爲執行部，而另立司法爲一種，以與立法，行政兩相對抗。洛氏的三權，只分屬於兩個機關，孟氏的三權，則由三種機關鼎足而立，洛氏分權論以英國政制爲其研究對象，只知行政權有與立法機分離獨立的必要，而未嘗注意到司法權，其原因：一、由於當時的司法，實隸屬於英王的權力之下，司法官的地位，無絲毫保障，司法權自無獨立之可言；二、當時的司法，不特隸屬於英王，又復隸屬於貴族院，貴族院根據歷史上的習慣，實居於最高裁判所的地位，有審理一切上訴案件之權。

到了孟德斯鳩旅居英國時，英國的司法官吏，漸漸脫離了國王的束縛，國王要罷免一裁判官，非得貴族院與下院一致的請求不可，司法官的地位，較以前爲鞏固，加之，孟氏壯年又曾任職法官，而法國的法院有權拒絕國王權利的登記，頗有獨立的精神，所以，孟氏以司法自成一體，而和立法，行政相對峙。孟氏以爲自由政府只能於溫和的政府見之，溫和政府的實現，在於執政者之不越權，然有權者必越權，證之實驗，往往如此，欲救此種弊害，只有以權制權，他說：「若以立法行政兩權，同歸一人，或同歸於一部，則國人必不能保其自由，因爲兩權相合，立法者既可設立苛法，又可以苛刻的方法施行之，若司法權不與立法權分開，則以裁判官而兼爲立法者，必流於妄斷；若司法與行政合，則裁判官又可任意壓抑人民；若將三權混而爲一，則人民之自由，更不堪設想。」所以，他以爲將立法、行政、司法的分權，分掌於三種機關，使之互相牽制，互相調和，才不致由權力的運行，而侵及人民的自由。

十八世紀後半，瑞士之日內瓦人得羅爾謨（Jean de Lolme 或 Delolme 1740—1806）認英國政治的卓越，在於權力平衡，過去歷史上英王集權最早且最成功，而人民的抵抗與由抵抗而分享治權的事實，亦最早而最成功，因爲英王的權力，已經受到多種制度的限制。德國的康德(Immanuel Kant 1724—1804 以爲每一國家具有三項權力，亦即爲普遍的聯合意志，表現於三巨頭之中：一、治理權力（die Herrschergewalt）或稱主權，表現於立法家。二、貫徹權力（die Vollzéehende Gewalt）表現於統治者；三、司法權力（die Rechtsprechende Gewalt)表現於裁判官，三權之中，立法最爲最重，且永屬於民衆，所以康德亦稱之爲主權。他認爲三權的相互關係，除彼此輔助以合成憲政外，彼此隸屬不能相犯；彼此聯合掌管及分配人民的權利，國家主權不可由一人或一機關壟斷，否則集中即成專制。此外，連費希特也有關於分權的議論。費氏（Johann Gottieb Fichte 1762—1814)說明政治權力當分兩項：一爲行政權，二爲監察權；行政權一項，包括立法權與司法權，本相聯合而爲一者，如果勉強再行劃分爲三，是爲不當。

黑格耳(George Wilhelm Friedrich Hegel 1770—1831)以爲政治的國家，分其本已爲三個部份：一、立法權，以決定與成立普遍規律；二、治理權，將個別範圍與個人案件，置之於普遍規律之下；三、君人權，即是主權，而掌握最後的決定，以上第一第二兩種權力，惟在「君人權」中始成合一，此種君人權亦爲整個的起點與終點，此爲立憲君政，黑氏以「君人權」代表君主政體，「治理權」代表貴族政體，「立法權」代表民治，他贊成代議制，而反對民治。

英國邊沁(Jeremy Bentham 1748—1832)的政府論，以爲政府的組織，應以能謀最多數人之最大量樂爲標準，至於如何而可使「各先爲己的」個人，合組一「爲衆求樂」的政府，則在利用人爲的制度，使私利與公利符合，使執政者所謀的公利，亦即爲其私利的所在。欲使公利與私利兩相和諧，則一方面，以毒攻毒，使政府中此人或此機關之私利(即慮梭之個別意志)與他人或他機關之私利，互相制衡，而趨歸於零，且可利用刑賞，使人於爲私之中，同時必兼爲公；再一方面勿使執政者握有作惡的勢力，內心動機，固無從強制而外表行爲，可以預防，所以憲法中治權之分配，最屬重要。

分權思想的論爭，以及實際行使的現象，在美國方面的表現，更是具體化，美國革命時代的政治思想，有一種關於政府職務分散和均衡的主張，他們重視英國國王貴族和衆議院間的職權分配與均衡，認爲這種組織，是英人自由的最強的砥柱，所以，他們必須將政府職權中的立法權，行政權，司法權，分別清楚，並爲每種治權設立一特殊的機關，才可使人民的政治自由達到穩定的地位。

各州憲法，對於分權理論很多發揮，如：麻沙諸些州表示「本州政府的立法部永遠不能行使行政權或司法權，行政部永遠不得行使立法權或司法權，司法部永遠不得行使立法權或行政權，藉此使本州政府成爲法治的政府，而非人治的政府。」新漢卜夏爾州表示，在自由政府的性質所容許的範圍以內，只須不違背政府機關互相聯鎖的原則，政府職總權應分立。

治權均衡的原則，是美國革命時代一般人的趨向，但是，表現在實際政治上的結果，立法權的職務和地位，而抬高，其他兩權，（行政權和司法權）却受了抑壓。許多州的州長，都由立法機關選舉，任期只有一年，委任權，也受有許多的牽制，只有少數的州憲法，曾給州長以否決權。有些州憲法曾宣言承認司法權的獨，但事實上關於其委任和薪金，司法權普通是依賴州長和議會，甚至於直接依賴立法機關而生存，當時有許州的重要官吏，幾全由立法部委任，有兩州的立法部，採用一院制；並且關於憲法的修改權，也往往操在普立法機關的手中，足見當時州立法權所佔的極優勝的地位。

美國這種現象，是因為人民對於從前英國國王以及國王所任命的殖民長官所懷的憎惡心理，由大家對於普行政權威的反響，結果，便產生立法權在三權鼎立中居於優勢的地位。人民都認立法人員為人民（主權所有）的直接代表，大家信任立法機關，而猜疑行政權威，願意將行政的職權減至最低的限度，而代立法機關伸聲勢，使之超越於行政權。

美國革命時代的傾向，用選舉的元首，以代替世襲的君主，取消了世襲的貴族制度，他們為了免除有壓迫的政府產生的危險，便在各機關的行動上，加上層層的限制，許多權利，經明文規定而保留於人民，他們採三權鼎立之說，官吏須對人民直接負責任，或經由議會而對人民負責，官吏任期也為憲法所限制，美國人民用這種方法以節制政府，許多州長都是每年一選，立法部也是相同的任期，其他官吏，除司法裁判官吏外，遵循同一的規定。官吏在相當時間內不得再行被選充任同一的職務，如：規定三年內只能獲得一次被選舉，種種的限制，其目的在求實現人民主權的原則，以阻止政府的暴虐，縱然影響行政效率，在所不計，他們以自由的最大保障，在於削弱執政者的職權，以達到最低限度，再加以各種限制，使發生以權威抵抗權威的作，他們不信任集權政府，只有立法機關，却避免了民衆的猜疑。

美國獨立運動中，發生了兩大潮流，第一派表現在亞丹約翰，哈米爾頓亞力山大，諸人的著作裏；第二思想的代表是哲佛孫（Thomas Jefferson）。在獨立宣言和憲法會議之間，十一年的光陰，可算是美國政治形發生劇變的時代。一七八一年採行的「邦聯組織條例」（Articles of Confederation）不能代表戰爭時代所發生的民族精神，聯邦政府處處受到牽制和束縛，其權力和威信漸漸歸於消失，當時欲修改憲法，必須全體通過，而重要議案的通過，亦須由最大的多數，予以表決，可是凡關於緊要的問題，意見又很不一致，國會陷於毫無能力的狀態。大多數的州，又不允繳納稅款，對外交問題，也有許多嚴重的困難，如：對英條約義務的履行問題，西班牙對密士失必(Missisipni)河的態度問題，對法債務的給付問題等，而各州之間，又復互相嫉視，彼此竟以海關稅則，限制商務的流通，一七八五年，中央政府日漸淪於瓦解之勢，加以八年苦戰，人民精力已疲，負債的苦痛日增，人民急求輕減，而紙幣充斥，財政上的問題增劇，一七八六年邦聯組織條例，已經到了非改革不可的時期，於是由一七八七年五月美國人民討論修改政府制度的結果，產生了美國施行到現在的憲法。

一七七六年革命時代以來，美國人民需要辯護革命的政治理論，一七八三年以後的時代需要，則在如何建設一種堅固的政府於脆弱的邦聯制之上，該利(Gerry)說：「我們所經歷的窳敗情形，概源於民治的過度。」當時的立論，雖沒放棄人民主權的根本信仰，但對人民之執行實際政治問題，却發生了許多疑難的見解。一七八七年憲法的變遷，在許多方面不及各州憲法的民治化，司法部取得較寬的年限和一種終身任期制，行政首領的職權也較州長為廣闊，任期四年，並可被複選和聯任；參議院議員任期六年。

聯邦論者擁護憲法的理論，是堅持近代代議制度能令政府行使其活動於極遼遠的地帶。所以，他們認為「純粹民治」和「共和」的區別，即在：共和國的領土比較遼闊，共和國中的代議觀念更為發達。在治權三分的辦法以外，聯邦論者還提出一種策略以求得憲法的均勢，就是以為各州與聯邦政府理應互立於對等的地位，同時，在各州和聯邦政府的內部，也各應使其立法行政，司法機關，互相維持均衡的局勢，各種政府便可以互相統轄，同時，每個政府本身也受到三權鼎立的牽制，使政府不易成為暴虐政治的工具。

聯邦論者指明在共和政體之下，立法部的支配權，最足以危及自由，立法部直接選自人民，立法部漸漸高出於政府的其他部分，這種立法部優越地位的危險性，一、因其憲法上規定的權限較為寬泛，不易受確切的限制；二、因立法機關有管理財政的權利；三、因有支配其他各部經濟報酬的勢力，所以，聯邦論者攻訐說：「佛爾基尼亞(Virginia)州政府的一切威權，統屬於立法機關。」「一百七十三位專制王，其高壓的厲害，自不亞於一位暴虐者，」對於行政權方面，聯邦論者主張設立一個強有力的行政元首，以爲有力的行政權，是任何有效政府所必需的。人民意志雖可發生最高的效力，但是，這只是最後的效力，而不是目前的效力，政府的行政部，最適於執行遏制民衆意氣作用的職權，而使冷靜的判斷，有伸張實現的機會。對於司法權方面，聯邦論者以爲司法權向爲人民所最信任，認爲不足危及人民的自由權利，司法部分有盡量使其地位獨立的必要，法庭有作「憲法最後解釋者」的職權，並決定一切普通法律是否適合於憲法的規定；爲了保障個人權利而防止政府的壓制，裁制官員的任期，應採永久制，以確定其獨立的地位，在共和國中，由此可以防禦立法機關的專橫行爲。

亞丹約翰(John Adams)是聯邦黨領袖之一，最初他是一位勇敢的革命先鋒；後來，他却又提倡強力的政府和貴族的原則，一七八七年法國塔哥 Turgot 給美國普來斯(Dr. Price)的信，攻訐美國制度，攻擊美國各州憲法裏所採用的分權政策，和設置的均衡制度，反對將所有權力集中於一主權團體的辦法。亞丹乃以所著美國合衆國政府憲法的擁護（A defence of the Constitutions of the united states of America）一書，作爲一種答辯，對於美國均權政制表示辯護，並對於法國集權而不分權的原則加以非難，一八九〇年他又有大衛拿的討論(Discoveres on Davila)一書，是答覆康多色(Condorcet)所作的「新海紛的一個國民的四封信」（Four Letters of a citizen of new Haven）。

其著作的論點：一方面表示對無限制的民主制度懷疑慮，一方面給貴族制辯護，一方面敍及均衡制度，他確認人民主權的學說，爲政府的基礎，但不苟同於法國思想家的思想，不贊成他們所希冀的民治政府，以爲任何自由政府，也應含有多少對於人民直接行動的限制，他主張以人民主權爲政治組織的基本，以人民幸福爲他們的目標，泛泛的民衆，固然是國家的基礎，但是掌執政務的引導者，仍以縉紳階級的人爲佳。亞丹思想中最顯著的意念，是關於政府組織和活動中的均衡政府。法人塔哥攻擊美國制度並辯護法國的集權觀念，亞丹搜集並引證希臘羅馬以來的制度和思想，以證明民治政府下均勢制度的重要，堵哥以治權的均衡，只在君主政體下有必需性，在共和制度下便不需要。亞丹認爲在任何國家裏，必須有一位行政元首，一個貴族院（或小議會），和一較大的集議團體，一則代表政府中的君主原素，一則代表貴族成分；一則代表民主階級。任何憲法須具備這三部分，才能維持其安全的存在；而其存在和均勢，實爲保存治安與自由的必需條件。他以立法院之一部代表貴族，以另一部代表人民，最後設立一強有力的行政權威，以作他們兩者之間的一種緩衝和仲裁，這樣維持均勢的狀態，是國家幸福所必需的。後來，對於聯邦政府，更主張八種均衡的制度：一、各州和聯邦政府相對峙，二、參衆兩院相對峙；三、行政權和立法權相對峙；四、司法權對峙參衆兩院；聯邦行政權對峙各州政府；五、參院對總統，關於委任官吏和締訂條約；六、人民對其代表；七、各州立法部對參議院；八、選民對人民，以上都在求制止聯邦政府任何機關的躁急行動，亞丹自加入新聯邦憲法下的政治生活後，以爲新政府包括了他的原則不少，所以一七九七年就任總統時，表示對於當時的政府不擬作任何更改。

在美國新憲法實施以後，美國發生一種反抗強權政府而趨向於州權的運動，加之，又有法國革命給以強有力的刺激，這種運動是反對：君主制，世襲貴族制，中央集權制，常備軍的過大，合衆國銀行的開辦，各州債務的給付，更反對當局不袒共和的法國以打倒君主的英國，這派運動之學理上的代表是佩因（Thomas Painc）等，這一派最有力的領袖是哲佛孫（Thomas Jefferson），他是美國最負盛名的民治主義者，曾擬獨立宣言後爲共和黨第一次的黨魁，他以爲共和政府不應對於叛逆作嚴厲的處置，否則足以抑制人民的自由精神，一種討論國家根本大法，並將其討論結果交給人民以供其取舍的會議，才算是眞能代表根本契約的一種更改手續，被治者的同意，可以再行引用，而另置政府於合理的基礎。每代人物，都有其成立切身法律的權利，政治制度應有相對的變遷的機會，同時被治者也應有同意於政治原則的更改的機會。

哲氏解釋共和政體是全體國民按多數設置的規程，由直接並親自的行動而治理的政府，政府威權應該以一種綜合方式，由下而上付托於逐層的官吏，務使付托的人愈寡頭化，則所受的權威的托付愈輕微，這樣便可以便地方政制，亦成爲複雜的牽制和均衡制度之一部。如此，專制主義，便感受圍困，而毫無肆虐的權力，他並主張置軍事權威於政治權威之下，他和亞丹都贊成均衡政府，亞丹希望能制止人民的橫暴行爲，以爲有監督人民的必要，哲佛孫的目的，在於制止政府的壓迫，以爲有看守政府的急需。哲氏和英人洛克的思想，都趨向於民治和革命，哲氏主張民主政治較洛克更進一步，他信任民衆，酷愛平等，嫉惡專政與集權的領袖，以爲欲行民治必須以教育普及與地方自治爲兩大基礎，政府的治權宜小，人民的政權宜大，政府的治權萬不可集中於中央，對於一七八九年的美國憲法表示不滿，對於美國各邦的餘權，視爲寶貴，極力擁護邦權，甚至暗示「脫離論」（Theory of Succession）佩因和哲佛孫都認爲現代人民應具有完全的自主權。

聯邦論者如亞丹，哈米爾頓等，闡明和發表了許多斷然的貴族學說，他們顯然有避離人民的趨勢，而贊成有強力及富於效率的政府，他們在美國中央政府有了相當的根基。但是反聯邦論者因有法國政治運動的刺激，其勢日益強大，不久就取得行政的管轄權，他們比較信任人民，並願爲民主政府作進一步的努力，他們希望民主制度有繼續的發展。美國在一八三〇年除十三州外，又加上九新州，一八五〇年以前又有十六州加入，這些新州的經濟和社會情形都利於民治精神的發達，一般人堅信人民主權的學說，堅信有盡量授予全體人民權力以支配政務的必要，反對任何事物稍涉特殊權利，或階級獨佔的色彩，當時由都市人口的增長和非農業性企業的發展，表現都市的發達和實業階級的發生，他們要求積極參與政治的權利，這種民治趨勢，表現於傑克生（Andrew Jackson）總統的時代，他以人民代表自居，並且超越往例而行使其行政元首的權利，以與立法司法兩部相抗衡，當時政黨小會議制度被打倒，而實行那種貴族性很少的提名大會制度，又行使久未施行的否決權，行政元首的憲法權力的偉大，使立法部初次受到堅決的限制。

這種情形不久便激動了人民對於行政元首的危懼心理，克萊（Clay）、加爾洪（Calhoun）、魏布斯特（Webster）等都痛詆總統行動的無理，魏布斯特說：「歷代的奮鬥，都是要拯救人民自由，脫離於行政權的把持」。「行政首領，素來即被人視爲必須畜之於牢獄的虎狼。」「總統是一個多手怪物，他坐在我們制度的中心，用他那千百隻手對於任何事物，可以與之接觸，可以左右，可以挾制。」這般人認國會為「偉大的集中點，任何權威，都應向之求認許和領導，」「行政權所以代表社會公有的武力，按照任何公平的學理，憑事物之固然的性質，都應立於立法權之下，因為立法權是代表公共理智和公共意志的。所以，行政權隸屬於立法權的程序，亦正應如隸屬的武力之隸屬於人類的理性。」

立法部在革命時代，已經達到其威權的極峯，行政首領自革命以還，便已失却其威權。甲克生發動攻擊的運動，他認為是人民的代表⑥，宣示行政和立法司法的平等地位，恢復行政首領掌持國政的力量；他自信為人民的代表，負有使命以打倒立法部的貴族階級，當時的爭議，人民顯然也有許多奉他為領袖，願付巨大威權，以謀最後的勝利，這種運動且自各州開始進展，所以，在各州中，也可以發現行政權的澎漲，州長的選舉不由立法部而由人民直接投票產生，州長的任期延長，州長且有否決權，其委任權也加以擴充，關於州長被選舉權的資產限制也取消了。

當時民治運動的特徵，在提高行政權而壓抑立法權，一般人對於行政首領的猜疑，以及從前對立法部的信任心，都已消失，這種改革以傑克生的事蹟為中心，在國家政治方面或各州裏面，都重新調節立法權與行政權之間的均勢，這時的民治潮流，還表現有另一象徵，這種象徵是表現於各州變更其根本大法的方法上，革命時期的州憲法，只有兩次是交由人民予以通過的，餘均由一種憲法會議取決施行。一八三〇年以來，屢次實行以憲法交由人民投票表決的辦法，一八三〇年以迄一八五〇年中，只有兩個憲法，未經人民投票表決許可而即宣布施行。

自十八世紀以來，一般人大都相信政府的一切威權，可分為立法，行政，司法三權，這種制度久已成為政治學理與憲法上之根本原則，早已成了政府職務分配問題中的答案，但是美國後起的趨向，已有不同，如古德諾（Goodnow）嘗以行政的立場，提出第一次分劃的方式，其所著政治與行政（Political and Administration）一書中，批准三權鼎立是一種不可實施的法律原則，他認為國家主要的職務，可以分為政治與行政兩權：「政治的」即國家意志的表現，「行政的」即是這種意志的執行。政治的職務，包含制憲、立，法政府官吏的委任，以及對於國家意志執行的監督，這種政治的職權，行使於憲法會議，各立法機關，司法機關，以及各政黨，行政的職務又另分為兩類：一、是公道的行政，即普通所謂司法權；二、是政府的行政，包含普通之所謂執行或行政權，以及其他「半司法」「半科學」或「統計性質」的職務。

由歐美各國治權的理論與實際看來，憲法的精神在於權力分立，使不致為少數人所劫持以危害國民的自由，而失去民有民治民享的鵠的。學者以為近代憲法中有所謂一權憲法和三權憲法之分，如英國的政治權力，完全操於國會，被認為是一權憲法。美國各州是採行三權憲法，其主旨在使權力分立，使立法、行政、司法，三權分立。由一權憲法，足以使一種權力成為畸形的發展，造成專斷的地位，其結果等於不要憲法；至於美國的三權憲法既成立於百年以前，亦漸不能適應環境的需要及國民的心理。我們就近代三權分立的實際政治批評起來，其缺點很多：一、各國立法部大多由兩院組織而成，以監察權操之於兩院，使政府左右為難；而議會兼操監察權，則議會分子缺乏公平的裁判，在政黨政治之下，政府可藉議會的袒護，任意妄為，不顧人民的全體的利益，因而一方面少數黨不能以有效的方法監督政府；他方面多數黨既佔議會中的多數，則吹毛求疵，勢必使良好的政府，亦感受脅迫而不能保有其地位；縱然是在總統制之下，內閣的地位不因議會的抨擊而致於動搖，但終易因議會的牽制使其實施政策之際，感受困難。二、制定法律為議會的職務，如果兼有監察政府的權力，將使議會日處於政爭的漩渦中，勢必影響于立法的本職。政府或因免除議會的監察及牽制，甚至以爵位金錢接納議會，在在足以影響于國民的利益。三、行政部兼操有考試權，亦是很大的弊害，因為：沒有考試制度，則官吏的產生，或由人民選舉，或由官長任命，其結果，使賢能者不易選任，而私人愛惡，更成為厲之階，尤其在政黨政治之下，吏治不能澄清，其次，不由考試，無從知人之所長，因而不能用人之所長，縱有賢能，亦必不能盡職，何況無考試權的獨立行使，則考試制度常常受政潮的影響，如歐美的銓試機關都隸屬行政權之下，絕無獨立的精神。

國父孫中山先生的五權憲法，爲了挽救英國一權憲法及美國三權憲法的弊端，斟酌國情，創立考試監察兩權。國父昭示：「我們現在要集中外的精華，防止一切流弊，便是採用外國的行政權、立法權、司法權，加入中國的考試權，和監察權，連成一個很好的完璧，造成一個五權分立的政府，像這樣的政府，才是世界上最完全最良善的政府。」所以，五權分立論和三權分立論不同：三權分立在以立法機關而兼操監察權，在行政機關而兼操考試權。若行使五權，以考試權離行政權而獨立，則用人得賢，量材器使，一切治權均將取材於各種專門家，以表現有能的政府。又以監察權監察政府，一切政治措施，可望妥當，以監察權彈劾官吏，使猾吏知懼。在人民方面還有政權中的罷免權以監督監察官。

我們由今視昔，可以發現我國古代政治中的分權趨向。論者以爲中國在君主時代已經採用類似三權分立的制度，但中國的三權爲考試權、彈劾權、及君權，而立法、行政、司法各權，則統歸於「君權」之內，中國固有的三權制度，以君主一人而兼有立法、司法、行政三種大權，這是就古代政治的實際運用而言；我們若就古代政治組織之進展的傾向來說，却早有由分權均權而表現五權政治的精神。秦代之中央官制，由丞相總諸政，御史大夫輔丞相，太尉處理軍事，此三職務，頗居重要地位，卽是行政權、監察權、軍權之所在，中央政府中的丞相、太尉、御史、和地方政府中之守、尉、監，均有系統相銜，丞相與郡守掌民事，太尉與尉掌軍事，而御史與監，爲糾察治民治軍之官，丞相雖是位尊望重，然當時的政治，亦多少表現出分權的形勢。

漢初，僅設太傅、太尉，後加置太師、太保（仍仿周制），而丞相、御史大夫、及太尉之官，猶循秦制，漢高帝時，尊丞相爲相國；武帝時，罷太尉而爲大司馬，以掌軍事，位尊與丞相相等；成帝時，改御史大夫爲大司空；哀帝時，復改丞相爲大司徒，遂稱大司徒、大司馬、大司空爲三公，光武時，廢丞相與御史大夫，而以三司（亦稱三公）綜理政務，三司，卽太尉、司徒、司空三公之上復有太傅，惟無師保，與漢初稍有不同。漢末罷三公之官，再置丞相、御史大夫，操曹時，又復三公之官，晉世，廢三公之名，稱而改置太宰、太傅、太保、太尉、司徒、司空、大司馬、大將軍，共稱爲八公，位在三省九卿之上。

三省，卽尙書、中書、門下，三個部分，漢時、尙書、中書，初本隸屬少府，至武帝時，始以宦者爲中書謁者，掌出入奏事，後漢時，尙書之位始重。至魏代，其權力移於中書。西晉時，以門下倂稱三省，尙書省有「令」、「僕射」及列曹之「尙書」，分掌諸政，中書省有監、令等掌詔勅等事。門下省有侍中、侍郎、掌侍從等事。三省旣與皇帝接近，則其權力自易常常移轉，自魏置中書省監令，遂掌機衡之任，至東晉以及梁陳，國中機要，皆集中書，獻納之任，又歸門下，但尙書之權日輕。

隨時三省的長官，有尙書令、中書令、侍中（卽門下省的長官），分掌國政，握宰相的實權，更分置吏、戶、禮、兵、刑、工、六曹尙書（卽六部）與晉制稍有異同。又各置侍郎以貳尙書之職，唐代三省中的尙書省，代表行政權，考試權亦寓於其間；中書省代表立法權；門下省代表司法權與監察權；尙書省統理行政事務，中書省根據尙書省之報告草擬法律與命令，門下省依法審查，而加以駁正，如有認爲可行之事，則由中書省奉之於尙書省，由尙書省負責執行，合三省長官，以當古宰相之任，形成「中書出令，門下封駁。尙書施行」誠如司馬溫公所言：「三省合班奏事，分省治事，」中書，門下，二省在宮城內，東西相對，尙書省在宮城外，唐人稱中書門下爲北省，稱尙書爲南省，其舉行國務會議之地，稱爲政事堂，初設於門下省，後遷於中書省。尙書省之長官爲尙書令，其次官爲左右僕射，但因唐太宗李世民爲秦王時嘗爲尙書令，臣下避不敢居其職，後遂廢尙書令，而以左右僕射爲尙書省長官，中書省之長官爲中書令，（二人）次官爲侍郎（二人）；門下省之長官爲侍中，（二人）次官曰侍郎（二人）尙書令，中書令，與侍中，都是政務官，爲當然的國務員，左右僕射本係事務官，必加「同中書門下平章事」之銜，才能任宰相的職務，唐代國務員無定額，不限于三省長官，這類閣員名稱如：知政事，平章政事，參加機務，參議朝政，參預朝政，平章軍國重事，同中書門下三品事等，都是宰相之任，唐代內閣閣員中有四人兼領館職，第一，稱爲太淸宮使，卽爲首相；第二，稱宏文館大學士；第三稱監修國史；第四，稱集賢殿大學士，自唐代以宰相兼領館職後，宋明淸各代沿襲之。

宋承唐制，亦以三省同掌國政，由中書擬議，門下審覆，尙書承行，體制維均，三省長官同膺宰相之任，左右僕射，並加「同中書門下平章事」，宰相亦無定員，首相兼爲昭文館大學士，宋代在政事堂之外，又有樞密院，分掌文武兩柄，時稱東西二府，所以，在平章政事，參知政事以外，樞密使，知樞密院事，同知簽書樞密院事，亦皆着其名位，同居相職文武二府雖屬並立，此關於軍機之事，仍須通過三省原有的系統，否則謂之密白，元代雜採宋唐舊制，廢三省之制，以中書令爲首相，由皇太子兼領，徒擁虛號，而負實際責任者爲左右丞相，蒙古人充之，另有備員朝廷，下丞相一等者，凡八人（卽：平章政事四人，左右丞相各一人參知政事二人）以位置漢人，亦稱宰執，又設樞密院掌兵要，御史台司監察，行分權制度。明初，沿用元代舊制，設中書省，置左右丞相及平章政事等官，後因胡惟庸謀反，乃廢中書省，散其權於六部。朱元璋仍集政權治權於一身，明成祖時，翰林院侍講侍讀編修檢討等官，已參預機密，遂有內閣之稱，內閣之職，與古宰相相同，入閣辦事者，亦呼爲相國。

中國古代政治組織的演進，以唐代爲最重要的時期，論者以爲唐代的尙書省，類似近代國家中的行政院，當時關於考選行政與司法行政，雖由尙書省的禮部，刑部分掌，但是古代的天子，時常臨軒策士，仍表現考選行政的獨立性質，唐代的中書省類以近代政府中的立法院；而門下省的職務兼及了司法與監察，都是顯一種分權的情況，此外，中國的內閣制度，到了唐代已是比較的完備而且興盛，唐代的分權制度，頗具備其特點，當時內閣常舉行國務會議，參預會議的，都是政務官，國務會議的人數，多至十餘，但有首相統率。關於軍國大事，採三省分治合議的辦法。尙書省是行政方面的重要機構，內設六部九卿，分掌政務，以下達於地方州縣，由唐代的政制，確表現出分權合議的精神不少，唐代政治制度的展擴成了中國承前啓後的一個重要時代，以後的各代政治組織，多以唐制爲標準和模範，縱有差異之點，大致都脫不了分權的傾向。所以，中國古代的政治組織，雖受了時代環境的影響，而有帝王將相，且有君主專制的局面，可是，由實際政治和政治制度的進程看來，分權政治的精神，是一件不可否認的事實，這種分權精神，向三權政治，向五權政治，作繼續不斷的探尋和進取。

第三章　歷代地方政制的精神

第一節　中央體系下的地方政府

近代各國的地方政府制度，或採用中央集權（Centralization），將國家所有的權力，完全交給中央政府各機關，各地方政府，僅爲其附屬的機關，在憲法上沒有自治權，中央政府對於地方制度，得加以創制或廢除；其次，或採用地方分權，將國家的權力，分配於中央及地方政府，其權力範圍，在憲法上已經明白規定。此外，介於純粹集權制與分權制之間的，還有採用一種地方分治制（Deconcentration），將中央的權限，移到中央的派往各地方的行政官吏，這種制度和分權制不同，分權制是將全國各地方的官吏，變成民選，或使地方民選機關的權力，有所增加，所以地方分治制，雖屬於集權制，但又是一種分治性的地方制度。

英國地方制度的要點，在於中央不任命有關行政之任何官吏，由民選的議會，爲掌理一切事務的負責機關，英國雖規定地方政府除非有一定之目的外，不能取得土地，但此種施於公共活動上的限制，並非如何嚴厲，因法律的賦予地方政府的權力，甚爲廣泛，且更可以地方法案取得其他權力，此外，地方政府爲籌其法定權力內之任何事項的經費，所可征收的地方總額，不受任何限制。這種自由，是在其他制度下所極少有的。地方政府之任何財政決議，除借債外，均不須呈請上級機關批准，除在極少數的原因外，亦不對地方政府舉行任何檢查，僅對結帳後之出入帳目，予以檢查而已，一九二九年以後，由法律的變更，其主要的趨勢，即將以後應辦理許多地方事務的區域加以擴充，地方政府制度的實際組織已經發生了更動。

英國地方制度的歷史，可分爲五個時期：一、自薩克遜殖民至諾爾曼征服的期間，英國政府組織的單位（郡、邑、鎮、區）即已成立，並決定其地方自治的原理。二、自征服至十四紀之期間，中央增加了監督的標力，使地方自治權減低。三、自十四世紀至一八三五年亦自治法採行期間，地方事務為貴族處理。四、自市自治法採行至一八八八年地方政府法採行期間，市政府頗表現平民自治，但鄉村範圍，仍係貴族政治盛行。五、自一八八八年以來，鄉村地方政府趨於民治化，行政制度趨於簡單化，向中央監督，亦相與增進。

一八八八年及一八九四年由法律的結果，使鄉村部分的地方事務，委于民選機關，而這種法律的採行，使一切地方統治機關，除郡、市、縣、及區等議會，濟貧委員會，及學校委員會外，都有逐漸取消之勢，表現地方行政制度之簡單化的趨向，自此以後，行政區域的複雜，已行減除，官吏減少，其彼此間關係，亦趨簡單，至於中央對地方事務的監督權勢，亦袋之增加，全王國分成若干郡及郡市，各郡分若干城市縣，鄉村縣，及市，此種縣市更分成若干教區，教區再集成濟貧聯合會，而倫敦市則具有其特點。

在英國地方政府的演進中，其進行工作較之大陸各國政府所受中央之干涉、指導，實有不及，甚至今日其中央之對郡市，亦非如法國中央政府之以省長代表而坐鎮於省，復非如以前普魯士以行政代表參與縣政。在以往的八九十年間，英國行政改革的特點雖不是精常的中央集權，而中央對於地方濟貧、教育、財政、衛生及其他各種職務的監督，表現出權勢的增加，現代英國實行這種監督的行政部份有五：一為內政部，對於警察及工廠有特別監督權，二為教育部，對於一切由國家基金補助的教育機關，有監督指導之權；三為農業部，監督關於市場及牲畜病疫等法律之執行；四為商業部，對於自來水、煤氣、電燈、及其他市營業，有調查及批准之權；五為一九一九年前之地方政府部，此為最重要者，其職務在於處理濟貧法之施行，及地方衛生機關之行政，監督地方機關之財政，並實行其他監督職權，範圍廣泛，一九一九年始行，成立衛生部而代替地方政府部。

郡是鄉村地方政府的區域，郡有舊郡和行政郡兩種，行政郡較重要，各行政的統治機關為郡議會，行政郡內，有四種地方政府區域，即鄉村縣，鄉村教區，城市縣，自治市，此外，倫敦政府自有其複雜的制度，又當別論，至於英國國內城市地方政府的區域，則有三種組織，即城市縣，自治市，郡市，市為標準的地方自治單位，市與城市縣的區別，主要點，在有君主頒給的民憲，且較有權力操縱下級城市區域，就自治市與郡市的區別而言，一切市採取地方自治，其組織在實際上均爲一致，郡市區域初在行政郡統治之下，現已退出而享有郡之權力，普通的自治市，乃於其所在郡在政治上地理上，仍組成其一部者，市政府的組織，係英國的特別制度，在實際上係集權於單一選舉之機關，即議會，市長由議會或自議員中選出，或自外界選出，任期一年，英國市長不若美國市長爲政府一部之領袖，僅爲議會之主席，在儀式上爲官方代表，對官吏無任免之權，對各部無統治之權，對法律無否決之權。

美國人民來自許多風俗習慣不同的舊國家不能共同信仰其一種地方政府的形式，由市政改革家的各種綱領，以及在地方政府方面作的各種實驗看來，似無使人民更多或更積極參加其自治之意，而大體上認此爲一商業性質之事，目的在保證地方事務行政的效效與忠實，最有力的證明，即爲市經理制的傳播，極爲迅速，在另一方面，各市對於直接治理（Directgov ernment）與自治（Hom3 Rule）的顯著擴張現象，又表明其勝利屬於自治政府，而非屬於中央政府。

現代美國地方政治發展的趨勢，爲邦政府對鄉區的權力，其目的，在乎效率，如果欲使許多種公共事務的治理，表現出優良的成績，則需要區域擴大邦政府實行擴張勢力時，亦不受市集或地方議會之古代傳習的阻礙，但在各市，關於民家之若干部分，多表現自動的創制，如：對於城市設計更形顯露，在歐洲已採取此種原則的國家，以普通法律委托或命令地方政府採取必要的行動，在美國往往由商人先行自動創制，並在計劃的預試上，耗費許多時間資力，內係將計劃提交地方政府實行，（如關於公共衛生之普遍設備等。）

瑞士的地方自治，較在任何國家爲發達，人民全體頗能直接參與地方行政政策的決議，各地方政府彼此完全獨立，中央的控制，逐漸減至最低限度，市集自治權雖然擴張，同時各邦也有增加其以行使監察權的趨勢，而影響於市集的行政，如某一市集的處理，足以危害財政時，縱屬於自治範圍以內邦政府亦得出而干涉之，瑞士地方政府的種類，地方行政的形式，地方捐稅的制度，均極繁多，爲他國所不及許多市集以其很多財產所得的贏餘，充爲經費，而各種市集企業，亦其普遍，此外，市集因特殊目的，極易趨於分裂與聯合。

瑞士聯邦憲法的規定，凡未經委托於中央的權力，都由各邦執行，三十年來中央集權的趨勢雖進行甚力，但各邦的權力範圍，亦未稍狹，各邦有一種共同的學校制度，自行維持管理，而稍受聯邦的監督，教會與國家的關係，由各邦管理，凡工商業的管理，聯邦兒童勞動法，勞工賠償等事項的擴充國道的修造，鐵路的津貼與建築，銀行的設立，卹貧與公共衞生之立法，皆屬各邦，各邦又執行較大的徵稅權，維持警察制度，設立法院，任命法官以執行司法事宜，監督外人之入籍，訂立各邦間關於立法、行政、司法等等事項之合同；並與鄰國訂立界約，以及警察交通的契約；又負責執行大部聯邦的法律。各邦的管理權，僅爲聯邦政府權力的補充，其有關社會與經濟的立法，大都由各邦開其端倪。

各邦除有選民會議之外，都有一院制的議會，議員由年達二十歲之男公民直接投票選舉之，人民有複決權與創制權。議會處理通常立法事宜，其行強迫複決權者，則議會之一切行動，係臨時的；如無複決權之行使，或其行使係自願的，則議會之議決，爲最後有效。複決權的補充方法爲創制權，各邦應用創制權均固守不變。各邦的行政院，委於一種執行委員會，通常由委員五人或七人組成，任期由一年至五年各邦自有其司法制度，法官由人民或立法議會選舉。

除最小邦之外，各邦爲地方行政計，都分爲若干縣，縣各有縣長一人，縣長由執行委員會選舉，或由立法議會選舉，或由人民選舉，而爲邦之代表，縣長有時由縣議會輔助。最小的政治單位爲市集（Commune），其主要政治機構，通常爲一市集議會，制定法令，規定效率，辦理預算，並選舉市集吏員。人口較多的區域，立法議會通常仍由人民選舉，行政委於執行委員會，委員五六人，由立法議會或人民選舉，以主席或市集長爲首腦。在較小的市集，執行委員會團體工作；在較大的市集，則委員各個委派至各行政機關。附屬市吏員，通常至少有財務員一人，祕書一人，治安官一人，由執行委員會或平民議會選舉。

法國在一八七一年以後，若干地理上的分區，應用於政府目的者，有二大類：一、若干區域，係由中央政府劃分，以爲其本身行政工作之計，由中央政府的官吏，負責執行中央政府所應有的一切權力。二、若干分區

（省市等區），自有其政府，以及立法議會，以制定地方法律；有行政官吏，以執行這種法律；又有獨立的預算與收入，這種係由中央政府賦與實際自治權的區域，在事實上，這種在省市內所有的中央政府的職務，亦由執行獨立的地方政府工作者負責任處理，但因雙重地位的存在，省長或市長所有的兩種職務，有時趨於衝突不協。

行政權集中的結果，表現機關與法規的統一，所有法國人民，均處於同一地方政府行政之下，選舉地方議員，服從地方官吏的威權，繳納同一稅率，遵守同一法律，縣區有統一的組織和行政，縣區並不是政治的自治區。省之天然情勢，各有不同，而政治權力，也有範圍，但各省終不失其統一的組織與法律，大小市有數千，無論為城市的，鄉村的，實業的，或農業的，都統治在相同的制度之下，均依一八八四年的法律而組織，市協理員與議員的人數，能與市人相適合，政府的組織，職權，及其彼此的關係，各處相同，美國門羅（Munroe）在歐洲市政府（Government European Cities）上說：「美國人都以為用同一法律，規定各種城市的善良行政為不可能；假如有人提議，成立一種統一的行政制度，以應用於一切城市及村鎮，則美國之邦立法者將何以處之？須知此種制度在法國已經實行，尚未曾發生極不良的結果。」因為法國環境富於鄉村性，人口發育很遲，且均為同種族，由遺傳特殊的風俗習慣，使中央政府有強力統一的監督。

一九一九年以前，共分八十六省，以為行政區域，省長在一切地方官吏中，占首要的位置，係中央政府在各省的代理人，同時又係本省之地方行政長官雖須服從中央政府的訓令，但對地方事務，也有自由決斷之權，佐理省長者有各科人員及中央任命的省參事會，行長須與參議會共同行政，省議會集會於省長公署，由省長監署議會命令的執行。議會由民選的代表組成，每區選一人，任期六年，每三年改選二分之一，各省同時改選。各省區分，多少不同，因之省議會的議員額也不同，議員不支薪，議會權力很有限，中央政府且可解散各省的議會，省議會本身不得有所提議，只能討論省長所提出的議案。

省分為若干縣，每縣平均有八區，在一九一四年以前，共有三六二縣，每縣設縣長一人，由總統任命，受省長的管轄，代表省長執行政務，縣有縣議會，任期六年，職務簡單，（因縣無法人資格，無財產，亦無預算案），縣以下，又分爲區，爲選舉與司法的單位，而非嚴格的行政單位，區內無行政長官（因非行政區域），只設治安法官一人，大多數的區，包括十二市，亦有若干大市，分成數區者。

法國行政制度的改造，久已成爲重要問題，一般人指斥其缺點，以爲這種制度，爲發生於帝制時代的官僚政治，失去法國人民與憲法的民治精神，除市長及小數官吏由地方議會選出外，所有地方官吏，均直接或間接由中央任命，人民不能直接加以選舉與監督，選舉的議會權力很小，處處受中央的牽制，不能自由行動，省長的職權，控制地方行政吏多，應加以取消或變更，以實現地方自治，縣長的位置，已等於虛設，其現行制度使中央政府在地方之代理人過多，易於左右國會選舉的選民，而一般應用地方處理的立法行政事務，中央國會越俎代庖，其結果關係全國的大事都被忽略，省市事務更被延擱不行。

法國的地方行政，雖有一九二六年命令的發布，但仍始終着重在中央集權，其民選議員的職權，既在使財政之受束縛，而直接對中央政府負責的官吏，又代表中央政府執行控制與限制，所以，縱有地方自治的存在，亦僅由於寬容而已，法國也有一種改革運動，主張設立較郡爲大的行政區域，一九二六年十一月的命令第八條，即略爲迎合此種要求，准許並鼓勵郡與郡間爲辦理特定事業起見，而組織郡聯合，一九二六年的命令，有廢除「區」的趨勢，但仍繼續維持着。

在土耳其地方政制之下，市議會關於預算劃撥，年終賬目，水電工程等，均須呈請省長批准，假如省長對決議未在一星期內批准，或予以反對，市議會可向參事會控告，其制決爲最後的。關於超過二十五年期間內償還的借款，必須取得參事院的許可，省議會的預算，必須由省長呈請內政部批准，部長可添加任何永久的支出，省預算的年終帳目，由議會通過後，須呈請審計院認可，省政府的計劃辦理的廣大公共工程，須呈請內政部長批准，省長可解散議會，但須呈請內政部長許可，在解散三個月內，必須舉行新選舉，各種地方政府的一切決議，都須受內政部財政部所屬檢查員的檢查與控制。這是土耳其中央對地方政府的控制情形。

就從前歐洲的其他國家來說：以前的比利時，其他地方政府制度，雖大部分以法國制度爲依據，但在比國的中央政府對地方政府的控制，還不及法國，省長的權限，不如郡長，中央政府不能解散省議會與市集議會，民選議員的權力，大於由中央任命的官吏，在初級教育上，市集議會享有廣大的自治權，地方政府又統轄警察。法國的市集長爲民選的，比國的市集長由國王任命，在預算決算上，常務委員會對市集議會，以及國王對省與市集政府，都行使嚴厲的控制，比國的市集，頗信仰地方自主權的原則，一九一九年後對於中央政府減少地方稅收來源一事，極爲不滿，一九三一年一月的法案，僅從理論上恢復憲法所對地方政府保證的財政的自治權，仍談不到實行。

以前的奧國雖規定有一種原則卽：「國家行政機關，根本不干涉地方自治的範圍，」但地方政府的活動，因財政上的拘束，大受限制。就以前的匈牙利來說，數百年來，匈牙利的「縣」，常處於優越地位，這是匈牙利政府制度的最大特點，各種地方政府，都有很多的委員會，其當然委員，來自外面各種的組織縣政府對自治市與市集行使監督與控制，而縣自治區與市自治區，則，直接受內政部長的控制，對於縣與城市，中央政府可行使「添加預算數目權」，如有一自治市或一市集，拒絕依照縣之建議，改正其預算時，縣可制定下級政府的一年預算，地方政府的決議，有的應呈請主管部長批准，部長可取消不合法或越權的決議，并可自行決定採取其所應有的行動，關於地方政府的各種決議，都可向高級機關控告。

以前的保加利亞，其中央對地方的控制，由內政部長經其附屬監督官吏（省長）行使之中央的控制權很大，不僅議會的一切財政決議須取得上級機關的許可，市集長的各種命令，均須取得認可，中央政府可隨時解散地方議會，并可自行代替地方辦理地方行政，以前羅馬尼亞的上級機關，對市集議會違反法律章程或有礙於國家的秩序安全的任何決議，均得予以取消，並可解散市集議會，或採取其他懲戒辦法，地方政府的權限，由法律一一規定，有些是議會本身的職務，有些是常設委員會的職務，爲使納稅人有機會反對其所認爲有損害的會決議起見，決議於通過後十月內不發生效力。

以前的荷蘭，其地方的行動，多須經國王的批准；國王任命特使充省議會主席，任命市集長充市集議會主席，但市集長并不由中央政府各部接受訓令，其行動多出於一己的權衡，往往被視為「市集之人」(The man of Commune)，而非中央的代表，關於地征稅一項，須得國王的批准，而省執行部卻對市集政府多方控制，一九三一年荷蘭政府修正的市集法案(Municipality Act)，其中性質，多係鼓勵市集間的合作，更就昔日的芬蘭、立陶宛、波蘭、拉達維亞、愛沙里亞、丹麥、瑞典、挪威、意大利、德意志來說：在芬蘭的地方政府，有很寬的自治權，市集(Rural Communes)可行使許多權力，包括財產的享有，市企業的經營，分共救濟與初等教育等，省長與區長對市集有若干控制權，但除關於備款外，其財政控制權甚少，市集的公民，對於市集政府的決定可問行政法院提出控告，省長公署為初級行政法院，最高行政法院為第二級。立陶宛(Lithuania)的地方政府，均受內政部長的控制，對於低級政府，由縣長行使控制權，監督機關對一切的決議，均得予以反對，但關於法律問題，地方政府可向法院提出控告，關於不動產的處分等決議，均令呈請國家機關認可。

波蘭的市集，直接受縣執行委員會的控制，惟最後得向省長訴願，獨立城市，直接受省長的控制，對於省長，則可向內政部長提出訴願，一城市如認為其利益受有嚴重影響，或上級機關之決議不合於法律時，更可向行政法院提出控告，監督機關除對地方政府的活動，行使普遍控制外，更對市集議會關於財政事項決議，有批准之權，并可行使「添加預算款目權」，拉達維亞(Latvia)方面，中央對地方的控制，如：關於市預算以及關於不動產的買賣或抵押，市計劃的決定等決議，均須呈請內政部長批准。

愛沙里亞方面，內政部長對地方政府的決議，為使其合法起見，行使監督。在村莊與鄉區，縣議會行使初級監督，每年必須呈交報告書於內政部長，并依照其訓令而行動，一切地方政府的決議，必須於四日內呈報部長，部長得於十五日內，以不合法的理由，予以批駁，關於章程，若由部長送回，且附有變更的建議時，須以出席三分之二可決通過，否則即被認為否決，部長的批駁，由一行政法院審理，其職權為保護地方政府在法律下所應享受的自治權。

丹麥爲實行地方政府間接選舉制的少數國家之一，郡議會由鄉市議會代表選出，丹麥的郡長，類似法國的郡長，對郡市議會有廣大的權力，瑞典方面，除關於財政抵制外，地方自治極少受到侵損，所謂財政控制，係根據於補助金原則，政府利用這種制度，在鼓勵市集的活動，提高地方政府的標準，瑞典的市長，由國王任命，但不充任市議會主席，市議會每年自選主席，市行政部節制市議會的行動，挪威的制度很簡單，區議會與市議會各自獨立，有廣大的權力，並處理地方行政的大部分，郡議會係間接選出的，一年開會一次，其職務很少，市議會與區議會的議事，郡受郡長的控制，這種由常任的中央官吏，對地方政府行使廣大的權力，可謂挪威制度的特點。

往昔意大利的行政制度，是完全的集權制，較法國更正地方議會不由民選，而由中央政府或其代表委派，其職責，純屬於諮詢性質，中央政府并欲使用比例代表制於地方議會，十九世紀的德國地方政府制度，其特點爲地方自治政府，尤其在城市，於其行動範圍的限度內，有行動的自由；但凡被認爲屬於警政性質的事項，均不在範圍限度以內（包括許多在其他國家可由自治團體執行的事務），這種執行權的執行，由半常任的官吏掌管，他們在市集由市民選出，但須呈請上級機關批准。聯邦政府傾向於增大區域政府（縣與區）的權力與地位，地方政府由市集而移轉於縣，使地方組織中的行政部對民選議會之權擴大，即是中央集權的表現，而中央政府干涉地方行政之權日大。

由近代各國的地方政制看來，大抵表現不少的中央控制的現象，中國古代的郡縣不始於秦始皇以前，已有郡縣的名稱，秦統一後郡縣始爲基本的地方區域，春秋末期，郡縣制度逐漸興起，其作用並非純粹爲統轄地方的行政，而具有防戍的意義，並且表現貴族間食邑的攘奪與分割，因而有縣的劃分，左傳襄二十六年，伯州犂指穿封戌曰：「此子爲穿封戌，方城外之縣尹也。」宣十五年傳「晉侯賞士伯以瓜衍之縣。」又左傳哀二年記趙簡子伐鄭時與范氏，中行氏的誓約：「克敵者，上大夫受縣，下大夫受郡，士田十萬，庶人工商遂，人臣隸圉免，」還是關於普遍的縣郡的畫分，而以軍功行賞，當時受郡縣的，有上大夫和下大夫的限制，而且縣大於郡，與以後「以郡監縣」的制度不同，到了戰國時期，郡縣制度普遍發展，并以郡監縣，改變了以前縣大於郡的制度，史記魏世家：「（文侯）任西門豹守鄴，而河治稱治，」魏已以郡縣守令的制度，建爲一種新的地方政治，史記秦本紀：「（惠文君）十年，張儀相秦，魏納上郡十五縣。」戰國策「宜陽，大縣也；上黨，南陽積積久矣。名雖爲縣，其實郡也。」秦本紀：「（惠文王）十三年，庶長章擊楚於丹陽，虜其將屈匄，斬首八萬；又攻楚漢中，取地六百里，置漢中郡，到了秦始皇時代，由武力的侵奪，繼續以所得土地置郡，至始皇二十六年，并有天下始秦從李斯之議，分天下爲三十六郡，郡置守尉監，而郡縣之制完成。

自秦漢以來，地方政制雖然各代不同，但在組織上大致以縣爲下層基本區域，秦代一統以後，地方長官莫不由皇帝任命，政無包細，一依帝王的意嚮，以決從違，吏無良汚，全視帝王的愛憎，以爲取舍，地方親民守土的官吏，等於傀儡，凡國家教民養民的根本大政，均操於帝王，唯求敉得極度集權之效，厲行中央集權，但以國境之廣，治理不易，漢朝採用郡國制分天下爲「國」與「郡」，郡歸天子有轄，以「國」分封諸王侯，封建復萌，造成七國之亂，景帝三年實行「郡」「國」兼併，諸王侯名存實亡，中央派國相直接治「國」當時制史督察畿輔，直隸中央，巡行無固定治所， 權勢很大，東漢末年盜賊蜂起，靈帝復增地方政權， 改刺史爲州牧，州牧兼掌兵權，足與中央對峙抗衡，造成羣雄割據的局面，形成漢末的三國鼎立。

魏晉南北朝末除西漢的舊習，刺史如同王侯，集軍政大權於一身， 尤其是晉朝的刺史，任重者爲使節都督，輕者爲持節，軍民合治，名實相符自司馬炎強行此制以後，不二十年遂有八王之亂，晉室東遷，中央集權幾全解體，南北朝時代，戰爭頻仍，地方行政，更何足論，自漢末以迄南北朝以來，各朝歷經變亂，鄉官的制度，雖未全廢，但鄉官的權力，已不如往日的尊嚴，或竟至於腐化。

隋代初併，州郡縣之三級爲二級制，併縣之九等爲三等，又江羊縣以下的低級組織，但少實效， 隋代縣令，三年一遷，多用他郡人，其權較爲集中，縣佐鄉官，都可自行調用，自治的精神漸失，文帝開皇十五年曾下全廢鄉鄉官制便廢絕了，唐代的地方政制，以初唐盛唐爲最善，州郡縣屬吏之多，盛於前唐代初最會親氏之官，書名於屏風，記其善惡，刺史太守，都以化導齊民爲職務，而郡縣多能就理，開元中，玄宗採納九齡的意見，凡非屬縣令，不得入爲台郎，表示對於地方行政官吏的重視，而吏治因之增善，以係轉爲內職重外職輕，郡守多由京僚貶黜者爲之，大都不諳治理，州郡因之失職，使藩鎮得以專橫，此外，表面雖存鄉官的形式，但實質上已失其政治作用。

宋初鑒於唐季藩鎮與五代權臣的跋扈，極力推行集權制度，府州軍監以及縣事，都由朝臣出守，漸能節度使的兵權，且分天下爲路，爲路的兵民刑獄財賦等政，設專官分掌，府州屬路，縣屬於府，層層控制，又用「輪戍」政策，對於，戍守地方的軍隊，時時調動，不使久駐其地；並以「輪調」政策，對於地方官吏時時更調，不使久於其任，宋太祖還對於地方政制，訂立一種兵民財三權分立的方法，以削減地方長官的權力，中央集權，已達於極點，但地方的權力大削，內不足以平盜賊，外無以保衛邊疆。

元代政制雖似改行分權，但實際上仍係集權，以「行中書省」統府路，以府路統州縣，「行中書省」是（中央總攬國政的）中書省，在地方的分設機關省，本是官署的名稱而不是地方區域，但「行中書省」的權限很大，一切地方政務，都受其指揮監督，儼然與中央分權而治，明代沿襲行省的舊制，設布政使司以掌省政，集權程度較南宋有遜色，較元代則過無不及，明代確定省爲最大的地方區域，明清的督撫與中央各官署無隸屬的關係，除特別事項須奏請皇帝柬裁外，地方事務得由督撫獨斷專行。

前清的督撫除民政以外，雖操有國家的軍政財政司法諸大權，但是滿清的中央政治，仍是強行集權，論者以爲中國歷史所行的集權，多是君主集權，而不是政府集權，因此，全國的行政權，多集中於君主一人，而少集中於中央行政各部，地方長官，多直接受君主的支配，而少受中央大員的監督。

第二節　地方組織中的均權精神

治權的分營，爲近代政府職務執行上的一個重大問題，任何國家政府的權力繁重，其職務的分配，或以地域，或以職務，以地域來分配，則以國內畫爲若干區，區各設必要的機關掌有某種權力；以職務來分權，則將立法權，行政權司法權各委於一個機關去行使，聯邦地域是根據地域分權而建立的，使政府職務的論體，委諸若干有政治性質的區域，大抵可自決以執法，其下級機關亦聽其指揮，而非直隸於中央政府。政府權力依此分配，可以減輕中央的工作與責任，且使各地方按其環境與需要的差異，而對政府職務爲適當的執行。

政府制度的實際組織卽以其按地域分權的方式而決，其方式有二：一、其權力的分配，規定何爲政府的區域，其職務爲何，均載於憲法中，故其分配，由政治上的主權者爲之，由此產出的中央政府與地方政府，處其同位，因其權限均直接取之於主權者，非得主權者的允許，互不能侵及。二、憲法規定一種單一機關，享有政府全權，以斟酌情形而依地域分配權力，第一種爲聯邦制的分權方法，第二種爲單一制的分權方法，美國政府爲聯邦制，因其人民曾在憲法內，對中央政府與地方政府（卽邦政府）爲同一的規定，而聯邦中央機關不得規定何爲邦政府之職務，法國政府爲單一制，由巴黎的單一政府，建立省縣等地方區域，以便利中央政府的行政，中央政府也得隨時變更其附屬區域。

論者以爲這兩種的區別，不僅在乎以地域分權的事實，而爲現代國家大都有此分配，但亦非以委諸地方的權力數量，或種類而爲區別，實以其分配之執行者爲斷。論者又以爲聯邦國與單一國的差別，既不在乎聯邦中各邦之保有「固有權」及「自組織權」之問題，亦不在乎主權之分配問題，而在於國家事權畫分之手續上，聯邦國家以憲法畫定中央與各邦政府的事權，各邦政府的事權，才有憲法的保障，在單一國家不論如何分權，地方的事權，初無憲法的保障，因係由中央政府以普通法律命令規定。

聯邦的特性表現於其對邦聯及單一國的區別上，邦聯或聯邦的先例，自十六世紀以來，例證頗多，就邦聯來說，如荷蘭聯省其和國（一五七九——一七九五）；一八四八年前的瑞士邦聯；一八六六年前的德意志邦聯；北美十三洲獨立時的美洲合衆國（一七七七——一七八七）；南北戰爭時美國南部諸省所組織的美洲邦聯

（一八六一——一八六五），至於聯邦的差異，論者以為一則在於中央政府之權力能否及於各部人民的問題；二則以為在於中央職權範圍的問題；凡以一切的主權全歸中央者為聯邦，中央政府對外無完全職務者為聯邦；三則在於中央組織問題，中央政府的機關如係一種代表會議者為邦聯，而聯邦國的中央政府具備立法司法行政三種組織；四則在於中央憲法修改的手續，聯邦憲法的修改，無須各邦全體的一致，邦聯制憲法的修改，則須待各邦同意；五則在於各邦之是否完全獨立，即主權之屬於各邦抑或屬於全體，以為畫分邦聯聯邦的標準，但是，這些問題都不能作一種確定的分別，總不免有例外發生，所以就聯邦與邦聯比較言之，則聯邦之特性，在積極方面是：中央對於各邦享有強制執行權；在消極方面，各邦分離權（Right of Secession）之不存在，尤其是這種分離權之保有與否，為聯邦和邦聯最顯明之區別，而少例外，凡屬聯邦國家之中央憲法，無一明白承認各邦之保有分離權者，如果擅自分離，中央政府可以全體的實力強制其執行。

在聯邦制之下，中央政府與地方政府立於平等之地位，由憲法確定兩方面職權的範圍，地方政府執行其憲法範圍以內職務的時候，中央政府既不能侵犯，又不能干涉，所以聯邦政府是一種包括中央與地方的雙重政府，是一種分權式的地方自治政府，與單一制的集權政府不同，聯邦政府也可由一「單一制」政府的各區域畫分出來，重行改組成立的，如：革命時期的俄國，各區域各自宣佈獨立，各組織蘇維埃共和國，到了一九二〇年，又聯合而訂立聯邦條約，組織成蘇聯式的聯邦政府。

在聯邦制之下，表現出政治上向心力與離心力的均衡趨向，所以分權是聯邦組織中的重大問題，舉凡與全國有關而又須全國一致辦理的職務，都畫歸中央政府，凡與各區域人民直接有關係的職務，都歸地方政府辦理，關於外交與國際關係，宣戰、媾和、邦與邦的商務、國外商務、幣制等都歸中央管理，（在瑞士和德國各邦政府卻能和鄰近的外國在一定的限定內訂立條約），第一次世界大戰後，歐洲新建立的聯邦制度，關於中央與地方分權的原則，和美國的觀念不同，關於民事刑事訴訟商務手續，婚姻與離婚，在美國是各邦各自制定法律，但在德國則有全國統一的法律，地如救貧勞工、銀行、保險亞類，在美國也由各邦各自管理，在德國，則中央政府有立法管理之權。

關於中央與地方政府間，權限的發生的衝突問題，在美國南北戰後，確定了中央政府的最高法院是判決憲法上權限衝突的最高機關，在瑞士中央政府能推翻地方政府的法律，德國憲法又確定中央法律高出地方法律，而中央的最高法院有權解釋中央法律與地方法律的疑問，關於中央對地方的監察，美國中央政府有憲法上的職務，督察各地方所設的政府制度是否合乎共和制，且有禁止的權力，德國新憲法第十七條規定各地方政府，必須是一種共和制，並須有一內閣，德國中央政府還能以強制執行的方法，強迫各邦執行其憲法上的職務；在美國的中央政府設有這種權力，但能以武力保護美國的公產，執行聯邦憲法，法律與條約的條文，並執行聯邦法庭的判決，如：地方執政者干涉或阻礙聯邦政府執行職務，中央政府當然以武力對付（如：一八六一年的南北戰爭），這是德國聯邦制與美國聯邦制不同之點。

就中央政府法律在各地執行方法而言，美國的中央政府在各地方有中央的官吏與機關，執行一切法律，徵收一切賦稅及其他一切應行事務，德國和瑞士中央政府的法律，大都由地方政方執行。美國聯邦政府，成立以後，聯邦制的趨勢，多是偏向中央政府權力的增進，在美國中央集權的趨勢很是顯明，在其他的聯邦政府，憲法上的規定中央政府的權力還較美國爲增大，一九一九年後的德國及奧國聯邦政府，其中央權力幾等於單一制的政府。

美國國會只有權管理邦際與海外貿易，而瑞士聯邦會議得干預各種商業，自一八七四年以後尤自一九〇〇年以來，憲法發達的趨勢，完全傾向於擴充聯邦管理範圍，一九〇八年十月廿五日的修正案，將水利事業置於中央監督之下，但關於徵稅權，瑞士聯邦政府，權力之受限制，則較美國爲甚，兩國的聯邦政府大都仰給於間接稅，而兩國的邦政府大都仰給於直接稅，惟美國憲法自始卽許可國會得徵直接稅，瑞士憲法自始卽使聯邦政府只得徵出入口關稅，且其規定，凡對於工業製造及農產原料與一般生活必需品之入口貨，須課以最低的稅率，對於出口貨亦應從輕課稅，此種稅收之所得，卽充聯邦之歲出，如有不敷，則得向各邦依其財富及稅源爲比例而徵稅，美國聯邦政府的執行法律，幾全由聯邦官吏任之，即使各邦政府一朝摒除，而聯邦政府因可照常執行職務，在瑞士則不同，瑞士雖有若干重要的行政機關，如：關稅、郵政、電報、電話等機關，但對其他職務，頗有資於各邦機關的合作，而由聯邦政府監督之（如鐵路，水利、度量衡、教育、聯邦銀行等）。

在聯邦制之下，(W)邦或洲政府與中央政府，直接以人民爲根據，邦是否爲主權者之一問題，曾引起美國長期的爭論，並成爲南北戰爭中之一要因，實則美國眞正主權屬於人民，而美國中央政府以及各邦政府所有的權力，僅爲執行主權的權利而已，在殖民時代，北美殖民地上的人民，對於成立任何有束縛性的聯合，已表現堅決的反對，在革命時代，雖然採取全體一致的態度，但於邦聯盟約（Articles of Confederation）之內，又拋棄了這種態度，後於憲法制定採行的時候，又曾發生一次的反動，自共和初造之日，美國人民關於聯邦性質的意見而有顯著的分歧。

北美合衆國爲近代聯邦制的首創，在美國聯邦論者的意見影響於歐洲大陸各國不少，他們以爲美國新聯邦的性質，既非完全國家主義的性質，亦非完全聯邦主義的性質，而係包括國家和聯邦兩者原素而組合的以政府的基本而論，憲法既須由各邦批准施行，即是聯邦之性質，以立法的組織而論，這種新聯邦使有國家和聯邦參半的性質，一院以全國立基礎，一院以各邦爲根本，行政元首的產生，也是根據於聯邦和國家的混合法則，因爲選舉是基於「各邦平等」和「全國人民」兩種基礎而分配，從政府活動的立場來觀察，又可表現其爲國家之義而非聯邦之義，因直接對各個人民而行動，不必假乎於各邦；但從職務範圍來說，又含有其聯邦性，因其法權是限於某種特殊的事件上，其餘一切專權仍歸於各邦，關於憲法修正案，則又表現新聯邦爲半聯邦半國家的性質，因爲全國一致或多數比較的原則，均不能單獨的發生效力，所以美國的新政府，體制是含有一種集合國家制與聯邦制兩者的特色。

和美國聯邦混合性的觀念相契合的，還有一種主權的學說，就是說，主權是可以分裂的，這種學說，盛行於憲法被採用的時代，他們認爲古羅馬的立法權，最後屬於兩個團體，其界限判明而各自獨立的，就是貴族院與平民院，他們以爲美國新訂憲法，並未僅減各州的地位而改爲行省，却仍爲保有相當獨佔的而且極重要的主權部分；凡一切主權的權利未經該憲法授予合衆國政府而含其獨佔的，當仍屬於各部，這種關於聯邦與各邦互分主權的觀念，實已滲透了美國各法院的意見，這種分離主權論最有力的倡導人，就是麥迪生（James Madison），他認爲美國的主權，是分分配於各邦與聯邦之間，美國整個社會實含有多數半主權的團體，他說如果主權是一種不可分割的不可讓渡的單位，則必令國家趨於崩潰瓦解。後來的國家主義的理論，表現出澈底的變更，一時的風尚，反對分裂主權的觀念，而主張最高權的統一性與不可分割性，而以主權屬於國家，內戰告終一般人的思想以民族爲高出一切。但是，民族却與以前之所謂人民截然不同，因爲契約觀念已爲一般人所厭棄，轉而注意於國家民族之有機的和進化的性質，他們以主權屬之聯邦，無與於各部，各部只能退居於國家機關的地位。

再說到一九一八年前的德國政制，是第經演化的結果，以一八七一年行中央集權而趨於完成，帝國據憲法的規定，有很大的立法活動（關於公民資格、關稅、度量衡、造幣、海陸軍備等）；但另一方面，各邦所保留的權力範圍，亦不狹小，如：決定本邦政體，繼承法律，教會與國家之關係，關於內務行政問題的決定，制定本邦預算，警察法規，國道法土地法以及公共教育的監督。各邦的保留權，並不能與帝國的權力完全分開，相互關係密切，且有賴於互相間的牽制，邦政府的活動範圍，必須服從一種較高的權力，非經帝國立法的放任，則邦政府無所謂自由其活動範圍並非完全爲帝國所佔據，但終須受限制。

當時聯邦侵減邦權的方法，一爲通行全國的統一法典，最要者爲民法典，二爲一九一四年前帝國立法的擴充，如：勞工保險，工廠法規，以及其他社會經濟等事項，此外，法院不得對帝國法律，決定其是否合憲法而對於帝國威權加以限制，在戰前十年間，各邦曾屢次反抗中央集權的趨勢，尤反對帝國之趨於議會化，其委諸帝國政府的立法職務很多，範圍繼續擴充，其行政及司法性質的職務，較受限制，關於外交，陸軍以及郵電事業均絕對集權於帝國中央，其餘行政職務，幾乎完全由各邦執行，軍事行政雖集權於德帝國，實集權於普魯士，美國聯邦政府本身爲一完全的機體，自有其立法機關，行政機關，及司法機關，中央政府對各邦統治機關頗能獨立。在德國各邦的地位，却優於美國各邦，中央政府除對上述事項外，關於執行政策，都有恃於各邦官廳，但僅係便利之計。並非憲法的規定。

就普魯士的地方政府之起源及其原則而言：普魯士地方行政機關及中央與地方的關係，大抵起源於十九世紀初年之斯丹哈登堡(Stein-Hardenberg)的改革。一八〇八年十一月十九日斯氏創立一完美市制，其改革的重要目標，在促進地方自治，減少中央對地方之不必要的監督，市議會選舉市長，並有征稅權，普魯士城市乃有畫一的普通市政法規，一八三一年的法規，恢復中央監督地方財政之權，並提出其他變異，但市制全部，實以斯氏的法規爲根據，一八五三年的法規，却實行於王國東部六省，最後擴充及於其他多處。

帝國成立後俾士麥致力於地方政府的政治改革，雖爲專普魯士計畫，但其他各邦先後效法，終使全帝國立於同一基礎之上，這種制度雖爲歐洲之最複雜者，但較以前簡單，英儒阿士力（Ashley）嘗歸納其原則：一、明白分立直接涉及中央政府的內政（如：邦征稅及土地宗教事宜，警務及監督地方學事），與純正關係地方利益的內政（如：道路、卹貧、及其他）。二、中央政府的工作，若係有關於地方分治的，則分爲若干區（不必與地方自治區相合）。區如有中央政府的代表，代行工作，以減輕柏林各部的負擔。三、普魯士中央政府行政部之對立法部獨立，官吏之優勢等現象，亦表現於地方政府。四、全普地方的自治區除其最大者外，地方選舉的行政首領，亦即中央政府的代表，其執行地方意旨，多受制於中央，而眞正的地方自治，範圍甚小。

一九一九年德革命後的新政府規定邦之存在，邦之附屬於共和國全體，較之以前在帝國政制下之半獨立，尤表現其附屬性之大，對於邦自由的限制，如：各邦必有一共和政體乃代表議會（邦與市都是如此），以平等直接祕密的普選權，選舉之，凡屬德人，無性別之分，都依比例代表制，有投票權，並須實行責任內閣制，其次，邦界可以變更，新邦亦得使之成立，甚至違反關係邦的意旨，亦無不可，如直接有關係的各邦，同意時，則此種變更，亦得以普通法爲之，關係邦雖不同意，如以複決權而由關係人民贊成，則此種變更，亦得以普通法爲之，無論如何，其變更終可以憲法修正爲之，對於邦自由的第三種限制，係：原於政府之分配權力，其分配的原則，與前帝國，瑞士，澳大利亞，及美國所根據者相同，中央政府的權力係列舉的，各邦政府的權力係殘餘的，但其分配頗有單一制的趨勢，因爲共和政府的權力，超越以前帝國政府權力之上，其權限，如外交、殖民、公民資格、移民入籍、國防、造幣、關稅、郵政、電報、電話等，共和國得以法律規定關於各邦徵稅的根本原則，防止中央收入受害，或有重複徵稅及橫征暴斂之事，並圖防止一邦課稅，對他邦產物加以差別之待遇。

憲法又明定共和國法律與邦法律衝突時，前者當然凌駕於後者，如有爭執則由共和國最高法院解決，更有必要時，總統得以武裝軍隊強迫各邦執行，憲法及法律，所委托之責任，各邦雖具有其附屬性，然亦有其活動範圍，共和國憲法上明定：「政治上關於全國事務，則由中央政府依共和國憲法執行之，關於各邦事務，則由各邦政府依各邦憲法執行之。」各邦所有的同意權及殘餘權很大，各邦有時得派遣全權代表出席衆院及其委員會，會議以提出其各邦內閣對於討論事項的意見，此外，各邦並得代表於參院。近代聯邦制之下，關於權力的分配，以地域爲基礎，由主權者以憲法規定，中央政府與各邦政府，均不得以單方行動而予以變更，德國新制中無此規定，其憲法既得由中央政府隨意變更而憲法所規定權力的分配，自亦如之各邦權力對於中央政府並無保障，卽其存廢，亦均聽由中央政府的意旨。

在蘇聯政府制度之下，無所謂分權主義，聯邦蘇維埃大會爲各種政府職權的總匯，中央執行委員會兼爲行政與立法機關，憲法上並無有系統的司法機關的規定，代表爲間接化，卽由人民選出鄉村蘇維埃，鄉村蘇維埃選出區蘇維埃，由區蘇維埃選出州蘇維埃，州蘇維埃派遣代表至莫斯科之蘇維埃大會，然後聯邦蘇維埃大會選出委員以執行國家政事。

關於聯邦各共和國的政府組織，爲謀聯邦統治機關的調和與統一，於必要範圍內，以聯憲法概括規定之，就蘇俄共和國而言，其最高權力爲全俄蘇維埃大會，其構成與聯邦蘇維埃大會相同，卽由市蘇維埃及州蘇維埃大會選出之，全俄蘇維埃大會爲蘇俄共和國之最高權力機關，握有立法、行政、司法等職權，蘇維埃大會閉幕期，由全俄之最高權力機關，爲全俄中央執行委員會，爲蘇俄共和國之最高立法行政及監督機關，在全俄中央執行委員會閉會期中，該委員會幹事部爲共和國最高立法行政及監督機關，由中央執行委員會任命之。

關於外交、軍事、交通及對外貿易等項，都由聯邦政府處理，各邦不得參與，關於財政、農業、糧食、輕工業及工農監察等項，大抵由聯邦政府立法，然後由各共和國遵照施行，或制定其他附帶條例；其餘如內政、司法、教育、衛生、社會保險及自由貿易等項，初屬於各共和國之權限以內，但法庭制度，民刑法及土地法，教育與衛生的普遍原則，亦均由聯邦政府規定。結果，如共和國權力的縮小，已不如美國各邦的地位。舊俄時代，地方制度分爲省、縣、鄉、鎮四級，革命後，常有變更，一九三〇年後，依照經濟原則，畫分爲：一、自治共和國，二、特別或邊疆區；三、自治州，四、區，五、鄉村蘇維埃，新地方行政機關，即自治共和國蘇維埃大會及其中央執行委員會，特別區或邊境區蘇維埃大會，及其執行委員會，區蘇維埃大會及其執行委員會，以及鄉村蘇維埃與城市蘇維埃等。鄉村蘇維埃爲蘇維埃制度最下層的基本組織。

聯邦制之地方自治與中央監督加以自然的調和，但易造成鬆弛萎弱的結果，聯邦的成立，須以各邦的意志爲轉移，單一國則無此困難，但蒲萊士(Bryce)聯邦制能使地方在立法行政上獲得經驗，而爲單一制政府所不及，論者以爲聯邦制之下，特殊地方，各得按其特殊情形與需要，自行處理一切，使一新興大國，前途易於發展；反之，亦足以使國家趨於特殊複雜，缺乏統一，在職權方面，不易應付多變的社會情形與經濟狀況，在單一制的政府之下，全國土地分成若干區域，在每一個區域中，設立一級政府機關，在聯邦制之下，各邦政府和中央政府立於同等地位，也是由憲法設立的，但各邦的區域還要分爲較小的區域，也成了地方政府的形式，現代的國家，大都採用三級制，將全國的土地分成若干省，再由省區分爲若干州，或道，或府，再區分之爲縣，法國地方政府有 Departments（約等于我國的省），Arrondissements（約等于我國從前的道區），Communes（約等于我國的縣區）。普魯士爲德聯邦中的一邦，其下級的地方區域，有省（Provinces），有府區域（Government Districts），有市區（German City Circless），有縣區（Rural Communes）。美國聯邦中的各邦區域，分爲 Countics, Towns, Townshires。

地方政府的設立，其主要目的，在使之分任政府職務，因爲中央政府的職務繁重，在事實上不能兼顧到各地方的事務，便以地方政府應付各地方的特別重要，專任執行各該地方的特別事務，增加行政方面的效率，並可使各地方人民有參預地方政治事務的機會，使各地方能夠實行自治，地方政府的行政機關，非常重要，因爲政府制度的重要部分，即在其機關能使國家治權接近人民，而使人民在社會各方面均能自治其事，英美與歐洲大陸各國地方政府制度是不相同，在法國，省長是中央政府的代表，對於省議會議決案有同意權，或轉呈中央政府請示辦理，既可以決定一切法律問題，又可以決定關於執行政策的方法，完全是代表中央行政部的態度法國區長的地位，頗受限制，如不依照中央意志執行職務，省長可以停止其職務一個月，內務部長可以停止其職務三個月，法國總統可予以免職的處分。

在英國，如果民選的地方議會與中央行政部發生衝突，如超越法定的職權範圍，或違背中央意志，中央除交付法庭解決之外，並無其他辦法。美國的地方制度和英國相同，英美的地方政府區域，大都是原來的獨立的政制區域，中央只有逐漸擴充其權力以推廣到各地方，地方人民雖然希望有一個強有力的中央政府，但仍以地方自治爲其應得的權利，而非由中央政府特許的，美國的各邦政策，大都是由各邦政府設立的，其原則爲：凡純粹地方事務，須由本地方人民執行，並依照其所決定的方法辦理，很類似英國地方政府的原則與精神。在法國與歐洲大陸其他國家，當中央政府推廣勢力之際，並未顧慮到地方區域的自治權，影響所及，推翻了以前的地方政府機關，以後中央政府的職務增加集權政府不能管理一切事務，於是新的地方行政區域逐漸任意設立，其地位自與英美的地方政府不同。

法國地方政府發達的階段，由中央集權的過渡而漸趨於自由，而更入於各市人民監督的時代，其主要程序，初則由中央政府之委任取消，而代以民選地方官吏，其選舉權逐漸擴充，繼則表現地方選舉機關權力的逐漸擴大，省市議會的立法權，更是擴大，三則中央政府在地方的代表，獨立行動的範圍擴大，而不必向巴黎的中央機關商請，第一第二兩個程序，足以造地方分權，由中央政府委權於地方機關，地方機關再委權於人民，第三個程序，促成法人之所謂地方分治，權力保留於地方代表之手，執行時，自由捷便，較之以往，還能適合地方輿情，地方分權，已應用於市方面，省與縣已行分治，但其全國行政的地理界綫，依然保存，中央政府藉其代表，以權力返還人民，但法國的行政組織仍然不脫中央集權，在法國憲法裏面，中央政府與立法機關雖示以民治的廣大範圍，但中央政府的權力，亦不分散於若干部，而保集中於單一的中央指揮機關，即巴黎的內政部。

現代法國的市，是最重要的地方自治區域，起源於革命以前，市具有法人資格，享有法人之一切權利，據一九一一年的調查，全國共有三六二四一市，各市的大小，極不一致，但除巴黎里昂外，各市都有相同的組織，每市有一市議會，任期四年，議員均同時選舉，市議會的職務，即在純粹市地方事務的行政，與市地方要求的立法，市長由市議會，以祕密投票法，自市議會中選出，任期四年，又有協理員輔佐市長，而在事實上，市自治權雖受各方限制，但是「市」仍不失爲地方政治的中心，其活動範圍固少，仍有全權處理對於財政、商業、實業、教育、政治等事務，一八八四年的法典，許可關於「市」的邊界，得由省政府依據地方輿情使之變動，不當承認規定各市之相同，第一次世界戰後，法國改革地方政治的要求，各處風行，地方分權的呼聲很高，後來更有提倡組成很大的新地方自治區域，從之有一選舉的實權的立法議會與行政機關。

就近代現代各國的地方政治制度比較研究，總不外中央集權與地方分權兩個趨向，大多數歐洲國和美國，凡未經法律明白禁止的事務，地方政府即得爲公共幸福而加以辦理，但在英國，英屬領地，他如日本等國，則凡未經國會法案明白委托的職權，地方政府即不得執行，由這兩種情形比較起來，第一種情形下的地方自治權，並不一定是較大些，因爲由高級機關對行政行爲，所行使的控制（即行政監督），可使地方自治權，僅成爲表面的，在第二種情形之下，職權雖經嚴格限定，而地方政府在執行其職權時，不受拘束，其自治權反爲擴大，黑里斯（G.M.Harris）在各國地方政府一書中，曾經加以論列。

在任何國家，市集議會關於財政事項的決議，非經高級機關批准後，不能有效，至在多數歐洲國家，對低級地方政府的普通控制，由一官吏（如郡長等）行使，而爲中央政府在郡或同種行政區域內的代表，這種控制的程度，在法律上實際上各國不同，各市亦有差異，法國的郡長，對於郡內一切市集（包括大市），有廣大的控制權：並因其直接對於中央政府負責遂使中央對地方政府的控制權，更爲完全，甚至郡長可以停止市議會，而中央甚可以解散市集議會。在比利時可由區盤，常務委員會，省長，或國王行使之，隨情形而定，但比國市集所享受的自由，較法國市集爲大，在以前的荷蘭，國王可以依據違法或違反公共利益的理由，以廢棄市集的任何決議，並由省執行部行使控制。在挪威，地方政府的一切決議，都須呈涵集長（相當於法國的郡長）批准，如廢案交回議會，仍未能以三分二之多數通過時，少數派可要求將該項決議呈請國王核奪。在丹麥、瑞典，市集方面的若干種決議，亦須呈請批准，在瑞典地方自治的傳習，頗爲有力。瑞士的市集，除關於委托的中央職務，爲警察等事務外，不受任何高級機關的控制，但邦政府如認市集的行動，可危害其財政安定時，可加以干涉。在芬蘭，市集的自治權，也很廣大，在芬蘭、保加利亞、匈牙利、拉達維亞，關於議會的決議，有些須呈請高級機關批准，愛沙里亞，任何議會的一切決議，都須經過批准。

對於地方的控制，以德國的組織爲最精密，在普魯士，鄉集先須受縣令的監督，次則受督察員的監督，關於其他機關的控制，除區督察員外，還有總督察員，而最高之督察權，由內政部長行使之。對地方行政的督察，實際上限於視察行政之遵照，法律與否而已，地方政府的行政，也受行政法院與行政機關（即縣委員會，區委員會，省參事會，與最高行政法院）之法律之控制。行政法院一方面爲受理個人對地方政府決議所提出的控告，一方面又可以保護地方政府，使其權利與利益不致受中央政府不正當的侵犯，在英美無行政裁制所，在英國地方政府決議之合法與否，僅能由普通法院加以裁制，但關於除財政事項以外的若干種事項，中央政府行使控制，如：關於任何地方政府的章程，必須呈請中央方面之一「部」批准，城市設計的計劃，亦須呈請衛生部長許可，但地方政府的普通決議，可直接生效，無需在任何時期呈送高級機關，在英屬領地，亦遵從相同的原則，在美國，除財政限制外，地方政府，於其權力所及的範圍內，幾乎完全不受外界的控制，這種情形，在已採用「自治市憲」制度之諸邦表現得尤甚。

各國對地方政府所行使的財政控制有三：一、對地方政府收入的來源，加以限制，各國多以法律規定，地方依照法律，得為地方的國運計，自行徵收若干種稅，或在若干種國家稅上徵收附加稅，或同時實行這兩類辦法。二、由高級機關批准預算及其他，如在法國對市集預算案由部長決定，最大市的預算案，更須由大總統依內政部之意見批准之。在比利時與荷蘭，市集預算案，受省政府的控制，在羅馬尼亞，市集議會關於估價或徵收的一切決議，均須呈請內政部長批准，內政部長依從高級行政議會的意見；在英國除借款外，關於其他財政事項，高級機關無預防的控制。在美國關於借款的控制，未採用每次須經批准的方法，而在邦憲法中對地方政府所能借的總額，規定一最高限度。在英格蘭與威爾斯，每次借款，均須先經中央方面之一「部」（普通為衛生部）加以批准，但在英格蘭，地方政府享有較大的自由。三、關於中央機關之審核賬目，在大多數國家，如其市集預算案必須呈請高級機關批准，則市集之最後賬目，亦須呈送高級機關。

英國之所謂地方政府官吏，即指民選議會所雇用並聽從其命令之人，在美國則不然，其基本觀念，為主要的地方官吏，直接向人民負責，一切官吏，幾全由人民選舉，美國有若干市長與德意志的城市長相同，但因其選任期短，且有時受罷免權的控制，其威力頗減。法國的市集長，僅選任四年，是議會的執行首領，同時，又為中央政府的地方代表，權力廣大，雖由議會選出，但隸屬於郡長且可由國家之元首罷免。在比利時、荷蘭受薪的市集長，由國王任命，任期四年，充市集會的主席，瑞典的法定市長，亦由國王任命，含有多少獨立性的地位，非行政的而為司法的，且不充市議會的主席，議會自選其主席。英國市長的權力從未限定，但其地位與法國的市集長或德國的城市長頗有不同，每年由議會選舉，充議會的主席與議會商討關於市之一切事務，英國郡議會主席所佔之地位與市長相似，但歐洲大陸各國的郡長縣令或省長均由中央政府任命，並對郡或省議會以及郡或省內各市集議會行使廣大的權力。

美國有委員會制，比荷亦有執行委員會行使各部分的責任，分別委托於各委員；英國的地方政府制度，民選議會本身即爲地方當局，握有一切的地方治權，在其他若干國家，民選議會的執行部（一人或一團體）大致不隸屬於議會，地方政府的實際權力（投票表決款項除外），往往在執行部，而不在民選的團體，法國市集的市集長，德國城市的城市長，比荷的「市集郡參事會」，即係如此，而愛沙尼亞、匈牙利、波蘭、瑞士中的數市，其執行部在若干種特定事項上，有獨立的權力；郡或省議會，亦有其半獨立的執行部，如：法之郡常務委員會，比利時之常務委員會，以及荷蘭之省執行部。

英國地方的民選議會，可以充分代表選民的意見，國會所許予地方政府的一切權力，均由民選議會掌握，因此：英國民選議會在地方政府中的地位，較其他各國爲高，且因所許予大多數地方政府的權力，甚爲廣大，除了極少數的例外，其所徵收的稅額，又無限制，因之其行動頗有自由，然而大致由於中央政府的補助金，中央政府的若干部，又得干涉關於地方政府的事。

北美洲採用「自治市憲」各邦之市，享有較完全的自由，而不受外界的控制，在瑞士的地方政府，更有最大的自由，任何市集，均可自由舉辦公共事業，邦所行使的控制，幾限於保安警察等事項，由邦委托於市集，以市集爲其代理人。

除英國瑞士等國的城市外歐洲各國，大體上採用中央集權以及官僚政治色彩較濃厚的制度，如法國等，在瑞典芬蘭及其他北方數國，其地方政治享受的自由，較之在中歐與南歐的地方政府更爲廣大。近年來各國所通過關於地方政府的許多法案，力求作進一步改革地方制度的計劃，至於蘇維埃制，雖使較大部分的人民積極參政，但中央的權力很大，這種制度尚不能斷定其是否爲地方自治原則上的一種進步。在美國，關於市政府對任何外界權力的關係，有兩種趨勢：一方面爲各市（Cities）漸脫離邦的控制，而享受較大的自由，另一方面，邦對於一切鄉區地方逐漸完成其控制。對於中央集權與地方分權組織間之變化，論者多由財政觀念立論，近年來中央集權之有進展，英國的中央集權之表明相當加重，亦與財政有關，並非由於中央政府與地方政府競爭稅收，而係由於中央政府要求（接受國庫補助金的）地方政府，保證有良好的成績、以爲補助金之報答。

現雖有許多新法律將地方政府的權利與義務，立於更鞏固確定的基礎之上，但在平常對地方政府的行動行使控制的國家，似不放棄其把持，他方面，市集與其他政府之要求擴大自治權，較以前更甚。

在近代中央集權與地方分權兩種地方政制的演進中，其爲各國民權趨向所積極企求的。則在於地方均權政制的建立，因爲現代政府的職務一天天發展，實非中央集權一切所能辦了，反之一國之內各地方的聯帶性的增進，亦非頑固的地方分劃局面所能獲得大衆的福利，所以分工合作，是現代一切事業進展的良法美意，中偏於中央集權和地方分權的均權制度，確爲現代政治孟晉中的木鐸，晚近歐洲思想中的「有機體論」成了一般大國家主義的興奮劑，和這種「有機體論」相類似的有我國漢代董仲舒的「天人合一」的學說，也可說董氏是這派理論的先進，董氏以爲人類能夠經營有秩序的社會生活，完全由於人可與於合，天道變化可以有秩序，人類的羣居生活當然也有秩序，所以施政方法的變化完全和天道變化相適應，他的理論，便成了當時君主政制的根據，我們雖然容易指出這類「有機體說」的缺點，却也未嘗不可從這一種觀察法來說明現代行政機構之活的運用，古語說：「如身之使臂，臂之使指。」這是表現一種「使」的動作，經過了身、臂、指三個部分，如果援用現代行爲派心理學家的解釋，就是指明由刺戟與反應的交互作用，使一種動作從種經中樞而發生，行政的中樞、便是腦，便是人身行政的顯揚，是由身而使臂（省），由臂而使指（縣），形成行政的三個關節。

我們回溯到中國古代的政治制度，也可以發現均權趨向的痕迹，古代封建制度的精神，重在地方分權，郡縣制度的精神，重在中央集權，從前中央對地方的軍政兩權未予嚴格的畫分，秦代郡縣之制。畫分軍政兩權，不稍寬假，內外官制，同一系統，不外治民、治軍、監察官吏，三方面，郡縣長官直接由中央任命，每年向中央呈報政務，漢代中間有四百年的長期統一，漢初，本參用封建郡縣之制，分字內爲郡與國。郡縣，天子直接以國對諸王侯，七國亂紛，雖存郡國之名，諸侯僅食租稅，中央派遣國相直接治理，郡國實際已不分，恢復中央集權之制，漢代盛時，郡守的權限很大，可以直達天子，天子對郡守非常重視，璽書慰勞，增秩賜金，其優異者或入爲卿相，因爲當時行內外官調任之法，刺史可入爲三公，郎官可出宰百里，漢宣帝每拜郡守，輒親見問，觀其所繇，退而察其行以質其言，嘗稱：「庶民所以安其田里而無嘆息愁恨之心者，政平訟理也，與我共此者，其惟良二千石乎。」太守在其職務以內可以便宜行事，如龔遂之治渤海，文翁之治蜀縣之令長，於郡守雖爲屬吏，然亦能自行其意，不上官所奪。

秦漢最重鄉官鄉官，是地方人士所任，有亭長、三老、嗇夫、游徼等名稱，或掌教化，或主聽訟，或收賦稅，或治盜賊，劉邦出身亭長，三老的地位很高，皇帝時有賜帛的事實，嗇夫有常有政績的表現，如：爰延以爲鄉嗇夫，「仁化大行，民但聞嗇夫，不知郡縣，」（係漢書本傳）朱邑由舒桐鄉嗇夫，官至大司農，臨終謂其子曰：「我故爲桐鄉吏，其民愛我，必葬我桐鄉。」漢代鄉官對地方人民關係密切，孫貽讓說：「漢制縣邑丞尉，多以本郡人爲之……而亭長、鄉三老、嗇夫、游徼，亦皆以鄉人爲之，」是漢代的郡縣椽屬，以用本地人爲原則，含有地方人辦理地方事的性質。

漢代以秦郡太大，稍復開置，郡國之縣，增至百餘，因分郡太多，難於檢察，又併爲十三州，州各置刺史，地方行政，由三級制而改爲虛三級制，西漢地方制度畫一，以郡統縣，以中央統郡，州刺史僅有監察權，每於歲終，須親至京師奏事，論者以爲刺史初非地方官，而爲監察使的性質，「州」似可謂爲監察區，初不能算是地方區城，唐代戴叔倫說：「漢置十三州刺史，以察天下非法，通籍殿中，乘傳奏事居，靡定處，權不牧人，」其官秩（六百石）遠在郡守（二千石）之下，其職務是以六條問事，就是，周行郡國考察地方上有無豪強怙勢，地方官有無侵漁百姓，刑罰猥亂，阿秋蔽賢，子弟請托，體法納賕的情事，六條之外不察。漢初原承秦制，太守都尉，分掌軍政，後漢時又取消都尉之職，以軍政併歸於太守之手，靈帝五年，改刺史爲州牧，自辟椽屬，專制州郡，遂開割據的局面。本來，均權觀念，在漢代已經萌發，兼採地方分權的精神，而關聯全國各部分的制度如法律、賦稅、貨幣、選舉制度等又逐漸施行有效，其未季由於外輕內重（秦亡於內重外輕），輾轉發生三國六朝時代的中國紛亂情勢，亦源於均權觀念的衰微，政治重心的失墜。

西晉初年，參用封建與郡縣，行之無效，其後諸王坐大，既不克行中央集權；而州郡力薄，又不能行地方分權，均權制度，迄未恢復，永嘉亂後，三百餘年東晉南北朝的政治，始終不脫分崩離析之局，南朝自侯景叛亂，已不能復振，北朝自北魏以至隋初，逐漸統一而成集權時代。自漢末至南北朝以來，我國疆土四分五裂，各朝相承，變亂踵繼，鄉官之制，雖未全廢，但鄉官之權，逐漸低落，鄉官趨於腐化，隋文帝恐鄉官有實才畀勳下令廢鄉官制。

中國的漢唐時代，均曾表現均權的趨勢由其重馭輕軍民分治，以及地方政治的繁重，都足以表現漢唐盛時的共同精神，而唐代府是制度的興廢影響到均權制度的盛衰，最為重大，府兵制度崩壞以後，軍民分治使不能維持，陸贄曾議論過：「太宗既定大業，萬方底乂，猶務戒備，不忘慮危，列置府兵，分隸禁衛，太凡諸府八百餘所而在關中者殆五百事，舉天下不敵關中，則居重馭輕之意明矣，承平漸久，武備漸微，雖府衛具存，而卒乘罕習，故祿山竊倒持之柄，乘外重之資，一舉滔天，而京不守，乾元（肅宗年號）以後，大懟初夷，繼有外患，吐番乘虛，深入為寇，是皆失居重馭輕之權，忘深根固抵之慮，內寇則躪函失險，外寇則汧為戎。」（論關中事宜狀）

唐代以中央統州，以州統縣，唐代的州，如漢代的郡，唐代的刺史，如漢代的太守，唐置十道按察使，以司監察官吏，如漢代的十三州刺史，亦為虛三級制，唐設各道按察使，原為中央集權，初以都督監察刺史的善惡，係以其權重考覈十道按察使，此為以文臣統州郡，至於掌兵的武臣，有事出征，則設大總管；無事鎮守邊要，稱大都督，而節度使之設，始於睿宗景雲二年，初僅該兵，州郡仍由按察使行使監察權，至開元中，朔方隴右河西河東諸鎮，都置節度使，以數州為一鎮，節度使成了方鎮或藩鎮，統領數州自兼按察使，州刺史亦受其支配，天子力不能制，唐末，中國分裂於方鎮，形成五季十國時代藩鎮發展的最高潮，似以漢代的刺史擴大而州牧，唐代的按察使，擴大而為節度使，由軍民分治而達於軍民不分的惡果。

宋代以集權集治為國策，命朝臣外出知州縣事，又因重文輕武，所遣派多係文臣，中央地方之間，因此亦增進其聯絡，蘇軾上書謂「國家財賦總於計省重兵聚於京師，以古揆今，則似內重」，所以地方政府缺乏禦侮捍亂的力量，成權輕易撼的弊害，以致外患頻仍，契丹、遼、夏、金人，蒙古的先後侵凌，邊境上毫無抗敵的能力，中央集權下的地方政制，不能適應國防的急需，陳亮上孝宗書上說：「五伐之際，兵財之柄倒持於下，藝祖皇帝束之於上，以定禍亂，後世不原其意，束之不已，故郡縣空虛而本末俱弱」，葉適更稱：「國家因唐五代之極弊，收斂藩鎮之權，盡歸於上，禁防纖密，威柄最為不分然而人之才不獲盡，人之志，不獲伸，昏然挽首，一聽於法度，而事功日隳，風俗日壞，此外寇所以憑陵而莫禦，讎恥所以最近而莫報也！」宋代憂時之士，多反對集權，北宋時足大鈞著也守邊郡議，以為邊備之術，宜慎選仁勇之士，使得世守郡事，一切便宜行事，但非父子相繼，而在使用賢能者相代，這是節取從前方鎮制度優點的議論，南宋以來更有李綱、陳亮、葉適等主張畫設重鎮加強地方的權力，李綱嘗欲分長安、襄陽、建康為三郡，其他諸人的議論，或欲析三京關陝為四區鎮；或欲以太河州郡仿唐藩鎮付之帥守，或欲假帥守事權以削姦宄，寧宋時眞德秀請立幕府以重邊守，於襄漢與兩淮之中，各建幕府，擇文武兼備，威望素孚的大臣任之許其自辟官吏，自用財賦，理宗時，文天祥又有請建四鎮（長沙、隆興（南昌）、鄱陽、揚州）之議，凡此諸議，均針對國防立論，而欲形成戰鬥的有力的地方政制。

元代的行省制，頗近於宋人所倡的幕府制，行中書省原稱行中書省事，卽含有中書省分出於各地方之意，以後成了常置的地方行政官府之名，以及其所管轄的行政區域，稱「行省」或「省」。元代的中書省為最高行政機關，係仿唐制，其長官為丞相，行中書省統各郡縣，以其省官生領其事，目的在增高地方權限，以助中央控馭廣土衆民，不啻為變相的封建制度，形成外重的現象。明初，復參行封建制，封皇子為諸王，列爵而不臨民，分藩而不錫土，與古代封國有異，但靖難之禍以及宸濠之亂依如不絕，明初，因襲元之行省，而事集權，旋卽取消「行中書省」代以布政使為省行政長官，布政使的官署及其所管的地域，稱為布政使局，但習慣上仍稱省，後又在布政使司之上增設總督巡撫，類似元代的行中書省，這種督撫制度，因事而設時有廢置，實際上仍偏於中央集權，結果郡縣衰微，地方凋敝一如宋代。滿清仿元代的行省制度，總督巡撫經常設置，巡撫專轄一省，總督則有專轄兼轄，權力尤大，督撫是行省的最高長官，掌管軍政、財政、司法大權，省府機構仍依明代之舊，設有承宣布政使司，與提刑按察使司，在名義上雖隸屬於中央戶刑兩部，分掌財政司法兩項，但因督撫權限積漸而重，咸豐同治以後，兩司在事實上已變爲督撫的隸屬機關，清代省制，原求以中央監臨地方，後來督撫逐漸操縱軍政，權力日大，造成內輕外重之勢。

中央與地方的關係，爲近代現代政治上的重要問題，亦係中國政治制度演進中的重要問題，蘇軾說：「古者建國使內外相制，輕重相權，內重之失，必有姦臣指鹿之患，外重之弊，必有大國問鼎之憂，」在唐代，在晚清，是一種內輕外重的政治，在宋代和明代，又是一種內重外輕的政治，顧炎武在郡縣論中曾加痛論：「今之君人者，盡四海之內爲我郡縣，猶不足也，人人而疑之，事事而制之，科條文簿，日多於日，而又設之監司，設之督撫，以爲如此守令不得殘害其民矣，不知有司之官，凜凜然救過之不暇，以得代爲幸，而無肯爲民與一日之利者，民烏得而不窮，國烏得而不弱？」「知封建之所以變爲郡縣，則知郡縣之敝，而將復變，然則將復變而爲封建乎？曰，不能。有聖人起，寓封建之意於郡縣之中，而天下治矣，」這是顧氏由反對中央集權主張地方分權而趨於一種均權制度的觀念。顧氏素主張君主分權論，認爲：如天下之權，寄之天下之人，而以主權歸之天子，自公卿大夫至百里之宰，一命之官，無不分天子之權，各治其事，而天子之權乃益尊後世有不善治者出，以天下一切之權，收之於上，而萬幾之廣，固非一人之所能操，其權乃漸移於臣，因作法以防之，雖大姦亦不能踰，於是天子之權不寄於臣僚，而寄於胥吏，天下之急要者，莫過於守令親民之官，而今日之最無權者，亦莫過於守令，守令既無權，則民之疾苦，上不聞於天子，安能致太平延國命乎？所以我們從中同的政治史看來，古人已有關於分權的政治思想，而在實際政治的演進中，中央政治制度下的地方政府，自其所具有的特點，在古代的政治環境中，爲了治權的行使，爲了行政效率，爲了時代的需要，逐漸使由分權而達於均權的觀念趨於具體化，雖說有許多的阻礙，而不克過暢運行，以臻於發展，可是，均權的要求與繼續的表現，都成了自古代以迄現代的一種連鎖的趨向，從古代的均權思想和制度兩方面看來，確有許多良法美意，爲歐美國家所望塵不及的地方。

第四章 中國政制與西洋政制的比較

第一節 中國政治與家族制度及儒家思想

中國自秦漢以迄現代，經濟社會的進程，始終在生產家庭化的階段中盤桓，因此，中國人向來着重家庭關係，而對於政治不發生濃厚的興趣，家庭制度，成了影響到各方面的因素。任何國家，莫不出於氏族的擴大。中國殷代，爲部落政治，自成一族，殷以外又有族，史稱湯時諸侯三千，周初諸侯一千八百國，這許多氏族各首長，統稱羣后，位較尊者稱爲元后。殷具有元后的資格。周代，確立父系制度，禁止同族通婚，禮記大傳上稱：「繫之以姓，……雖百世而婚姻不通者，周道然也。」氏族制度爲之一變，各族互有連絡。在同族間，雖以家爲組織單位，而維繫之者有宗法，如禮記喪服小記及大傳上所稱：「別子爲祖，繼別爲宗，繼禰者爲小宗，有百世不遷之宗，有五世則遷之宗。」大宗率小宗，小宗率羣弟，支派分衍，不相紊亂。」王者爲天下之大宗，在使同姓從宗合族屬，而以君統之。宗周之稱，卽由於此，異姓諸國曰甥舅，同姓諸國曰伯叔，表現家族本位的政治。封建制度既因宗法而固，分田制祿亦因宗法而定。易家人繫辭「正家而天下定；」大學：「欲治其國者，先齊其家。」孟子「天下之本在國，國之本在家。」周制之所謂「家」頗含有「宗」的意義。周衰，宗法亦失，家制反因大之更顯，但後世的家，仍受宗法的影響不少。

周代王室，爲諸侯族長的統率者，其土地支配權，亦伸及直領地的王畿以外，所謂「普天之下，莫非王土，率土之濱，莫非王臣。後來周室之所以失其統治力，則由於封建制失其效力，釀成諸侯的強大，而有霸政的興替，以及世族（世卿）的發展，就當時世族的顯著者來說，魯有三桓，鄭有七穆，楚有密、昭、景三姓，晉有趙、魏、韓、范、智、中行六姓，衛有石、寗、孫諸姓，齊有管、鮑、隰、崔、晏、慶、陳（田）七姓，這些世族出自公室，其初雖受宗法的拘束，然時過境遷，世族的財力，淩轢公室（諸侯），齊之田氏弒其君，晉之六卿役公族，分制其食邑，甚至晉之韓趙魏三氏，并吞其他三氏，而周氏承認其行動，列之於諸侯。這種世卿的強大，自與家族制度有密切的關係；其次，各朝代的天子，儼然爲全民族的大家長，使人民各尊重其家族而以孝治主義爲爲政的本義，因之一切政治制度與設施，亦不莫與家族制度相關涉，家族制度成了中國立國的根本，影響所及，中國民族的自尊心與同化力，都顯然超出任何國家之上。

「家」在古昔的作用：一、用以定鄉遂之制，如周禮所云，五家爲比，五家爲鄰，二、用以定徵兵之法，如管子所言，五家爲軌，係作內政；十家爲伍，係寄軍令。三、用以定糾發之則，如荀子議兵篇所云之五甲首而隷五家，此外，如周禮根據土田分配，而有上地家，中地家，下地家之語，（見周禮小司徒及鄭注賈疏）尚書大傳根據井田制度，而有古八家爲鄰之說，記載很多，足以想見之家重要性。後世政治制度之涉及家族組織者亦多，自唐至清，有戶部之設，掌戶口財賦等事，都認「戶」爲政令之所托，而對於鄉里之別，漢、晉、劉宋，均以百家爲里，北魏則以二十五家爲里，唐代仍以百戶爲里，各有里魁，里吏，里長，或里正之設，宋代行保甲法，亦以十家爲一保，五十家爲一大保，每戶有兩丁以上者選一人。元代行社法，以五十家組之。明代編黃册，以百有十戶爲里。都認家爲組織的單位，用以教農勵俗，培養國本，又以戶爲賦稅的基礎，如：魏晉創「戶調」稅檢乃定於「戶」。南齊分戶爲九，以定稅役，隋唐因之，仍計戶徵稅，迄唐德宗時，揚炎行兩稅法，戶賦始停。宋代王安石的募役法，仍以戶類計算。元代兼用唐之租庸調制，明代復有以戶爲計之「甲役」，凡田賦徵役各事，自唐以來，都歸戶部掌理。他如魏行九品中正之法，選舉多用世族，只論閥閱，不辨賢愚，所謂下品無高門，上品無寒士，而江南望族，門閥自貴。唐世刊正姓氏，尙以清河崔氏推爲第一，范陽盧氏第二，唐之國姓，隴西李姓，僅列第三（見唐書高士廉傳），家庭觀念，在在影響於政治制度及政治勢力。

任何國家之內，其國民的趨向，和其社會組織的關係很爲密切，中國社會受儒家思想的影響很深，而儒家思想亦因乎正適遂深入人心，乃形成中國的社會組織，從來中國社會輕個人而重家族，先家族而後國家，所以中國社會以家族本位爲其特色之一，家族組織旣牢不可破，而儒家的學說又加以潤色。認爲：親親精義集於孝道，倫常中心起於家族，因此影響於中國法律方面的也不少。孔子說：「惟孝友於兄弟，施於有政，是亦爲政。」孟子說：「入則以事父兄，出則以事長上。」家族旣爲倫常主義的中心，又爲個人生活的歸納。於是正天下者，須正個人，更須正家，影響於法令方面者，就有：一、無辜者或因家而入罪（商鞅令民爲什伍，而相收司連坐，自唐迄清，凡謀反大逆者，均不免於誅夷而毀家）。二、有罪者或因家而減免（自後魏迄清，凡非犯極惡不赦之罪者，雖犯死罪而往往得因親老疾廢而留養）。三、家內細故依倫常而重其刑（晉有『違犯教令，敬恭有虧，父母欲殺，皆許之』之律，見宋書何承天傳，其中所謂法，即晉律；唐以後復列不孝於十惡不赦之條）。由此可以看出中國法律和家族制度的關係。此外古代的國家，統治者的家室和政府，在組織上常常打混，皇帝的奴僕和政府的官吏，區分不明，秦漢的少府，本是政府的九卿之一，掌管宮中的宦者，及皇帝個人財貨的出入，而對於代管皇帝印璽，文件的符璽令，以及尙書令，也都是少府的直屬官吏，這種宮中府中混合的現象，也表現氏族社會的遺跡，因爲在氏族社會中處理家事的首長，沒有特殊的身份，或與氏族對立的組織。秦漢是初期的統一國家，皇帝的宮室，與國家的政府，仍未顯然分立，亦可以之證明爲氏族社會的遺跡，等到國家的組織再發展，宮中府中的分立顯明，於是宮中不復有府官，所剩的，只是皇帝的家室與奴隸。

中國古代的政治，和家族制度有密切的關係；而儒家思想，對於中國的政治法律的影響，也是非常重大。儒家思想的中心，在「經」，「經」指示人類行爲的標準，並指示法律制度的繩墨。儒家言王道而絀霸道，所謂王道，即係堯舜三代帝王所行的道；霸道是春秋五霸所行的道，王道重視德化與禮教，以誠爲禮，以仁爲用，依修身齊家的過程，而臻於治國平天下，禮爲王道的代表，史家稱「禮」原由殷之祭祖而起，經過周代的封建制度，禮一變而爲貴族內容的規範，致與壓抑農民及異族的兵刑對立，成爲封建的等級制度，到了春秋時代，禮治動搖，孔子遂以克己復禮天下歸仁爲念；且認爲不平之平，乃爲眞平，各守其分，世乃治平，便有正名齊禮的學說，後來孟子之所謂「義」，荀子之所謂「分」（荀子禮論：『先王惡其亂也，故制禮義以分之，以養人之欲，給人之求，」）都不出孔子之所謂「節」的範圍，「節」即論語上「不以禮節之，亦不可行●易「節以制度」。

禮為致王道之本，王道又不外乎人情，凡法之所禁，必為禮之所不容；禮之所許，亦必為法之所不禁，所以，輕法治而重禮治，儒家所謂：「禮者，禁於將然之前，而法者禁於已然之後；」（大戴禮記禮察篇，小戴禮記經解篇）「道之以政，齊之以刑，民免而無恥；道之以德，齊之以禮，有恥且格。」（論語）「聽訟，吾猶人也，必也，使無訟乎；」（論語）「聖人之設防也，貴其不犯也，制五刑而不用，所以為至治，」（孔子家語冉有問。）以及易經之訟則凶，尚書之刑期於無刑，孟子之徒法不能以自行，種種理論，都是重禮輕法，視刑律為禮教的補助，對於改法重刑，都視之為霸●德治為王道的別一表現，論語：「子為政，焉用殺，子欲善而民善矣，君子之德風，小人之德草，草上之風必偃」孟子「天下有道，小德役大役，」王者分居於上，若德則為仁民，布德和令，行慶施惠，論語所謂「為政以德，譬如北辰，居其所而眾星拱之」；孟子所謂：「以德行仁者王。」「以德服人者，中心悅而誠服也。」 大學所謂：「德者本也，財者末也；」尚書所謂：「克明俊德，以親九族，九族既睦，平章百姓，百姓昭明，協和萬邦，黎民於變時雍，」這些理論，都是儒家德治的根本。

所以，東西思想有許多差異處，對於道德觀念，亦不相同。中國儒家論性善，認為道德都由內發，本於人類的內心要求。這是中國民族的傳統思想。至於西方古哲，如：亞里士多德等，論道德時，始終未說到性善，大都不認人性自能向上，一切善，都由外律，以為道德生於行為，因此，重視立法，作實行與慣習的規範和準繩。亞氏稱司法為社會的道德，其他一切，必歸於其下。中國的法律觀念，以為禁止罪惡，還不能令人入於德；人類一切美德，都由其內心充沛自發，非遵行法律所足當；就法律與道德的關係來說，中國僅以法律補德之不及，西方思想，則以法律規定道德而又領率之，儒家主性善，提出仁孝，論道德多偏重人類的真情，一建為諸德之本●泯小己之私，而達人人相融之域。西方人不認人類自性向善之義，論道德則捨人之情感而就性，每就人與人間各止其分際而不逾越之點爲言。

亞氏論道德特重公平，則立法者自得而優爲之。中國儒家言仁孝，其事非法律所能預。亞氏既以公平爲百德之總，法律自爲公平的化身與保護，不啻視法律爲道德的化身與保護；法律生於國家的立法，國家自必超乎個人之上，人類道德的意義，亦必表現在國家意義之上，而中國的儒家思想則認人類道德意義，遠在國家意義之上，古代西方對於道德與法律的觀念，都以公平爲主，所謂公平，卽爲各個人的權利，羅馬法爲西方法律的淵源，其內容卽是一種權利爭衡的發展，卽是公平觀念的進展，羅馬法中的權利觀念，卽古代希臘人的公平觀念。其法律中之所謂人格，亦指權利，而非指道德，其法律觀念，常爲權利的，是以西方民權日張，則法律日變。中國的法律觀念，爲道德的，對於法律，又偏指刑罰而言，中國刑法雖然也有平等的涵義，但中國人對於刑法的觀念，重在罪惡的懲罰，而不在權利的保障。

魏李悝的法經，重在對付盜賊囚捕；秦商鞅受之而創秦律，使山無盜賊。劉邦入關，約法三章。這些史事，都足以表現古代對於法律觀念之偏於禦姦禁暴，和羅馬法之以權利爲基礎者不同。西方文化爲國家的，權方的；而中國文化爲社會的，道德的，中國思想對於國家的職分，在於誘導人民道德的長進，視法律爲牧人的工具。所謂：「至治之本，道化在前，刑罰在後。」（東漢延平元年皇太后詔）所謂：「仁義者，養民之膏粱；刑罰者，懲惡之藥石，舍仁義而專用刑罰，是以藥石養人。」（朱元璋語）所謂：「禮之所去，刑之所取，先禮則入刑，相爲表裏者也。」（陳寵語）由此足明中國思想對禮刑的見解，而西方法律觀念爲支配個人意志與權利的具體表現，視法律的地位特高。

西方的宗教，與法律相輔且相成，除法律外無正義，除宗教外無教訓，中國之所謂禮，亦本源於宗教。但因儒家思想興起，使禮樂的涵義，由宗教儀節的崇拜，而偏重於人類自性道德方面，禮之意義，便全離了宗教的範圍。中國以道德教訓存之於學校，以法律刑罰，寄之於政府。劉頌稱：「古者用刑以止刑。」荀悅稱：「禮教榮辱以加君子，化其性也，桎梏鞭撲，以加小人，化其行也。」儒家言禮，已包有所謂「法」，後儒之言「法」，亦嘗包有所謂「禮」。唐杜佑通典，以食貨兵刑與禮樂並列，不謂之法，而謂之典，典即是法，孟子稱：上無道揆，下無法守，以「道」與「法」兼舉，即是禮治，所以，中國思想以法律輔佐禮教道德之不足。

古代既傾向禮治，政治原則莫不以德為重，至於政令之行，自漢唐以來，為人所稱道者，則在以裁制豪強兼并為職志，以「老有所終，壯有所用，幼有所長，鰥寡孤獨廢疾者有所養」為最後目的。漢初政治亦與儒家思想關係密切，劉邦雖認：「乃公居馬上而得之，安事詩書？」陸賈折之曰：「居馬上得之，寧可以馬上治之乎？」劉邦大宴功臣，羣臣飲酒爭功，醉後妄呼，拔劍擊柱。叔孫通對劉邦說：「夫儒者難與進取，可與守成，臣願徵魯諸生與臣諸弟子共起朝儀。」漢七年，長樂宮成，諸侯羣臣，皆朝。先平明，謁者治禮，引以次入，廷中陳車騎，步卒衛宮，功臣列諸侯將軍軍吏，以次陳西方東嚮，文官丞相以下，陳東方西嚮，於是皇帝輦出，百官執職傳警，引諸侯王以下，至吏六百石，以次奉賀，自諸侯王以下，莫不震恐肅敬，至禮畢，復置法酒，諸侯坐殿上，以尊卑次起上壽，觴九行，謁者言罷酒，御史執法，舉不如儀者，輒引去，竟朝置酒，無敢讙譁失禮者，劉邦曰：「吾乃今日知為皇帝之貴也。」

漢武帝時，表彰六藝，更看重儒家，宣帝雖持刑太重，不尚儒術，但亦自認：「漢家自有制度，本以霸王道雜之。」當時總不離儒家思想的範疇。自漢魏至六朝，且有以經義斷獄的事實。史記儒林傳「呂步舒決淮南獄以春秋之義正之，天子皆以為是。」兒寬傳：「張湯為廷尉，以寬為奏讞椽，以古法義決獄，甚重之。」魏書刑罰志：「太平眞君六年，以有司斷法不平，詔諸疑獄，皆付中書，依古經義論決之。」高允傳：「以經義斷諸疑事，三十餘載，內外稱平。」這些慣例，都使禮與法不能分開，唐代法制，集歷代的大成，更一準於禮，宋代沿唐制，明代準依唐律，明初又命儒臣及刑官進講唐律，滿清又仿明律，都以唐代法律能遵循王道而以禮治為其特色。儒家的禮治，不特高居刑律之上，並且深入刑律之內，使刑律為禮所化。禮因為一為文字的信條，但被視為法律的根源，曲禮稱：「夫禮者，所以定親疏，決嫌疑，別同異，明是非也。道德仁義，非禮不成；教訓正俗，非禮不備；紛爭辯訟，非禮不決；」由此可見儒家思想對於中國古代政治法律的重要性，而族制度和儒家思想在中國政治的演進中所表現的關聯性及影響，更是非常深切而重大。

第二節　中外實際政治的差異

中外實際政治的差異，可先從憲法及憲政來觀察，現代各國大都有成文憲法，以憲法規定政府的組織與職，各級政府或一級政府中各機關分權的方法，以及人民與政府間的政治根本問題，政治學者對於憲法名詞的用有二：一、認憲法是根本的成文大法，規定政府制度中的組織，明示統治機關及官吏的權限，列舉人民權而予以保障；或規定其他普通原理及章程，以資遵照進行政事。這種根本法或為特別組織的議會所造成，或普通立法機關起草，或由君主（或威權者）之威權頒佈之，美國的民主憲法，是成文憲法之一。二、學者又憲法係指一切法律慣例及成規等，其作用在於決定政府的組織及其活動，而具成文者甚少。這種不成文憲，如英國之所謂憲法，即指一切規章慣例及解釋相合的總體，都具有相同的約束性，不過，在根本法上，無載的明文。

憲法的名稱，在古代已有，西方史家嘗說，希臘時代的雅典，在紀元前六二四年與四〇四年之間，曾有十種憲法，而亞里斯多德更曾收集當時許多憲法，以供給他在政治學上的研究。羅馬的法學家，對於憲法與普法，對於制憲權與立法權，也加以區別。古代雖有憲法的觀念，但未將憲法的原則，規定於一種超過普通法根本法律中，中世紀以來，由國王特許，訂立關於城市公司教會與封建貴族之權利的規約，人民更要求國王成文的規約，承認他們的權利，替現代成文憲法樹立了基礎；十六世紀之際，學者又議論到根本法的觀念，國王公佈的幾種較為重要的法律，已稱為憲法。十七世紀，憲法的名稱，常表現於英國人民的規約內（如為闢新大陸所組織的各種公司的規約），表現在各殖民地政府的組織法中，以及學者的著作中，而一六四八年國共和軍所訂的人民約法（Agreement of the people）。克林威爾在一六五三年所宣佈的政府組織（The strument of Government）；美洲殖民地在革命以前所宣佈的各種宣言與議案等，都成了現代成文憲法的先聲。

自十七世紀下半期起，憲法名稱的意義被爲確定，專指一切根本法律，尤其是關於政府的組織，自從美洲殖民地於十八世紀下半期獨立後，新政府組織大綱稱爲憲法，不僅使憲法的意義更加確定，並且將民治主義的根本原則表現在獨立以後的憲法中。法國革命後，也仿效美國從事制憲。十九世紀中期以前，歐洲各國，大都先後公佈一種成文憲法。如：西班牙（一八三一年），意大利與瑞士（一八四八年），奧大利（一八六一年）等，自一八〇〇年至一八八〇年間，政府各國公佈的成文憲法，有三百多種。到了十九世紀末期，除了英國和匈牙利等國之外，歐洲各國，都有一種固定成文憲法，第一次世界戰後，又添出了十多種的成文新憲法（如：德國、蘇聯等。）依照美國、瑞士、法國、比利時及第一次世界戰後各新興國家的觀念，以爲成文憲法是一種根本法律，由人民以主權者的地位制定，並且是政府一切權力（行政、立法、司法）的根源，所以，美國、瑞士、比利時等多數國家的成文憲法，以民意爲根據，而在日本等少數國家，則視憲法爲國王制定的，是國王對於人民所特許的幾種權利的規定。

在實際政治的運用中，關於國家重要機關的組織，及其相互關係等問題，各國憲法的規定，各有詳略之不同；甚至對於絕對不容忽視的部份，亦加以省略而不規定。法國一八三〇年的憲法，未以明文規定議會內閣制，然在路易菲力普王政期內（一八三一——一八四八），議會內閣制却實行於法國，近時加拿大及澳大利亞的內閣，均係對議會負責任的機關，但在憲法中，固無規定對議會負責的明文，而僅任此制存於習慣之中。此外，憲法條文中，對於特種問題，縱其性質在理論上極無關於國家根本的組織，亦加以詳細的規定。如瑞士憲法，對於中央與各州權限，規定極爲繁雜（如：關於漁獵、貧民疾苦等問題）。其他各國憲法中對於議會選舉權及被選舉權，預算、決算、會計等問題。）彼此的條文規定，更有繁簡的差異，但現在時國家憲法內容，大都趨於繁細，現代一般國家的憲法，大抵有一重要部分，規定個人基本權利與基本義務。

美國學者威羅貝（Willoughby）在其近代政府（Government of Modern States）上曾指出個人權利的

解釋與保障有三種方法：一、特別列舉於憲法上，他說：「在合衆國將個人權利絕對記載於文書，如聯邦及各項憲法中者，此事不僅解釋困難，久成聚訟，政府如欲努力於法律改革，及社會改革，以應人民的積極要求，勢必事事感受牽制，使任何社會立法，苟不合於憲法的規定而求解釋的法庭，則幾乎爲不可能之事。」二、個人的權利，在憲法上保障的範圍，雖甚廣泛，但政府因時制宜，以維社會的福利，仍得對個人權利，酌予變更，或加限制。如：瑞士憲法不明白許可出版的自由，而對出版自由，予以保障，各州仍得依法制定法律，以防止濫行出版之事。三、英法等國對個人權利，初未嘗欲於根本法上有所解釋，英人的基本權利，則多保障於某種文約之中，如出庭法及信教自由法等。法國法學家杜驥，亦謂個人權利之列舉於一七八九年之權利宣言中者，雖未載於一八七五年之憲法中，而在今日，固仍有效。因爲其權利的根本保障，即爲人民的習慣與信仰。

民治政府是歐美政府的特點，因爲人民的意志，可以決定政府的政策，及其執行的方法，而代議制度又是歐美民治政治制度中的特色，是日耳曼分裂羅馬帝國後的產物，在歐洲各國國會之中，英國國會的歷史最久，勢力最大，英國憲法發展的初期在十一世紀，一二九五年愛德華第一（Edward I）召集模範國會以後，代表人民的國會，成了英國政府中的一種永久制度，中世紀的社會制度，是一種階級制度，所以各階級在國會中，也有各別的代表。十八世紀以來，歐洲各國漸將代表階級的國會，改變爲代表全國人民的，但英國在十六世紀早已有了這種趨向。

法國革命以後，代議制度的性質，有了一種根本的更變。階級制度既打破，社會上的人民，都是自由平等的，各代表須由人口均等的各選舉區域內選舉出來，促進了各國了各國通行的區域代表制度，近幾十年來，實際政治的經驗，又顯露區域代表制的缺點，而發生一種職業代表的主張，以爲地方區域既是假設的界限，自不能完全顧及到社會中各部分人民的利害關係，與各種社會的，經濟的與職業的重要團體，各有其特殊的利益，在國會中應有其各別的代表。論者以爲這種職業代表制的觀念，頗有復古的色彩，因爲後來的所謂職業，類似從前的所謂階級，同爲社會的基礎，歐洲國家，如一九一九年後的德國新憲法，已經向職業代表制度邁進，一方面在政治上設立一種民治制度，他方面在經濟上另用一種新方法改組國家的經濟生活，把經濟和工業組織的根本原則，加入於憲法條文之內，成了德國新憲法的特點，德國爲了求人民政治與經濟生活的連結，便以職業代議制度及其聯帶的經濟議會，以適應現代的需要，以解決現代政府的種種問題。

近代國家的實際政治，又表現在立憲政府之上，立憲政府是依照法律原則，行使職權的政府，其政策根據與人民全體的幸福而決定，人民的生命，與權利，由法律規定而加以保障。立憲政府是法治的政府，不是人治的政府，人民有直接或間接選舉代表參與政治的權利，以表示人民的意志而監督執政者的治權，各地方區域對於地方上的特別事務，也有自由決定的權利，共和國的行政首領，也須受法律的節制，其超越法律範圍以外的命令與行爲，人民無服從的義務，這是現代立憲政府的根本原則。

選舉制度是現代代議政府的基源，古代希臘羅馬時代，人民視選舉權爲國民必須有的職權。歐洲中世紀封建制度的觀念，是以選舉爲一種特別權力，爲地主所特有，因此，便有了關於財產資格的限制。此外，由中世紀以來，也有一般主張人權的哲學家，由這般哲學家的思想以迄於近世立憲制度初起的時代，他們視選舉權爲人民的自然權利之一。自法國革命以後，歐美人士，更重視這種人權論。到了現代，有許多政治學者，都承認選舉爲一種公共職務，並且以爲這種觀念較之天賦人權說更合乎民治，一般人以爲選舉權是由法律規定，並不是先有選舉權，而後有選舉法，因爲選舉權與公民權不同，選舉權不其一種天然權利，不是人人應該有的，也不是人人能使用的。現代各國根據這種觀念而制定種種選舉法。一切法律既然都應根據於人民的意志，選舉權便是人民監督政治服務社的會工具，所以，近代國家有實行強迫投票制度的（如：比利時），在第一次世界大戰後，有幾國已實行一部分的女子參政權，女子能參預國會選舉，並能當選充當議員，百餘年來的選舉制度，逐漸達上普通選舉的進程；他方面歐美民治的國家，爲了年齡，品質種種問題，也有限制人民選舉權的表現。而在蘇聯更有特別的限制，明文規定，只以選舉權給予工人、農民、兵士，凡雇用工人的雇主，不勞而有收入的商人，經紀人，教士等，都不能參與選舉。

歐美的實際政治，也表現在政黨政治之上，中國的唐代宋代有朋黨之爭，西方古代的羅馬，有貴族黨和平民黨；中古時代意大利城市有教皇黨與皇帝黨，十七世紀的英國，有王黨和民黨，這都是政黨性質的表現。在近代的民治政府中，政黨更趨於發展。歐美各國的政黨，其功用在聯合意見相同的人民，一致贊助共同的主義和政策，並以完善的黨團組織，以促其實行，在競選運動之際，政黨使選民在各區域中組織起來，以語言文字宣傳，激動人民對於一切公共問題的興趣，並使選民贊助投票而選出其預定的候選人。政黨的功用，還可以將政府中所有獨立或分散的各部份聯結起來，成為有系統有效率的組織。此外，在野黨又可由政黨政治的環境，以監督在朝黨當權下的政府，因為歐美各國有兩黨制或多黨制的風尚。

比較中外的實際政治，還有一點可提出的，就是：歐洲中古時代的耶教國家的一統化（Christendom），以宗教為其統一的基礎，有教皇為其統一的聯繫；而在中國過去的統一，有共同的文化以為其基礎，有皇帝以為其更大的聯繫，尤其是文化偉大性，中國嘗受異族蹂躪，但因中國大平原文化系統的確立，除少數特例外，其法制更用夏變夷。周代，楚國引用中原人物很多，如：共王之用晉卿伯州犂為太宰，康王之用鄭人然丹為右尹，自五胡之亂以迄於隋，異族為禍最烈然仍改易漢姓，易漢服色；（如：匈奴族的劉淵，氐族的李雄，羌族的姚萇等）或攀引漢代列祖以自重；（如：劉淵僭位時所稱）或甘居於中國士大夫之列；或則盡付建國大計於漢人，以求興盛之治（如：王猛仕秦，崔浩仕魏，蘇綽仕周）。

北魏孝文帝更用南齊王肅之策行均田，立律令，立明堂辟雍，禁同姓為婚，並行耤田躬耕之禮，北周官制公牘悉擬三代，周律周令，都倣大誥。宋代的契丹人，其大字用漢字，小字則出自回鶻，女眞族的大字亦如此，遼金雖各有其文字，但考選官吏，仍用漢文，甚至後來一切政治組織，社會禮儀，都倣之於漢，遼刑法志載：「太祖時治契丹及諸夷，皆用舊法，漢人則斷以律令，太宗時，治渤海人亦依漢法；道宗時，始以國法不可異施，命吏足律令，其不合者則存之。」金初入侵時，備極殘暴。自遷汴後，乃全同化於中國，至於西夏，宋史稱：「其設官之制，多與宋同，朝賀之儀，雜用唐宋，而樂之器與曲，則唐也。」又「建國學，設弟子員三千，尊孔子爲帝。」元人侵入後，分階級爲四，待遇不平；滿清嚴禁滿漢通婚，旗人刑制，亦極優遇，但蒙古滿清，莫不受漢族文化的同化。

凡國家都有兩種要素：一是強制（Coeation），一是同意（Consent），一國不能缺乏強制的要素，更必須有人民的同意，在極端專制或獨裁的國家，縱然同意的強度有大小，同意的方式有積極消極之分，但是，政府也必須有一部分人民，或一社會階級的同意，其同意的強度比較小，其方式比較是消極的，而非積極的。在民治國中，同意的強度比較大，其方式比較積極，所以在專制或獨裁的國家，時常有變亂及革命的危險，其強制的原素，較爲濃厚，中國人民素來缺乏政治興趣，表現一種消極的同意，而不容易表現反抗的運動，但遇政府壓迫太甚，民不聊生的時候，就挺而走險發生反抗，形成中國歷史上朝代的凌替，在歐美的民治，不容易發生內亂，強制的原素，較爲淡薄；加之，歐美各國教育的普及，平日人民又有參加政治的素養與訓練，所以，人民能夠表現其直接的民權，如創制權，複決權等，民權主義第六講上說：「如果大家看到了一種法律，以爲很有利於人民的，便要有甚麼權，才可以管理法律呢？如果大家看到了一種法律，以爲是很有利於人民的，便要有一種權，自己決定出來，交到政府去執行，」布魯克在瑞士的政府與政治上說及：「有人把複決權比作甲胄，人民用那種甲胄可以抵禦違背民意的法律，使之不能成立，創制權如同一把劍，人民用那把劍，可以砍出一條道路，使他們自己的意見成爲法律，就其效果而說，立法機關如同一匹戰馬，複決權是馬口中所銜的勒鐵，足以勒馬，使之止步；創制權是馬鞭，足以策馬，使之速行。」

美國歷史家嘗評英國的政制，實賴國會監督政府，在實際而不在形式，用間接而不用直接，且其繼續的君主政體，亦僅具有其儀式上及理論上的形式，在實際上則有共和制隱藏之，這種批評也有相當的道理，在英國與一般採用政黨政治的國家，行政長官是政治的官吏，而所有的文官，都是事務官，與政治的變動沒有關係，和政治變異有關係的官吏，是政務官，爲當權的政黨中的重要人物，英國事務官的地位和政府務官完全不同，其特點在於完全脫離政治的關係，自十八世紀以後，英國有種種法律禁止官吏兼充國會議員，現在的政府官吏中除了行政長官以及有政治性質的官吏之外，都不能兼充議員，所以英國行政方面的人物有兩種：一部分是一般政治的，不永久的，非專家的行政首領；另一方面是一般專門的，永久的，無政治關係的事務官，他們不受內閣更換，政局變動的影響，反之，却足以影響於政務官，而政務官，並代其所屬事務官擔負一切的責任，英國除了極少數例外，所有文官，都要經過考試，才能錄用，美國的官職分兩種，一是分類的（Classified），一是不分類的，凡關於分類的官職，大概要經過考試合格後才能任命，在考試範圍以外的官職，又可分為兩部分：一、雖在分類的官職範圍以內，但可不必經過考試的；二、既不在分類的官職範圍以內，又不必經過考試，普通叫做政治的官職，美國的政治官和事務官，不如英國確定的區別，有時政府的職位，是因政治的關係而派新人接受，有時在職的舊人，又因具有習慣的關係能繼續充任，幾成一種永久性的職位，其結果往往使高級的職位，須受考試任用的限制，較低的職位，反而不受考試任用的限制。

在實際政治之下，其權力的表揚，不外集權與分權兩途，政府的權力，不僅可依地理來分配，又可按職務來分配，以各種權力的執行，置於政府各機關的掌握，而求實際上的便利，因為政府事務的紛紜繁重，非分掌不可；並為聯持公共的利益計，以權力分配於各種代表機關，使之互相監督，互相牽制，以防單一機關獨操大權，以趨於專制的弊害，完成職務分配的方法有二：一是制定於憲法中，使政府遵照運用，這是分權政府；一是由政府酌量自決，這是集權政府，惟英國的分權，已達極點，但仍根據集權的原理，以依法組織其唯一的重要機關。英國政治制度的要點，即在其國會具有無限威權，對於任何權力的執行，都能自由操縱，對於其餘權力分配的方法及地域，亦得隨時處置，是以一切權力，都依法律以集中於此種機關，其本身僅保留立法職權，未嘗取得行政職權；而司法更係獨立內閣中多為立法方面的領袖，並可總理行政事務，而監督國王的行政權，職權既集中於同一掌握中，彼此和協，又可使政事敏捷，足以表現英國政治制度是強固性。

美國為分權政治的實例，其政治制度的根本原理，即行政、立法、司法三權，分權的條款，已加入憲法中，其情形和英國不同，其分權亦非爲決定政府者，美人不欲使政府之任何部分，由分立而處於獨立的地位，主張加入相制與相衡的原則，以使行政機關在職權上，一部分爲立法的；而立法機關在職權上，一部分爲行政的，但對附屬的行政部分，則無直接的規定，美國政府雖在法律上爲一分權政府，而在實際上並未嘗如英國政府之依其原理以爲運用。

法國的國會制，取法於英，在實際上，與英國制度亦多相同，法國有一在政治上不負責任的虛位元首，其實際的行政工作，則由國務員處理，國務員對於一般政策則聯帶負責，對於特殊事務，則個人負責，因國務員係對兩院負責，主要的，更係對衆議院負責，國務員所提議的重要議案受阻，即須全體辭職，而解散國會爲停止行政部與立法部衝突的方案，法國國會政府的意義和英國的差異點，在於法國國會常被稱爲國會於無政府態度，內閣易於動搖，內閣危機易於發生，國會政府間的衝突常易引起，法國雖行多黨制，但法國政府的一切政策；仍係前後貫澈，因爲各行政部門中，有許多老練者主持，所以和英國的情形不同，總長儘管換動，而事務官的行政經驗豐富，並不與總長同去留，此外，英國內閣改組後，變更全體閣員，以及行政的方針，在法國不然，新閣組織，舊閣員仍可加入，行政方針，亦不致完全改易。

以聯邦政治而論，近世歐洲首先實施，聯邦制而較收良果者，即爲瑞士，平民創制權與複決權的原理，在瑞士都有表現，較近以來，瑞士並實行合議行政制，其立法機關採用比例代表制者，成功最早，其政府之設立平民議會亦卓著成效，第一次大戰後，瑞士政黨的分野雖少變更，而政治制度的演進，則甚積極，關於財政，經濟及社會等問題，人民都得施用創制權及複決權，瑞士人民對於政府外交的監督，很是周密，一九二一年憲法第八十四條增一項，凡無限期的或超過十五年期限的國際條約，如經三萬公民或八邦的要求，應交付人民表決，一九二一年法瑞（士）關於免稅區域問題所簽訂的協約，在一九二三年，瑞士政府提交人民複決時，遂被否決。

蘇聯憲法表現其特點不少，如：對於人民權利的記載甚詳，但其所保障者，只限於勞動與被剝削者的權利，勞工得享言論，宗教、集會、結社、及教育等自由，其次，憲法在結束社會與經濟革命：並規定政治組織的方策，取消土地私有；森林，礦產收復國有，生產與運輸之工具，亦收復國有，廢止國立教會，教育排除宗教化，宣布不勞動者不得食，規定普及軍事訓練，將一切權力悉委於勞工階級，關於外交政策，亦包含在憲法內，其規定：在不割讓，不賠償，以促成民治的和平；完全公開國際協經與關係，停止歐洲之剝削亞洲及其他各處的勞工，憲法規定的政府組織，其特點在：只有從事生產工作的人民，才能參政，復以職業代表代替地域代表，城市蘇維埃非由地方區域選擧的議員組成，實係由城鎮工會及其他勞動團體選擧的代表組成，鄉村蘇維埃亦同此組織，省區蘇維埃，城市與鄉村代表都聚於一堂，亦以職業組成，——農民、工人、及哥薩克人種，惟在全俄蘇維埃大會，乃完全實施地域代表制，此外，就蘇維埃制度來說，此制聯合立法行政爲一體，並以選擧單位代替選擧區域，使工農直接聯繫，同時又使工農與行政機關直接聯繫。

從中國古代的政制來看；中國古代初無內閣的名稱，宰相掌管國家大政，到了明成祖時，才有內閣的名稱，秦漢時代的宰相，是君主的輔弼，贊理萬機，自錢穀兵刑以至長吏的遷除，由宰相綜核，宰相又統率六曹百官，宰相事無不統，很類似近代歐洲各國內閣的職掌，明淸時代的內閣，也是君主的輔弼，專司票擬，又頗似近代機構中之祕書廳的職掌，所以中國在沒有內閣制度的時代，反有實行內閣職權的宰相；反而等的事實上的內閣，有了內閣制度，却只成了起草文書的祕書廳，只可算名義上的內閣，可見明淸兩代內閣的職掌旣和古代的宰相的職掌不同，又和近代立憲國家的內閣職掌也有差別。

秦漢以後，中樞之任，不一定有法定機關執掌，也不一定由法定的公吏執行，由君主隨時決定秉國鈞的人物。因此，居宰相之位者，未必有宰相的實權；有實權者，又未必居宰相之位。所以，後漢在法律上有三公爲宰相之任，但實際上「事歸台閣」。大政均爲與皇帝比較接近的尚書所操縱，中樞制度之不能有固定制度的原因，在於君主不敢以大權授人，宰相之位，往往而不除，結果反引起權臣對王室的覬覦，東漢不設丞相，到建安年間，爲了曹操便又設立，魏時不設丞相，到正始年間，特置之以處司馬師司馬昭。魏以後中書監實爲宰相之任，而其秩僅三品，對於黃鉞大將軍大丞相等一二品大員，則不敢輕於授人；但在宋齊梁陳的末世，都有權臣強居其位，以為篡奪之階，這種忽略制度的弊害，馬端臨的文獻通考上曾加批評：「夫中書既為宰相之任，則升其秩可也；丞相既不為宰相之任，而常為嬗代之階，則廢其名字可也，……夫高官極品，不以處輔佐之臣，而又存其名字，使亂臣賊子遞相承襲，以為竊大物之漸，非所以昭德塞違明示百官也。」

中國的宰輔制度和英國式的責任內閣不同，如果獲有自由發展的機會，不特可以維持其原來的尊嚴，還可以輔導君主，使不致趨於獨裁孤行。黃梨洲明夷待訪錄置相篇上說：「天子傳子，宰相不傳子，天子之子不皆賢，尚賴宰相傳賢足以補救，則天子尚不失傳賢之意，宰相既罷，天子之子一不賢，又無與為賢者也。」但後來總易造成君驕臣諂。君驕，則不敢以大權授人，臣諂，則不敢行其所當的職權。

在中國政治制度的變遷和發展中，有幾種顯明的事實，可堪加以注意的如：舊官制的名位，並不因新官之產生而即廢除，漢朝的公卿，都是古名，但其實質已變，東漢丞相的職權，已為尚書代替，三公的名義仍存，到了明初，丞相的名實，始均廢棄，其次，由君主近臣的起伏，而形成政府中重要執政者的興替，東漢的尚書，魏以後的中書，南北朝的門下，明朝的內閣，晚清的軍機處，都是政府的首腦，大抵都由君主的近臣蛻變而來，其三，皇室和政府的逐漸分離，也是一件顯明的事實，即在國家組織進展之後，宮中府中的分立，始漸趨顯明。

國父說：「滿清之御史，及唐朝之諫議大夫，都是極好的監察制度，舉行此制度的大權，即監察權，彈劾權，外國亦有此種制度，不過置之於立法機關之中，不能獨成一治權而已」，我國古代君主雖然總攬立法行政司法的各種權力，但是，歷代都有台諫、御史等官，專行糾正朝政的得失，彈劾大臣的罪惡；同時，給事中更對於行政各部掌有監察權，不避強梁，對於君主，也敢於抗顏進諫，這種彈劾權，不僅可糾正已往，並可以積極防止官吏的犯罪，唐宋時代，給事中與諫議同居門下，其職務，則在於事前匡救政府的過失，而御史則重在彈劾百官之不法，到了明朝，更設都察院，分左右都御史，十三道監察御史，專着重於糾劾百司，辨明冤抑，提督各道，爲君主之耳目，監察權已經擴大，已是超過了近代立法機關所兼有彈劾權，這種台諫御史的職權雖大，但其權力，實授自君主，而非授自於人民，所以，不是代表人民監督政府，中國古代御史制度的特點，在行使彈劾權外，還享有監督行政，考察官吏，檢查會計，和注銷案卷，種種特權，唐宋以前的制度，言官與察官分立，諫官司言，御史司察，監官監督政府，御史監督官吏，大抵唐代重諫官輕御史，宋代則多由言官兼權，明清都察院的權力，除彈劾權外，還包含有許多重要的權力在內，就中國御史的糾察權看來，可算是世界上他國從古未有的特殊制度。

中國的考試制度，是一種固有的良好制度，周朝的鄉舉里選之法，是我國最早的銓選制度，漢文帝時代，薦舉與考試並用，魏設九品官人之法，至晉與南北朝，官吏不以賢愚爲品別，惟視門閥以爲愛憎，考試制度至隋代才確定，專以科目取士，其後唐宋都因襲隋代舊制，到了明清兩朝，考試制度，才逐漸完備，以前各時代的考試制度，都由君主臨時任命爲之，而無較永久的考試機關，以前各時代掌理考試的官吏，都是臨時委派的，旣無法律上的保障，又無一定的任期，容易造成專權納賄的弊端；但就其優點來說：考試制度可以搜求人才，又可以補救選舉制度的缺點。

秦漢時代，對於官廳內部的中下級人員似甚注意，漢代的官制，對於佐治人員，有比較完備的設置，上自三公九卿，下至太守縣令，都有相當數目的掾屬，輔助長官，處理政務，當時的掾屬，都由長官自辟，且各郡縣的曹掾，除三輔縣得兼用他郡人外，大都用本郡人，宋代地方佐治人員已經減少，明清官廳的內部組織，更是非常簡陋，關於地方政務的處理，只有在法律之外，求救濟的方法，就是：幕僚的羅致。

兩漢用人任官的方式，大約有三：一、察舉（由地方向中央貢獻人才，如漢高祖十一年的詔書：「其有稱明法者，御史中執法下郡守，必身勸勉，遣詣丞相府，署其行義及年。有其人而不言者免官。」察舉制度頗爲盛行，惟貢舉何種人才無定律，由詔令臨時規定，當行的郡國歲舉制，則起於武帝時董仲舒的建議，「臣愚以爲使諸列侯郡守二千石，各擇其吏民之賢者歲貢各二人」（漢書董仲舒傳）至於何種官吏，能有貢舉的地位，何種人才，有應舉或被選的資格，亦全由詔令規定。二、徵辟，由皇帝或官吏特召某人，通考卷二八：「東漢時，選舉辟召，皆可以入仕，以鄉舉里選循序而進者，選舉也，以高才重名躐等而升者辟召也。」徵辟是對特種人用的任用方式，皇帝用徵，公卿大臣用辟召，徵任制早見於西漢，辟召制盛行於東漢。三、考試，考試多是對特定資格的人行之，不是任何人都可應考，有爲郡國所察舉者，朝廷重加策試，如：「詔諸侯王公，郡守，舉選良能直言極諫者，上親策之，傅以納言，」（漢書文帝紀）策試舉士之外，還考試博士弟子及學僮，其他考試，有官吏出缺以考試塡補者，有特考者，四、西漢有由吏爲官的辦法通考上載：「今按西都公卿大夫，或出於文學，或出於吏道，亦由上之人，並顯二途以取人，……故下之人，亦隨遇以進身。」（卷三六）

兩漢行强幹弱枝的政策，中央威權，達於極點，但是，後來的情形大異，州牧權大，州牧可以傳子孫，對於皇帝的命令，輕視不理，唐中葉以後，藩鎭專橫，山東河朔，自任官吏，自私賦稅，自傳子孫，合縱以抗天子，至百餘年之久，五代，諸侯依然並立，至宋始削地方之權，中央亦由是而趨於衰弱之途，元明淸三代，中央與地方漸形分權，除若干事件須奉詔勅裁之外，封疆大吏，得以全權處理地方政務，迄淸代的督撫更甚，甚至對外直接談判訂約。

中國的幅員，由縣單位而集成，縣政建設爲國家建設的基礎，縣政的重要，自漢、唐、宋、明以來，卽已充分表現，每當政治修明的時候，莫不先將縣政納入軌道，從中國縣政的發展史看來，從前關於縣政制度，實有確切而優良的體制，並且關於官吏的甄選，施政的程序，養老、育幼、卹貧的設施，農田水利的建設，以至於地方治安的維持，災荒的預防與救濟，大都有宏規遠模，善政善教的表現，就地方政治組織的層級而言，中國歷代地方行政制度的演變，大抵保持二級制的精神，最下級的縣，才是直接臨民施政之所，縣以上無論一級或二級，大都是中央的監督區域，對最下級的行政官署，作層層的節制，無論在二級制或三級制之下，各地方的組織，均爲中央的地方行政機關，而非地方自治的團體，國家的統治權，屬於君主一人，不承認國內有其他統治團體的存在，在中央與地方之間，縱有權限上的分配，僅爲行政上的地方分權，並非統治上的地方權。歐美的地方自治制度，迄清末，才移入於中國，在中國古代，也有與地方自治相類似的精神，但僅為一種輔助官治的長老制度，如：在周代有鄉遂的制度，在漢代有嗇夫鄉老的制度，六朝至唐曾施行授田法，五代迄隋代有保甲制度等。

由以上所述關於中西政治的演進，可以比較出中西實際政治的活動與趨向。在西方古代以來所表現的許多民主制度與精神，我們也可以尋之於中國古代以來政治建設的環境中，還有若干方面的事實，是西方政治所不能及的。

第二編　歷代的中央政治制度

第一章　中央政制中的行政組織

第一節　行政元首

政府最根本的職務，在於執行法律，法美兩國都以一位選舉的總統爲中央行政首長。現代法國總統起源於普法戰爭之後，成立於一八七三年麥馬韓選任之時，美國的總統，則建立於獨立完成之際，近世共和國家選舉行政元首的重要方法有三：一由人民直接投票選舉，如．墨西哥及其他拉丁美洲國家；一由立法議會選舉，如：瑞士；一由特別組成的選舉團選舉，如：美國；至於法國第三次共和時，法國採用由立法議會選舉法，一八七五年二月二十五日的法律，規定總統的任期爲七年，由參衆兩院開國民會議公舉，以得全體之大多數票者爲當選。

美國總統及副總統，都係每四年改選一次，如在四年以內，總統出缺而由副總統繼任，副總統出缺，即由國務員署理，直至四年終了，然後改選，法國第三次共和時，全無副總統的規定，法國制度，無須有副總統，如總統死亡或辭職，卽由國務員會議暫時代行執權，至新總統選出就職爲止，國務員會議係眞正的行政機關，總統不過爲名義上的行政首領，縱不能視事，而在國務之進行中，亦不致發生任何障礙。

法國憲法規定總統在大叛逆時，須負責任，且得由衆議院彈劾，參議院審判，所以，法國總統的責任，非政治的，而爲刑事的，其身體與尊嚴，由法律保障，不得受人侮辱，在任期內，亦如合衆國的總統，免去普通法庭的程序，但其經下院送交參院的彈劾案，得由參議院予以審訊，此點和美國相同，美國總統得以叛逆行賄或大罪等，而被彈劾（根據聯邦憲法），法國總統則僅可以大叛逆而被彈劾，美國參議院對於美國總統所加的處罰，限於免職及剝奪其任職的資格，而法國憲法對於犯叛逆罪的總統，其處罰並無限制，但法國總統從來未有被彈劾者，對於大叛逆，也無刑法予以解釋。

在英法兩國名義上屬於虛位元首的權力，大都由國務員執行，虛位元首，並無監督權，從法美兩國行政元首的地位看來，在法律上，法國總統的權力實超越美國總統之上，但美國總統躬攬大權，親自統治國家行政大事，而與其他兩部發生直接的重要關係，法國總統對於國務員之處理政府各部工作，並無有效的監督權，法總統雖似英國君主，但法總統爲一種選舉的官吏，有一定的任期，執政時爲神聖不可侵犯，離職後仍係平民，英國君主地位尊嚴，超然獨立，且建築在道德的勢力上，非法國總統所能及，法國總統對國家官吏及一切事項，接近較密，國務員會議討論行政事宜時，總統可以爲主席，總統可單獨接見外國公使及大使，而英國君主則須在一國務員之前，方能接見友邦使節。

我們現在絕對反對君主制度的存在，因爲君主政治已成民權時代的怪物，關於從前一般擁護君主制度的理論，初根據神權說，到了現代，英國人還有從實際上爲君主制度立論的，他們以爲君主制度的好處在使元首得以長期的政治經驗，糾正國務員的過失，他們讚美英格蘭女王維多利亞在位六十餘年之久，曾經本其成熟的政治經驗，醫救人員的過失，他們又以爲君主世襲的制度，可免除選舉的糾紛；他們指摘現代國家之競選，總統既耗費財力、人力，並且造成社會上很紛亂的情景，這是英國人富於妥協性的議論，實則英王的「統而不治」或許是英國君主制的特色。

英國一六八八年的革命，自君主的掌握取得各種特權，其後威廉第三的好大喜功，常想要求特權，以躬行統治內政外交，與軍國大事，但民黨不欲承認。安尼(Amne)時代，雖無獨裁的野心，亦傾心於專制君主的利益，一七一四年漢諾威(Hanover)時代，君主所享的權勢，盡行分散，在喬治第三時，王權思想又復活，一七八〇年下院表示對王權的制限，一七八二年腦斯大臣(Lord Noth)去職後，王權日就陵夷，一落千丈，及喬治第四，勝怨於民，聲望日下，至威廉第四時，衆情雖歸，但權勢已不可再得，至維多利亞、愛德華第七及喬治第五時所堅持的君權，亦僅爲十八世紀以前君權的餘蔭而已。

從前的英國元首，即是君主，爲最高的行政者，一切法律、道德、仁義等，由此而出，爲教會的最高統治者，及海陸軍大元帥，君主維持和平輯睦，在法律上言之，一切土地，都直接或間接受君主的封賜，國會僅依君主的意志而存在，議員以君主的上諭而召集，衆院議員的選擧權，亦爲特許，現在的英國君主，僅在名義上爲最高行政首領，其對國會的組織，不甚過問，亦不能干涉，君主在位，僅依國民由國會立法所表示的承認，君主不能節制海陸軍，於立法征稅聽訟及判決，君主均無權過問，王權與君主，今則分開，席德列(Sidney)說，「王權者，爲便利運用之假設辭也。」英人以「王權」爲政府中最高行政機關，或最高權力之表現，昔在君主一人，今則在國務員及其部屬，國務員僅在形式上爲君主所簡任，君主出席於國會，所宣敕的英皇敕語，即是國務員所爲的上諭，政府議案繼續制定行政法規繼續完成，雖君主不知，甚或絕對反對，而終以其名義爲之，英國政府之特質，一則君主除由國務員代理外，並不得獨斷獨行，以處理重要國事；二則國務員既操縱一切政事，則須對國會負全責，君主行事或以其名義所執行的一切政事，都由國務員一人或全體負責，所以君主無過失，或「君主不能爲非」(Thr king can do no wrong)的原則，成了英國的習慣。

英人又以爲君主雖未嘗出席內閣會議，而失其直接節制國務員的權勢，但其與首相的接觸，仍甚密切，且閣議的重要政策，事前往往將其準備的意旨，付諸普通會議，而由英王與首相討論，但是，從前的這樣關係已不復得在今日由君主供獻意見，而由內閣決定的事實，仍被視爲重要之事，羅威爾(Lowell)甚至說：「國家猶船也，苟君主不復爲其發動機，則必爲其繫帆之桅桿，」視君主爲船之重要部分。

王權在歷史上縮減，其主要歷程，一則由於君民間的協定，如：大憲章及權利請願書等，二則爲禁制的立法(如：禁止取消法律效力，與減低貨幣成色，限制強迫服役，與優先取得權，以及其他諸特權)，三則爲廢棄習慣，如自都鐸爾時代以後，君主不得對市民擅自授以選擧權，以增加下院的議員額等。本來，主權按行政或立法而定，行政方面，其重要者：一、國家一切官吏，除國會之若干職員與少數不重要之世襲外，所有直接或間接之任命，二、除司法官，印度議會議員，會計大臣，與審計大臣等外，一切委任官吏之罷免；三、一切法律之執行及國家各部行政機關之監督；四、依照國會表決之撥款，所有國庫之支出；五、凡非法律所禁止一切法人章程之批准；六、一切貴族之設立，及其爵位之賜與；七、貨幣之鑄造；八、宗教會議之召集，並以君主爲國立，教會領袖之故任命一切大主教、僧正、與牧師等；九、海陸軍之最高節制權；十、代表國家處置一切外交事宜，如任命外交官與領事，並商訂條約；十一、監督地方政府，如教育、公共衞生、濟貧、居住、與其他各種社會實業等。

立法方面，在理論上，一切立法權，均委諸國會中之君主，此卽君主與兩院合作之謂，國會之處置事務，須得君主之同意行之，君主召集國會，停止國會，且在任何時均得解散下院，國家立法，如君主之同意，不能生效。但英國政權演進的結果，君主在立法方面的失勢，更甚於行政方面，今日之君主，脫離國會，除在其御領殖民地外，不復有世襲的立法權，不能獨立停止，法律的效力，對法律不能有所變更，國會通過的立法，均須贊成，承認，而不能自行立法。

中國古代的行政元首爲君主，秦以前的君主有皇，有帝，有王，周天子稱王，諸侯僭號亦稱王，始皇統一六國，以王號不足稱成功，於是另建皇帝之號，合皇帝而爲一，漢代因而用之，蔡邕獨斷卷一上稱：「秦承周末，爲漢驅除，自以德三皇，功包五帝，故并以爲號，漢高祖受命功德宜之，因而不改也。」「皇帝至尊之稱，皇者煌也，盛德煌煌，無所不照，帝者前行，能行天道，事天審諦，故稱皇帝。」古代以皇帝不僅爲一種尊號，並且象徵其爲天之子而治理國家之意，所以，劉邦之父，有「太上皇」之稱，戾太子有「悼皇考」之稱，因其不治國，只稱皇而不言帝。

依古代的思想，「帝」又爲賢者的稱號，在萬民中爲至尊，因其由天立，爲天地之子，代天治理萬民，史記高帝紀：『天無二日，土無二王，』天之子，只有一個，皇帝只有一人，人主乃獨一無二，至高無上，人民只許有一個君主，蔡邕獨斷卷一上說：「漢天子正號曰皇帝，自稱曰朕，臣民稱之曰陛下，其言曰制詔，史官記事曰上，車馬不服器械百物曰乘輿，所在曰，行在所，所進曰御，其命令，一曰策書，二曰制書，三曰詔書，四曰戒書。」

秦朝尚未形成預立太子制，秦始皇臨死賜其長子書，史記稱：「乃爲璽書，賜公子扶蘇，」而不稱太子，因尚未預立，漢書叔孫通傳，以爲：「秦以不早定扶蘇胡亥詐立，自使滅祀」，至漢君位繼承，大都以子，景帝欲傳其位於梁孝王，臣下反對。而兄終弟繼之制，已成禁例，但如皇帝無後，則可選宗室子，如：哀帝以元帝庶孫而繼成帝卽帝位。如選立的君主，其位爲諸侯王時，則可征入直卽帝位，西漢文帝卽以代王嗣位，東漢桓靈二帝，均亦侯徵入爲帝；但如宣帝起於閭閻，無封爵，由皇太后先封以陽武侯，然後使卽帝位，東漢的質帝亦如此。立太子時的儀式隆重，且不能輕易廢立，終兩漢之世，除景帝光武帝曾廢太子外，事實罕見，在漢初，皇帝須向太后奏事，國家大事多聽命於太后，如遇皇帝死而無嗣，更有決定繼位者的權力，皇帝的妻妾，有后妃之制，適稱皇后，妾稱夫人，漢書百官表稱，皇太后，皇后皆有食邑，皇后秩比國王，皇帝卽位，不論年齡大小，立皇后亦然。

皇帝的權力很大，對於立法，任官賜爵，赦罪，以及人民的生活，禮儀都以詔策決定，一切政事由之取決，皇帝以時臨朝聽政，或親受計簿，考察地方官吏，或於拜刺史守相時，輒親問（如漢宣帝）或自書詔命以賜地方官吏（如光武）；但有時權臣當道，其情形又當別論。除祖宗成法外，皇帝的權力，有時在法庭叛決及軍令行使方面，也不得伸張，如：漢書張釋之傳記，文帝欲盜宗廟器物者，廷尉張釋之判當棄世，文帝大怒，釋之免冠頓首謝曰：『法如是足也。』文帝仍從之，此外，將在外，君命有所不受，也成了一種習慣法，如漢書周勃傳：都尉曰：『軍中聞將軍之令，不聞天子之詔，』皇帝有大赦權，國家遇有喜慶大典，如：立太子，立皇后，新君登位，以及災異祥端，水旱變亂等，常舉行大赦。

皇帝有招集朝議之權，秦漢時代，有朝議制度，表現一種民族民主制的精神，中央有朝議，地方有議民，章太炎檢論上說，漢時「其縣邑猶有議會嗇長——議民者，域外以爲議員，良與通達之士，以公民參知縣政者也。」至中央的朝議，更是重要，議事的範圍更廣，參議人員全無固定的法律限制，都由皇帝詔勅決定，所議結果，由皇帝選擇決定，漢書龔勝傳：「勝獨書議……左將軍祿問勝，君議無所據，今奏當上，宜何從？」所以，決在權在皇帝的掌握，而朝議制度類似君主的諮詢機關，雖或皇帝的意志多少受點限制，但其實際，仍足以助長君權的擴張，有時權臣也支配招集權，並劫持會議如西漢的霍光，東漢的梁冀董卓等。

皇帝有派遣使臣之權，使者是代表皇帝個人，其職權與出使的方式，全由皇帝詔書決定，使者是臨時的官職，不常設，所到的地方，亦無明文規定，除詔令外，更由皇帝面授訓詞，即所謂臨遣或面諭，使者出使的人數，以詔書規定，多少不等，有多至四十餘人同時行郡者，漢書平帝紀：「元始二年，使謁者大司馬掾四十四人持節行邊兵。」使職由他官臨時調任，或由隨時招募而自願担任者，如張騫，使者受制於皇帝，不受皇帝以下任何公卿的節制，漢書卜式傳，式願輸財助邊，武帝使使者詢問理由及欲求，「使者以聞，上以語承相（公孫）弘，弘曰：『……願陛下勿許，』上不報，」後來，由漢武帝的詔令規定後，使者始得與丞相御史發生關係。

皇帝行使職權的信證，爲符璽，節詔，都可表示權威，或指定職務，秦漢的傳國璽，爲制相同，漢書霍光傳註：「孟康曰：漢初有三璽，天子之璽自佩，行璽，信璽，在符節台，」天子之璽即傳國的玉璽，節亦爲一種信證，以毛爲之，狀如竹節，受命者持以爲憑證，代替皇帝的命令，符，爲文帝所與，史記文帝紀文帝三年，初與郡國守相爲銅虎符，竹使符，（銅虎符發兵，長六寸，竹使符出入徵發。）

秦時詔書，命爲「制」，令爲「詔」，漢時種類漸多，後漢書光武帝紀註，所記有四種：「漢制度曰，帝之下書有四，一曰策書，二曰制書，三曰詔書，四曰誡敕，策書者……以命諸侯王。三公以罪免，亦賜策，制書者，帝者制度之命，詔書者，詔告也。誡敕者，謂敕刺史太守，」武帝封王諸子初作誥。

古代的皇帝，大權獨覽，是具有無法限制的最高王權，儒者的天命論，以天降償罰，企圖遏制無限制的王權，秦皇專制的時代，以及漢初「治重無爲」的時代，天命論，對王權的影響很少，自武帝罷黜百家，尊崇儒術，儒者漸尊，災異對君主的影響漸大，此後皇帝幾乎逢災異必有罪己之詔，東漢時更正，罪已外，且有策免三公之事，董仲舒傳，「國家將有失道之敗，而天迺先出災害以譴告之，尚不知變，而傷敗乃至，以此見天心之仁愛，人君而欲止其亂也。自非大亡道世者，天盡欲扶持而全安之，事在彊勉而已矣」。這種使皇帝疑懼的災異，自東漢安帝後，由皇帝內心的恐懼，轉成爲政治上三公的撤職，所有災異，不是「咎由朕躬」，而是「吏治不勤」，因而佐理皇帝的三公，當負有重大責任、有災異則三公撤職，明帝時，日蝕，三公免冠自劾，雖是三公負責，可是「君由天立」，三公爲皇帝所任，皇帝仍任有最後的責任，天命論在消極方面，多少表現出對王權發展的限制，以求在積極方面，漸漸發揚民氣，影響所及，人民由天象的變異而蒙刺戟，而覺察到皇帝及其政治的得失，而反應出改朝換帝的革命行動來，所以儒家的天命論，很有重大的意義。

第二節 宰相

三代已有相的名稱，晉書職官表上說：「成湯居亳，初置二相，以伊尹仲虺爲之」，尚書說命：「爰立作相，王置諸，其左右」，歷代職官表上說：「三代置相，雖未左右輔相之義，非沒有是官，」至於以相名官，顧炎武以爲或始於春秋時的齊國，日知錄卷二四，「杜氏通典曰：黃帝六相，堯十六相，爲之輔政，不必名官，是則三代之時，言相者皆非官名，」「惟襄公二十五年崔杼立景公而相之，慶封爲左相，則似眞相名官者」春秋時代更有了宰相制度的進程，戰國之世，輔政的相，已在各國通行，擁有實權的相制，已漸確立，相之位置已高於上卿，爵爲列侯，在這種輔政的「相」發展之際，仍有外交性質的相制存在。

荀子王霸篇上說：相者論列百官之長，要百事之聽，以飾朝廷臣下百吏之分度其功勞論其賞慶，歲終奉其成功，以效於君，當則可，不當則廢」，呂氏春秋舉難云：「相也者百官之長也。」管子君臣下：「故其主相也，陳功而加之德，論勞而昭之以法，參伍相德而周舉之，尊勢而明信之，是以天下之人，無諫死之諰，而聚立者無慘怨之心，如此，則國平而民無慮矣。」國策趙策：「翟章從梁來，甚善趙王，趙王三延之以相」，這種相，當係指總理百務的最高行政官吏。

當時各國之相，均可稱為相國，相國之稱，已旁行燕、齊、韓、趙、魏諸國，韓非子外儲說左上：「郢人有遺燕相國書者，」國策魏策：「王喜，召相國而命之曰：『魏請以鄴事寡人，使寡人絕秦』，相國曰：『收秦攻魏，利不過鄴，今不用兵而得鄴，請許魏。』」「相」，如「相國」又可稱為丞相，秦曰丞相，史多言之，趙魏亦稱相為丞相。趙策三：「建信君曰：『文信侯之於僕也，甚無禮，秦使人來仕，僕官之丞相，爵五大夫」，又有相室之稱，戰國時頗多，大抵上含有家宰近臣之義，「太子卑而庶子尊，相室輕而典謁重，如此，則內外乖，內外乖者可亡也。」（韓非子亡徵）「相室約其廷臣，廷臣約其官屬」，（管子）相室又表現出國家政務總理的地位，春秋時代的外交作用，是輔導行禮，從鮮聘宴享之間，促進兩國的親善關係，戰國以來，國與國之間的利害關係，愈益複雜，「相」除為國政總理的地位以外，往往取得君主的同意，代表君主與他國訂結盟約，並在異國君主的信任之下，又可取得相位（如蘇秦、張儀）這是戰國時代的特點。

宰相制度，隨秦代政治而發展，史記秦本紀：「武王二年，初置丞相，樗里疾甘茂為左右丞相」，杜佑通典：「始皇尊呂不韋為相國，則相國丞相皆秦官也，金印紫綬，掌丞天子，助理萬機」，秦朝的相國，是最尊重的官位，班次在丞相之上，秦二世時，趙高代李斯為相，名為中丞相，史記列傳：「李斯已死二世拜高為中丞相，事無大小，輒決於高」，論者以為丞相與中丞君本為一官，欲明其為宦者，始冠一中字。

㈤漢初，劉邦設丞相一人，高帝十一年更名為相國，惠帝設丞相二人，文帝二年，右丞相病免，不復設置，丞相又成為一人，漢初，又開布衣將相之局，趙翼廿二史劄記卷二：「漢初諸臣，惟張良出身最貴，韓相之子也，其次則張蒼，秦御史，叔孫通，秦待詔博士，次則蕭何沛主吏掾，曹參獄掾，任敖獄吏，周苛泗水卒史，傅寬魏騎將，申屠嘉材官，其餘陳平，王陵，陸賈，酈食其，夏侯嬰，皆白徒，樊噲則屠狗者，周勃則織薄曲吹簫給喪事者，灌嬰則販繒者，婁敬則輓車者，一時人才皆出其中，致身將相，前此所未有也，章如愚羣書考索：「漢初，或因軍功而加丞相者，樊噲酈商或假丞相之名，（王應麟曰，高帝三年，以韓信爲丞相，曹參樊噲左酈商右，皆借此名以出軍又尹恢以左丞相守淮陽）又漢帝以列位爲相，自公孫宏以布衣，數年登相位而後封平津侯」歷代職官表稱：「樊噲酈商等假相名以出軍，此卽後世使相之始。」

武王時欲置，左右二丞相，然左丞相始終未任命，成帝建三公官制，三公都成了宰相，通典上說：「成帝綏和元年，御史大夫何武建言，古者民謹事約，國之輔佐，必得聖賢然猶則天三光，備公官，各有分職，今末俗之弊，政事繁多，宰相之才，不能及古，而今丞相獨兼三公之事，所以大化久未洽也，宜建三分官，定卿大夫之任，分職授政，以考功效，於是上拜曲陽侯王根爲大司馬，而何武自御史大夫改爲大司空，皆金印紫綬，比丞相，則王公俱爲宰相」，從此人數增加，分任宰相的職掌。

哀帝元壽二年，改丞相爲大司徒，唐六典稱：「秦置丞相省司徒，漢因元，至哀帝元壽二年更名大司徒，與大司馬大司空爲三公」漢書哀帝紀，「元壽二年五月正，三公官分職，董賢爲大司馬，孔光爲大司徒，彭宣爲大司空。

光武時，去「大」字，只稱司徒。漢制叢錄云：「光武卽位，政事不任三公，而盡歸台閣，三公皆擬備器，凡天下之事，盡入尙書。」獻帝初卽位，董卓由太尉進爲相國，而司徒官職並存不廢，建安十三年罷三公官，置丞相，御史大夫，曹操自爲丞相」，（後漢書獻帝紀），至於三國時代的情形，據三國蜀志稱：「先主章武元年，以諸葛亮爲丞相，許靖爲司徒，後主建興十二年，以蔣琬爲尙書令，總統國事。」歷代職官表上亦載：「蜀漢既有丞相，又有司徒，兩官並置，與東西京稍異，至蔣琬以尙書令知國政，則猶沿東漢舊制，以尙書爲機衡之任也」，吳及魏方面，據通典註「吳有左右丞相」，而羣書考索上稱：「魏文帝時」置中書監令，並掌機密，自是中書多爲樞機之任，其後或置丞相，或相國，或司徒，而中監令常掌機密，多爲宰相之任，於是權在中書。」

秦漢兩代雖同有左右丞相，班位並不相等，秦以左爲上，漢以右爲尊。西漢的丞相必封侯，以示尊榮，更表示受封者與王室的關係，以示親近，而含有氏族的遺意，至東漢去古較遠，丞相改稱司徒，已成定制，不必封侯，西漢的丞相，即東漢的司徒，西漢的御史，大夫爲丞相副貳，丞相出缺，多由御史大夫遞補，東漢改三公制，三公名位固相等，但仍有分別，三公中太尉最高，丞相即司徒，次之，司空即御史大夫又次之，九卿升三公，三公又以次遞升太尉，升太傅，丞相升太尉，司空升丞相，此爲兩漢的一般情形，西漢的丞相，位極尊隆，爲七臣中的最高官吏，總統百僚，協理萬機，國事都可統轄。東漢的丞相不同，三公有同等的尊榮與權限，分掌國事，丞相僅爲三公之一，掌理天地人三者中的人事，漢書百官表，以丞相「掌丞天子，助理萬機」，丞相在實際處理政事時，得封駁詔令，諫阻皇帝的設施，有薦任官吏權，丞相案事得不請，誅殺犯官可後奏，漢書灌夫傳：「丞相（田蚡）言，灌夫家潁川橫甚，民苦之，請案之，上曰：「此丞相事，何請？」」漢代丞相總領國家計簿，所有戶口地勢圖書等，皆在丞相府，丞相又爲京畿各郡的上訴機關，地方郡守令長的考績，也由丞相担任，依此以推薦官吏（指三公以下），凡宰相職事，多由諸曹及長史分別掌管，丞相總其成，漢代丞相職繁權重，君主對之禮遇優越，秦時已是將相不辱，而漢末年，習慣上，也形成「將相不對理陳寃」，凡是詔召丞相詣廷尉詔獄，不論有罪無罪，丞相受詔，即須自殺不得出庭受審問，西漢末年，大臣遇有災變，即須受懲罰，如災變太重，則丞相當代受青災而死（自殺）。

秦漢的丞相事無不統，並不專司一職，頗似現代之所謂政務官，而不兼爲事務官，史記陳丞相世家：「孝文皇帝問右丞相勃曰：『天下一歲決獄幾何？』勃謝曰：『不知』，問：『天下一歲錢穀出入幾何？』勃又謝曰：『不知』，汗出沾背，愧不能對，於是上亦問左丞相平，平曰：『有主者』，上曰：『主者謂誰？』平曰：『陛下即問決獄，責廷尉，問錢穀，責治粟內史，』上曰：『苟各有主者，則君所主者何事也？』平曰：『宰相者，上佐天子，理陰陽，順四時，下育萬物之宜，外鎭撫四夷，內親附百姓，使卿大夫各得任其職焉。』

到了後漢，太尉（即大司馬）司徒司空才各有分職，後漢書百官志上說：「太尉公一人，掌四方兵事，功課，歲盡即奏其殿最而行賞罰，凡郊祀之事，掌亞獻，凡國有大造大疑，則與司徒司空通而論之；國有過事，則與二公通諫爭之」，「司徒公一人，掌人民事，凡教民孝悌遜順謙儉養生送死之事，則議其制，建其度，凡四方民事功課，歲盡則奏其殿最而行賞罰，凡郊祀之事，掌省牲，視濯，凡國有大疑大事，與太尉同」，「司空官一人，掌水土事，凡營城起邑，浚溝洫，修墳防之事，則議其利，建其功，凡四方水土功課，歲盡則奏其殿最而行賞罰，凡郊祀之事，掌掃除樂器。凡國有大造大疑，諫爭與太尉同，後漢的宰相制度，一方面分管國政，一方面會議國政，類似近代的內閣制度，類似國務員兼任各部總長，其後六曹統歸宰相統率，宰相總轄兵刑錢穀以及長吏遷除等事。

通典：「晉惠帝永寧元年，罷丞相，復置師徒，永昌元年，罷司徒並丞相，則與司徒不並置矣。其後或有相國，或有丞相，省置無恆，而中書監令，常管機要，多為宰相之任，元帝渡江，以王敦為丞相，轉司徒，荀組為太尉，以司徒官屬並丞相為晉府，敦不受，成帝以王導為丞相，罷司徒府，以為丞相府導薨，罷丞相復為司徒府。

兩晉及南朝官制，多相承襲，雖設宰相，但非尋常之職，在東漢時，尚書令之權頗重，直代相職，魏晉以後，參贊機要，乃移之於中書與門下尚書僅勢行政務而已，自劉宋以後，常稱尚書令為「朝端」，梁陳尊重中書，凡大臣之預國論者，必兼中書監令，則尤為宰相實職，後魏的侍中尚書，均為樞密之任，而侍中尤多輔政，中書之清要，雖不若南朝，然如高允崔光等為之，皆得參預機密，當時亦號為「西台大臣」，蓋其以掌亦宰相之事，亦不能相異於南朝，北齊置官，多因後魏雖有左右丞相之職而其為宰相秉國政者，亦多為侍中，北周仿周禮設官，乃以大冢宰為宰相之任，於是侍中中書之名，亦革而不用。

歷代職官表稱：「宋齊而降相國丞相既不常置，三分官亦僅擁虛名，惟尚書任總機衡，為宰相之職，故當時稱尚書令僕曰朝端，又曰端右」胡三省通鑑注謂：「位居朝廷之右是也，又侍中參掌機密，亦為相職……至中書之職，至梁陳而彌重，故大臣、預國論者，必兼中書監令，尤為政本之地，唐宋以三省長官為宰相，其規模已肇於此。」

通典：「後魏齊制爲大將軍不置太尉，有丞相，不置司徒，自正光以後，始俱置之，而尤重門下官，多以侍中輔政，則侍中爲樞密之任。」

通典：「北齊置丞相，分爲左右然而爲宰相秉朝政者亦多爲侍中」。

歷代職官表：「後周仿周禮設官故以大冢宰爲丞相之任，而納言內史，亦卽門下中書職書，惟是旣仿亦官，其勢必不能統於一省，所以獨無尙書官屬與歷代不同耳」。

自後漢至後周，三省（尙書中書門下）迭掌宰相的職權，自隋至宋，三省又同掌宰相的職權，自元至明，中書省獨掌宰相的職權，這是中國宰相制度的變遷，隋代的尙書門下內史（卽中書）三省，同行宰相之職，隋代官制上有三公，但因官高不曾除人，所以政治中樞在內史和納言，而尙書令之權最大，事無不統，隋代已以三省同掌宰相的職權。又以他官（如楊素等）兼掌宰相的責任，通典稱：「隋有內史納言（卽中書令，侍中）是爲宰相，亦有他官參與焉。柳述爲兵部尙書，參掌機事；又楊素爲左僕射與高熲專掌朝政。」歷代職官表也稱：「隋代雖置三公，以官高不除，其秉國鈞者，惟內史納言，而尙書令事無不統，卽不預機事，亦稱政本之地，故唐沿其制，以三省爲宰相之職也，至如柳述以尙書參掌機事，楊素以僕射掌朝政，裴矩裴蘊以黃門侍郎知政事，則皆以他官而兼宰相之任，其卽唐同平章事之所由昉歟。」

唐代大抵取法隋制，以三省同掌宰相的職務，以他官同平章事，尙書曰都省，門下爲左省，中書爲右省，尙書省總理衆務，統率百官，門下省出納帝命，規駁非違，中書省獻納制册，敷揚宣勞，其對於軍國大事的處置程序，卽由：中書出命，門下封駁，尙書施行，通典稱：「唐侍中，中書令爲眞丞相，其餘以他官參掌者無定員，但加同中書門下三品，及平章事，知政事，參加機務，參與政事，及平章軍國重事之名者，並爲宰相，亦僅行丞相事之例也。」

舊唐書職官志稱：「門下省侍中二員，掌出納帝命，緝熙皇極，總典吏職，贊相禮儀，以和萬邦，以弼庶務，所謂佐天子而統大政者也，凡軍國之務，與中書令參而總焉，坐而論之，擧而行之，此其大較也」。新唐書省總稱：「中書省，中書令二人，掌佐天子，執大政而總判省事，侍郎二人，掌貳令之職，朝廷大政參議焉。舍人六人，掌侍進奏參議表章，凡詔書制敕璽書册命，皆起草進畫，旣下則署行，以久次者一人爲閣老，判本省雜事又一人，知制誥顓進畫給食於政事堂，其餘分署制敕，以六員分押，尙書六曹，佐宰相判案，同署乃奏，主書四人，主事四人。」

唐因隋制，以三省之長（中書令，侍中，尙書令）共議國政，卽係執行宰相的職權，「尙書都省尙書令一人，掌總領百官，儀刑端揆，武德中，太宗初爲秦王，嘗親其職，自是不復置，國政樞密，皆委中書左右僕射，開元初，改左右丞相，掌總領六官紀綱百揆，初亦宰相之職，開元中，張說兼之，後能知政，猶爲丞相，自此之後，遂不知國政。」（唐六典）「自武德至長安四年，僕射並是正宰相，故太宗謂房玄齡等曰：『公爲宰相，當須大開耳目，求訪賢哲，卽其事也。』」（唐會要）

太宗時，杜淹以吏部尙書參預朝政，魏徵以祕書監參預朝政，其後或稱參議得失，參知政事之類，其名不一，但均爲宰相職，唐代的僕射侍中，中書令，共議朝政，管理省事，旣係國務員，又係一省的長官，後以他官做國務員，凡是三省長官，不帶「同平章事」的官銜，便不得參預省事，而爲本省的事務官，三省對於軍國大事，採合議制，類似近代的國務會議，門下省獨掌封駁，遇君主有違法命令，或不利益的命令，卽封還或批駁，類似近代內閣制度下國務員之拒絕執行或拒絕副署，又自唐代以宰相兼領館職後，歷宋明淸都以閣員兼領館事。

唐代國務會議之地爲政事堂，胡三省資治通鑑註：「政事堂在東省，屬門下，自中宗後，徙堂於中書省，則堂在右省也。案裴炎傳，故事宰相於門下省議事，謂之政事堂，故長孫無忌爲司空，房玄齡爲僕射，魏徵爲太子，太師，皆知門下省事，至中宗時，裴炎爲中書令，執政事筆，故從政事堂於中書省。」

「唐自肅宗至德以後，其爲宰相者，必曰「同中書門下平章事」，終唐之世，不復改易，而至德以前，未有定名，稱號不一，至爲繁冗，馬端臨所謂唐代宰相，名尤不正者是也，今以新唐書宰相表考之，前後多至四十餘名，其中唯尚書令，納言，內史令，中書令，左相，左相，尚書，左右僕射，侍中，同中書門下三品亦爲宰相正官……至其臨時暫置者，有曰：知政事，曰參朝政，曰知門下省事，曰朝章國典參議得失，曰參知政事，曰專典機密，曰平章政事，曰同掌機務，曰參知機務，曰參掌機密，曰參謀政事，曰同治軍國政事，曰兼知政事，曰平章軍國重事，曰參知機務，曰軍國各事宜共平章。雖皆宰相之任，而大抵爲一人而設，並非官號……」（歷代職官表）。

五代承唐舊制，以同中書門下平章事爲宰相，其宰臣名姓具見於册府元龜，資治通鑑。至後梁設崇政院，使參議於禁中，爲專掌機密之官，蓋亦宰相之事，其官制亦似唐宋的樞密院，據趙翼廿二史劄記卷二三上說：「唐中葉以後，始有樞密院，乃宦官在內廷出納詔旨之地，昭宗末年，朱溫大誅唐宦官，始以心腹蔣元暉爲唐樞密使，此樞密移於朝士之始，溫篡位，改爲崇政院，敬翔、李振爲使，凡承上之言，皆宣之宰相，宰相有非見時，而事當上決者，則因崇政使以聞，得旨則復宣而出之，然是時，止參謀議於中，尚未專行事於外，至後唐復樞密使之名，郭崇韜安重誨等大使，樞密之任，重於宰相，宰相自此失職，（見歐史郭崇韜傳贊）今案唐莊宗時，崇韜爲使，明宗時，安重誨爲史，晉高祖時桑維翰爲使；漢隱帝時，郭威爲使。當崇韜爲使時，宰相豆盧革以下，皆傾附之，以崇韜父諱宏，遂奏改宏文館爲崇文館，重誨爲使時，過御史台門，殿直馬延誤衝其前導，重誨即台門斬延而後奏，是時四方奏事，皆先自重誨然後聞，重誨與任圜不協，則因朱守殷反，即誣圜通謀而先殺之，忌潞王從珂，則嗾其部將楊彥溫逐出之，明宗遣藥彥儔致討，命生致彥溫，欲親訊其由，而彥稠希重誨旨，即殺彥溫以滅口，宰相馮道等亦希重誨意，數言從珂失守，宜坐罪，明宗不聽而止，郭威爲使時，率兵平三叛歸，西京留守同中書門下平章事王守恩，官已使相，肩輿出迎，威怒之，即以頭子命白文珂代之，守恩方在客次待見，而吏已馳報，留守視事於府矣，守恩遂罷，可見當時樞密之權，等於人主，不待詔敕而可以易置大臣，其後出鎮魏州，史宏肇又令帶樞密使以往，蘇逢吉力爭之不得，於是權勢益重，遂至稱兵犯闕莫不響應也。」

宋代的宰相制度，常常變更，宋初因襲唐制，以同平章事爲眞宰相，以參知政事，爲副相，神宗元豐年間，以左右僕射爲宰相，徽宗政和年間，以太宰少宰爲宰相，欽宗靖康年間，又以左右僕射爲宰相，孝宗乾道年間又以左右丞相爲宰相，迄後不再更改，宋代同掌國政的三省，其職權在法律上明白分劃，中書令取旨，門下省覆議，尙書省施行，卽所謂「三省體制，中書揆而議之，門下審而覆之，尙書承而行之，苟有不當，自可論奏」（太平治迹統類）。中書因單獨取旨，與君主直接的機會獨多，中書省的地位，乃趨偏重，權限獨專，宋代原以「取旨」「審議」「施行」爲三權分立的制度，致逐漸打破，至蔡確爲中書侍郎，更執中書造命之說，排擠他相，使不得參與造命取旨之事，以行其專權之私利。

元祐初，司馬光已請令三省合班奏事，分省治事，後來且有人主張廢門下省。司馬光雖想維持三省舊制，但不贊成三省分立，欲使三省一同取旨，以袪唐代三省分立制所形成行政不敏捷無效率的弊端，司馬光批評說：「凡內降文書，及諸處所上奏狀申狀，至門下中書省者，大率皆送尙書省，尙書省下六曹，六曹付諸安勘，當檢尋文書，會問事節，近則寺監，遠則州縣，一切齊足，然後相度事理，定奪歸著，申尙書省，尙書省送中書取旨，中書得旨，送門下省覆奏劃可，然後翻錄下尙書省，尙書省復下六曹，方符下諸處，以此文字繁冗，行遣迂回，近者數月，遠者踰年，未能決絕，或四方急奏待報，或吏民詞訟求決，皆困於留滯。」因此，他便主張恢復從前三省合議制「以都堂爲政事堂，每有政事差除，及台諫官章奏，已有聖旨三省同進呈外，其餘並令中書門下共同商議，簽書施行」，（文獻通考職官）宋代政治要樞，漸移於中書一省，門下省形同虛設，不能行使覆審大權，尙書省久不與聞朝廷議論，影響所及，元明對於尙書門下兩省亦廢，而獨留中書一省。

宋自元豐以前，都依唐制，以平章事爲眞宰相，而又別設參知政事稱執政官，以爲宰相之副，文獻通考稱：「三省俱爲政本之地，無所不統，長官則宰相，所謂中書門下同平章事是也，佐官則參知政事是也，今元豐改官制，既以中書門下同平章事爲左右僕射，參知政事爲中書門下侍郎尙書左右丞，而復以長官兼之，贅亦甚矣，蓋神宗必欲復唐三省之職，而蔡確以有中書造命之說，巳爲次相兼中書侍郎，王珪爲首相兼門下侍郎，實欲陰擴珪於門下，使不得與造命取旨之事，苟以梗其專政之私，而不復顧體統名稱之不順也。」歷代職官表卷三上稱：「宋宰相官名前後凡五變：同平章事一也，左右僕射二也，太宰少宰三也，復爲左右僕射四也，左右丞相五也，執政官由參政改左右丞，由左右丞復改參政，亦凡兩變，自孝宗乾道定制以後，遂終宋室，不復更革云。」趙翼廿二史劄記（卷二六）上說：「宋承唐制，以同平章事爲眞宰相之任，初無定員，上相爲昭文館大學士，監修國史；其次爲集賢殿大學士，或置三相，則昭文集賢及監修國史各除，國初，范質爲昭文學士，王溥監修國史；魏仁浦集賢學士是也，其三師（太師、太傅、太保），三公（太尉、司徒、司空）則爲宰相加官，神宗新官制，置侍中，中書令，而尚書令不設，卽以尚書令之貳，左右僕射爲宰相，左僕射兼門下侍郎，以行侍中之職，右僕射兼中書侍郎，以行中書令之職，政和中，左右僕射爲太宰少宰，仍兼兩省侍郎，靖康復改爲左右僕射，建炎三年，呂頤浩請左右僕射，並加同中書門下平章事，門下中書二侍郎改爲參知政事，廢尚書左右丞從之，乾道八年，詔尚書左右僕射，可依漢制，改爲左右丞相，刪去侍郎中書令，尚書令之職，以丞相充，此宋代宰臣先後名稱不同之故事也。平章事之稱，本始於唐，石林燕語上說：「唐制，節度使加中書門下平章事爲使相，自郭元振始，李光弼等繼之，蓋平章事，宰相之名，以節度使兼故云爾也，國朝因之，元豐官制罷平章事名而以開府儀同三司易之，亦帶節度使，謂之使相，蓋以儀同爲相也。

「……按舊唐書高宗永淳元年，以郭待舉，岑長倩，郭正一魏元同，爲同中書門下，同承受進止平章事，上謂省知溫曰：『待舉等歷任而淺，且令預聞政事，未卽與卿等同名稱，自是外司四品以下知政事者，遂以平章爲名，是平章事，本非眞相也，其後遂以平章事爲宰相之職，宋因之，有時特置平章軍國重事，或稱同平章軍國重事，則以處老或碩德，如文彥博，呂公著是也，開禧元年，韓侂胄爲丞相，乃又加平章軍國事之名，說者謂省重字則所預者廣，去同字，則所任者專，時陳自強爲右丞相，請以侂胄序班丞相之上，於是平章軍國事乃又超越丞相矣，其後賈似道亦爲之，德祐中，王爚進平章軍國重事，陳宜中爲左丞相，留夢炎爲右丞相，是又於兩樞之上，特設此官，蓋沿侂胄似道之班次，而又稍變其制也。宋末，平章在丞相之上，元代則丞相在平章之上，元制，中事省左右丞相皆蒙古人爲之，不以授漢人，漢人惟爲平章政事，亦爲宰執，如王文統許衡是也，此又平章在丞相下之明證也。……」

……趙翼廿二史劄記卷二六……

依歷代職官表卷三上說，宋代平章軍國事，同平章軍國事，平章軍國重事諸銜，所以優禮耆舊，而奸臣亦或竊據之，以爲重，但皆特置之名，至丞相本沿唐制，非三省正員，同中書門下二品，亦出一時偶置，不爲常典，宋爲宰相親王，使相，（宋制：凡親王，樞密使，留守，節度使，兼侍中，中書令，同平章政事者，皆謂之使相，不預政事，不書敕，惟宣敕除授者，敕尾存其銜而已。）加官，其特拜者，亦不預政事，徽宗信以三師（太師、太傅、太保）爲三公，廢三公（太尉，司徒，司空）之本名，別立三孤（少師、少傅、少保），而以新改之三公爲眞相之任，三孤爲次相之任，而蔡京卽以三公任眞相，其後三公之多，至十八人，三少不計，冗濫不堪。南渡以後，三公亦皆㦸官，而韓侂冑史彌遠賈似道之專，則皆至太師，其職均尊於宰相。

遼人官制分南北兩院，北面治宮帳部族屬國之政，南面治漢人州縣賦稅軍馬之政，北南府宰相掌佐理大政，於事無所不統，和尚書令總領六部相似，金官無南北之分，太宗晟時，始建尚書省，因是遂有三省之立，至熙宗亶，頒特官制，多循宋舊制，廢帝亮立，罷中書門下省，止置書省，終金之世，守而不變，「天會十三年置尚書省，置令一人，次左右丞相，皆平章事，左右丞相皆參知政事，侍中，中書令，皆居相丞之下爲兼職」。（宇文懋昭大金國志）

元代亦如宋金以丞相及平章爲宰相，以左右丞參政爲執政官，但官制大有改變。元代三置尚書省，終仍廢棄，將職務歸併中書省掌管，尚書左右兩司曹都成爲中書省官，這種大改革，由於元代已建立一種三權分立制，以中書省總庶政，樞密院掌兵要，御史台糾彈百官，軍政和監察兩事，另有機關掌管，中書省僅管行政事務，元代「中書令一員，典領百官，會決庶務，太宗以相臣爲之，世祖以皇太子兼之，至元十年，立皇太子行中書令，大德十一年以皇太子領中書令，延祐三年，復以皇太子行中書令，置屬監印二人」。（元史百官志）

皇太子雖兼領中書令，後來形同虛設，眞正宰相爲右丞相左丞相。

明代的中樞制度，初爲中書省，洪武十三年後是六部，成祖以後是內閣，至仁宗時，閣權更重，而楊溥進位少保，楊士奇楊榮進位少師，以師保兼領閣權，愈促成閣權之漸重，與宰相幾無差別，各事多稟承內閣意旨，而後施行，六部的權任漸輕，成了內閣的隸屬機關，嘉靖以後，國家有大典禮，大政事，由九卿科道官議決，經內閣核准才能上奏，內閣對於六部及院寺的議決，有裁度可否的權力，淸代多沿明代舊制，內閣設大學士滿漢各二人，正一品，均由特簡，贊理機務，表率百僚，內外各司題疏到閣，票擬進呈，補授後，再由君主命兼殿閣及六部尚書銜，殿閣名有六：保殿、文華殿、武英殿、體仁殿、文淵閣、東閣、（舊制，殿名四，閣名二，乾隆十三年，省中和殿銜，增入體仁閣銜，爲殿閣名各三。）再設協辦大學士滿漢各一人，都從尚書本銜，爲從一品，協辦大學士與大學士同釐內務，類似宋代的參知政事，等級次於宰相，但宋代的參知政事，是政府的正員，淸代的協辦大學士，則以尚書充任，其本職在部務，對於閣務，則爲兼職。此外，還有學士，掌敷奏本章，傳宣綸綍；又有侍讀學士，掌收發本章，總稽繙繹。

第三節　內閣

近代國家行政機關的職權，如：一、關於執行法律之權；二、關於制定法律之權；三、任免權；四、海陸軍權；五、外務權；六、頒給榮譽權；七、赦免權；八、戒嚴權；九、關於議會集會開會停會閉會及解散之權。行政機關有廣狹二義：廣義方面，包含最高行政機關之外，並兼包含上級及下級一切行政機關，甚至還包含軍政機關。狹義方面，行政機關專指一國高級行政機關而言。如在法美等國，則指其總統與國務員而言。如在採行行政合議制度之國，（瑞士等）則指其聯邦行政委員會而言，在一般國家中，最高行政機關的組成，或採用總統制；或採用責任內閣制；或採用行政合議制。

各國最高行政機關的構成份子，爲行政元首與國務員，共和國的行政元首，都出於選舉，或由人民直接選如巴西憲法及一九一九年的德國新憲法，對於總統的選舉都採用直接民選的制度，或由間接選舉，如在美國以及南美諸邦亦有摹倣美制者。行政元首的任期(除君主國爲終身職外)，在一般共和國家的通例，僅三四年(美國總統任期四年)；亦有三年者，瑞士總統任期一年，美國諸邦邦長任期往往爲一年或兩年，共和國家的元首，如在任滿以前，因死亡，廢疾等原因而辭職，或因受彈劾而缺位，或因疾病與因公出國等事而暫時缺席時，其職務的代行，有幾種實例：一、以副總統執行職務(如美國)，二、以議會議長暫時行使此種職務(如美國)三、以國務總理或國務員全體代行職務(如德奧新憲法以國務總理代，法國憲法則以國務員全體代理)。

在總統制之下，行政機關的職權，集中於行政元首，國務員對元首負責，其進退以元首的信任與否爲轉移，縱有明定元首一切命令須經國務員副署，但仍不易拘束元首的意志。因爲國務員的進退，是操在元首之手，美國設置若干國務員，各司一部，由總統任命(雖須經元老院的同意，但依習慣向未拒同意)，他們如不得總統的信任，總統可以自由解其職務。議會除對於他們的犯罪行爲，得依彈劾手續使之去職外，對其政策上之失當，初不能使之去職，即總統的命令或其他文告，在法律上及在習慣上亦初不必經由國務員的副署。其所主管的部務，各自對總統負責，而無所謂聯帶責任，國務卿(Secretary of State)主管外務，並非國務總理，其地位，則稍優於其他國務員，亦受總統的支配，其他國務員並不受國務卿的支配，總統制下的國務會議(或稱內閣會議)，在謀國務員彼此行政上的便利，並非十分重要，因爲國務員對元首負責，沒有聯帶責任，行政機關的政策，最終又由元首決定，總統制下的國務會議，行政元首之列席，自無問題，因其爲負擔行政機關政策的責任者，各國務員在法律上立於平等的地位，初無統屬關係，亦無所謂國務總理。

責任內閣制，肇始於英國，法、比各國亦都倣行，在責任內閣制之下，元首不負法律責任，關於頒布命令等，須預徵國務員的同意，由國務員副署，始發生法律效力，責任內閣制下，國務員的進退，須以議會的信任與否爲標準，即國務員對議會負責，(實際上多對議會中的下議院負責，)國務員對議會負責亦有聯帶負責與個人負責之分。對於內閣全體所決定的政策，國務員應對議會負聯帶責任，如為一種個人行為而無關內閣政策，則只有當事之國務員個人負責。在責任內閣制之下，元首所頒布的命令，以及其他可以發生法律效力的文書，均須有國務員的副署，國務員不特消極的可以行使其拒絕副署權，並且積極的可使行政元首不能不容納內閣所決定的政策。

在責任內閣制之下，國務會議為重要的機構，以謀國務員全體對元首或議會能一致而求政策一貫，並足以相互磋商了解其政策，而從事聯帶責任之負荷，各國的國務會議，或由國務員全體構成（如法國），或不包含全體國務員，而其所謂國務員亦必盡係主管部務之人，如英國（英國國務員中有閣員(Cabinet Minister)與非閣員之別。）在責任內閣制之下，有不令元首列席於任何國務會議者，（如英制，英僅以首相為國務會議的主席，）有許多元首參加國務會議然不能參加表決者（如一九一九年後德國新憲法下的實際情形，）又有區分國務會議為兩種，以定元首列席或不列席者，如法制，有兩種會議，一為國務員會議，元首、國務總理、閣員均列席，以元首為主席；一為內閣會議，由國務總理及國務員組成，國務總理為主席，而元首不列席，此會決議的事件，再提國務員會議。至於責任內閣制下的國務總理，實際上立於優越的地位，既可推薦國務員，又可要求元首解免任何國務員，此為英法的通例，但是，從法律上言之，亦非具有任何特權，而係與國務員平等。

在英國，行政方面對行政權的機關有兩種：一種是行政長官的總體，稱為政府 Ministry 直譯為各部；一種是內閣 Cabinet 名為樞府，是政府中的政府。行政長官的總體，包括所有對於國會負責的行政官吏，他們都是國會議員充任，以國會的信任而維持其地位，行政長官雖是決定政策，與執行管權的大官，但有幾個行政長官，並沒有決定政策的權力，又有幾個，也無執行權力的職務。所謂行政長官如：一、行政部的部長，二、不管部的大臣，如樞密院院長等；三、政務次長，四、國會內政黨的督察員（共四人）五、王室方面的幾個大臣，也是有政治性質的行議長官。

行政長官的總體，又和內閣有區別，所有的內閣閣員都是行議長官，但所有的行政長官，不一定都是內閣閣員，因爲內閣只包括一部份的行政長官，內閣閣員由國務總理決定，名額無定。歐戰期內第一次的新內閣，閣員有二十三個，成了英國歷史上最大的一次內閣，一九一七年各自治殖民地的國務總理及印度的代表，又加入內閣會議，曾舉行兩次特別會議，稱爲「帝國軍機內閣會議（Imperial War Cabinet）戰爭結束後，內閣又囘復到戰前的狀況，但閣員數目，又增多二十餘位，足見英國的內閣政府，完全根據於習慣，內閣制的組織，根據於歷史上的情形，逐漸變化而出，也易逐漸改變其性質。二十世紀的英國國王，絕不敢獨斷獨行，選擇了一個國務總理，國務總理由當權的政黨首領充任。內閣制的政府，即是一種政黨政府，是多數黨當權的政府。內閣以國務總理的地位最重要，是對外的代表，內閣內部的事務，也採用委員會式的分工合作辦法，其中有關於內務的或財政的委員會。

各國政府行政工作之指揮與執行，大抵分配於若干行政部門，而多數國務員，均兼長各部，或附屬各部，在美國聯邦政府，十個行政部立於共同的基礎上，彼此頗爲類似，有總長節制，在實際上對大總統與國會，均有同一的關係，歐陸諸國政府，各行政部都是如此，在英國的各行政部其複雜更甚，由負責的國務員加以節制，由一二副大臣輔佐之；更有其他非政治的大小官員若干人，負責處理事務工作，任期不受其主官更換的影響。最著名之部，如財政部，海軍部係代表前世紀的舊官職，舊國務院的分支，卽今之外交、內政、陸軍、殖民、印度、與航空六部，有自樞密院委員會支出者，如商業局，與教育部，又有局部及委員會等，均爲近數十年所成立者，如三十年前的工務局與農業局。第一次大戰終結時所成立之衞生部與運輸部其組織與起源，均極龐雜，此外，英國無司法部，而有大理卿。

第一次大戰，使英國行政制度極形伸張，而有很大的變遷，戰爭期間，若干新行政部成立，一九一八年國務員數達九十三人，一九一四年以後成立之重要行政部如一九一五年之軍需部，一九一六年之封鎖，勞工、卹金、糧食管理，船舶管理，與航空等各部，一九一七年之全國事務及改造部，一九一九年之運輸及公共衞生部，大抵爲應付戰爭而設，戰後又復舊觀，另加調整。英國內閣在實際上運用，迄第一次大戰時，曾表現其三特點：卽閣員對國會負責，閣議秘密，以及閣員共同結成團體，唯首相之馬首是瞻。

在英國政府制度中，內閣實爲一樞要機關，其職權，兼行政與立法兩個方面。白芝浩（Walter Bagehot）認爲內閣是鏈節，以聯絡行政立法兩部，又爲扣環，以約束此兩部。又稱：內閣爲一國會委員會，以治理一國，縱使內閣不是代表國會全體的意旨，至少亦可代表大多數的意旨，所以，英國政府制度的基本實質，卽在以黨之大多數統治，而在黨之大多數中，其掌治權者，卽爲內閣，羅威爾（Lowell）說：「其諸機關之組織，乃係輪中有輪之式，其外環卽爲下院，內有多數之政黨；其次環爲上院，內有在黨中最活動之人；其最小之環，卽爲內閣，眞正的統袖，卽在其中，而政黨的活動，得以統一，因其統治權均置於一機關，其範圍之小，足以和衷共濟；其勢力之大，足以統治監督，都爲此環輪法的功用。」

在英國，國會有了監督行政的最後大權，自願受內閣的指導，法國的內閣，不特不能領導國會，並且關於立法與行政方面的極微細事務，也要受國會的干預，雖憲法上規定內閣只負一切普通政策的責任，但法國內閣往往因極細微的問題而被國會推翻，國會對於內閣閣員隨時提出各種質問而須解答，時常因細故，因解釋不當，而被逼辭職，這是法國內閣制度和英國的差異處。」

法國的海陸軍部長，大概是從海陸軍長官中選擇，其他的行政部長往往都由國會兩院的議員充任，行政長官能出席兩院，並有發言權，隨時被議員質問，內閣中也有不管部的閣員，也有執行一部份行政事務的次長。法國的上議院，是民選的，對內閣也能提出質問，也能通過不信任議決案，與下議院的職權相等，幾十年來，法會經幾次內閣因上院反對而推翻的事實。法國國會對兩院負責，而無連帶的解散國會權，其地位更不穩固，法國總統解散下議院，須先得上議院的同意，但這種同意不容易得到，並且，總統解散下議院的權，在事實上久已成了絕響，英國的下院解散，是極平常的事，人民視解散國會權爲責任內閣制的特點。

行政合議制，使國家行政機關的職權，不由一個首領行使，而由一種合組的合議團體行使，團體內的分子，都有平等地位，縱有形式上的首領，亦僅爲會議時的主席或對外的代表，其職權因與團體中的各分子相等，這種制度與總統制及責任內閣制不同，主張這種制度的理由，以爲可以肅清君主政體的遺跡，又可以防杜行政的專制；更能補助行政人員之失，事權既歸之於合議團體，其中偶或有一二人選之不當，亦不致有誤全體。古代羅馬時代的康修爾(Consul)，與中國周厲王出奔後的周召「共和」制，或亦類似行政合議制，以言近代，則法國革命期內，一七九五年以迄一七九九年所採行的執政委員會（Le Directoire），將行政機關的決議權，與其執行權，完全分開，以行政決議權操在一個行政合議機關——執政委員會，而以執行決議的權力，操在合議機關以外的幾個國務員，因爲他們各司一職，這是法國執政委員會制的特點，委員會由五委員組成（委員由下議院推定雙倍額數的候選人而提經上議院決選而產生。每年改選一人，解職後的委員，在五年內不能再任）。委員輪流爲委員會的主席，每三月更換一次，委員會決議後，由國務員（六人或八人）分別執行，國務員是由執政委員會任免，而各司一職的人員（執政委員不兼國務員） 種制度的優點，在使執政委員會決定的政策，縱使在會議機關之內，而有一部分缺乏合作之人，而在執行時，亦不致發生障礙。瑞士是行政合議制施行最久而有成效的國家，其中央及各州的行政組織，都採用行政合議制，瑞士的聯邦委員會爲最高的行政機關，不因有元首而影響合議制的精神，委員七人，由議會上下兩院開聯合會選舉而出，任期三年，議會每年就委員七人中選定總統、副總統，任期一年，且不連任，總統職權對外代表委員會，對內爲委員會主席之外，與其他委員平等，由此而保全合議制的精神， 其次，聯邦委員會委員七人， 各爲主管一部的部長（與法國執政委員會不同）。各部部長對於各部事務，雖有取得若干單獨決定之權，但對於一切稍形重要的事件，均須由聯邦委員會決定。

一九一九年新憲法下的德國總統，由人民直接選舉，任期七年，得爲無限制的連選連任，其任期與法總統相同，德國不設副總統，如總統中途去職，即須選舉新總統，任期七年。衆議院得以三分之二的票決，暫停其總統的職權，人民又得繼衆院的行動，而以單純的大多數罷免權之，總統亦如總理及國務員，得由衆院在共和國最高法院彈劾之。總統的職權，甚爲繁頤，如任命並罷免共和國一切文武官吏，執行法律與維持公安，派遣並接受公使，締結條約（須得衆議院的同意），統率軍隊，執行特赦，決定在某種情形之下，衆院法令可否提交人民表決，憲法規定：凡總統的法令（如關於軍隊的法令亦在內）須經總理或某特定國務員的副署，方爲有效，因其副署，卽須負責。

內閣的主腦，爲國務總理，其地位如一般內閣制國家的總理，總理由總統指定，其餘國務員，則由總理簡選。然在法理上，則由總統任命，憲法規定，總理與所有國務員，均得列席衆議院及其委員會會議，得參與上議院及其委員會的議事，並得在兩機關內提議，又據憲法規定，內閣失去衆議院的信任，卽須解職，又規定，因衆院的提議，而予以調查及彈劾，議員五分之一卽得成立一調查會，有全權要求行政及司法機關予以證據，議員百人得要求衆院提出彈劾總統或任何國務員的問題，如有三分之二大多數贊成時，則其彈劾，卽在最高法院行之。

蘇俄的人民委員會，也是一種合議的行政機關，人民委員會的分子，大部分是兼管部務的，一部是不兼部務的。人民委員會的分子，雖無一定的任期，但每屆全俄蘇維埃大會集會後，新全俄中央執行委員會成立之時，莫不舉行人民委員會之新選舉，蘇聯聯邦人民委員會，由中央執行委員會選任，設正副主任各一人，其性質類似英法各國的內閣，聯邦蘇維埃大會及中央執行委員會均非常設機關，中央執行委員會幹部會，雖得於中央執行委員會指定之範圍內，執行政務，但單獨執行，頗多困難，須另置聯邦人民委員會，爲分科執行政務的常設機關，倘就形式言之，亦可謂中央執行委員會幹部會，有英法各國之大部立法權，而人民委員會，則有其大部行政權，但就實際言，人民委員會各部負責人，大部是共黨要人，其決議頗能左右中央執行委員會及其幹部會，在法律上，人民委員與英法各國的閣員相同，由中央執行委員會任命，並對之負責。

所以，人民委員會可分兩種：一是全聯邦的，一是聯合的，前者是全聯邦獨有的，後者是聯邦各共和國所共有的。全聯邦獨有的，因其在事業性質上及國家權益上，不容其分擁，計有九部：一外交人民委員部，二、陸海軍人民委員部，三、對外貿易人民委員部，四、陸上交通人民委員部，五、水上運輸人民委員部，六、郵電人民委員部，七、重工業人民委員部，八、林業人民委員部，九、國營農場人民委員部。其為各共和國所共有的人民委員會，則因其事業性質上無須集權於中央，俾各邦自由發展，較為有利，計有五部：一、國內糧食人民委員部，二、工農監察人民委員部，三、農業人民委員部，四、輕工業人民委員部，五、財政人民委員部，各部設人民委員長一人，設有幹事會，由人民委員會任命。其全聯邦的各部，任各共和國內，派有其所屬的全權代表，該代表於各該邦中央執行委員會解決某種問題時，有討論及決議之權，至聯合的各部，則在各共和國內，不另設分機關，同時各共和國亦派一常任代表於莫斯科以參與聯邦人民委員會，而擁護其本邦的利益，此外更附設有各種獨立委員會，如勞動國防委員會，國家設計委員會，國家政治保安局等。

第一次大戰後，歐洲的新國家，曾經注意到立法機關監督行政的問題，國會議員有質問內閣員的權力，國會又設立種種審查委員會，監督行政方面的一切事務。責任內閣制之下，國會議員之提出質問，審查委員會之設立，已成各國所通行的監督行政的方法，在歐美各舊有的國家，這種方法，大都實行於國會開會期間，但在各新國家，即使在國會閉會期內，仍有監督行政的方法，如：捷克國會有一個永久委員會，三分之二的委員是下議員，三分之一是上議員，其職務是於國會閉會期內，執行監督行政的職權，一九一九年後的德意志和普魯士，曾有同樣的長久委員會，行政機關，無時不在人民代表監督之中，以上都是各國行政機關的情形，演進的過程，以及有關於各國內閣制度之比較的敍述。

就中國古代的內閣來說，自有其特點，且與西方的內閣制有許多差異的地方，內閣二字，起於明代，然自秦代確立丞相制度，已樹內閣制的基礎。由各朝代的實際政治而推擴之，內閣的職務，在秦漢以相國，丞相，或三公掌理，在後漢以尚書掌理，在魏晉，以中書掌內閣的職務，六朝時代，門下省的侍中，已掌詔令機密，後魏即以門下掌內閣職務，其後內閣機構的趨向與發展，盛於唐時而顯立於明清。

秦滅六國，王綰李斯相繼為相，另設太尉主五兵，置御史大夫以貳於相，相而太尉，御史大夫，實為三公任，成了機要之位。西漢除太尉，御史大夫外，置丞相或相國，佐天子，事無不統，丞相的職權很重，武帝罷太尉，而改大司馬，成帝改御史大夫爲大司空，與大司馬祿比丞相，哀帝又改丞相爲大司徒，以三公之官，分掌機要。東漢光武，改大司徒爲司徒公，大司馬爲太尉公，大司空爲司空公，表面以三公通論大造大疑，實則機要之任，已由三公而歸台閣，卽是尚書。

魏晉以後，三公已成爲尊而不親之官，卽號爲眞宰相的尚書，又漸移其權於中書，自漢武帝以宦者爲中書，迄曹操爲魏王，置祕書令，典尚書奏事，魏文帝曹丕改爲中書，置監令，晉因之，均極親信，於是中書成了機要之位。晉代以尚書，中書，門下，並稱三省，南北朝並設有集書省及祕書省，南北朝時代，尚書之權更小，門下之權加重，侍中爲門下省長官，侍中本爲秦之丞相吏，使五人往來殿內東廂奏事，謂之侍中，漢無定員，入侍禁中，漸成親貴，元魏亦多以侍中輔政，世稱侍中黃門爲小宰相，政府機要，由中書移於門下侍中。隋唐間機要之位，分掌於三省，隋以尚書省之尚書令，門下省之納言，內史省之內史令，共議國政，三省始並重，內閣制度至唐代而大備，因爲唐代的尚書省，門下省，中書省，三省議事則集於政事堂，頗有近世內閣制的精神。此外，如殿中省，祕書省，內侍省，雖以省名，但只理帝室之事。

唐代自太宗以宰相品位崇高，不輕授人，每以他官居相職，而假以他名，如參議朝政，參議得失，參知政事之類，以後又必以左右僕射加同中書門下三品或平章事之銜，始爲眞宰相，尚書省乃漸兼有中書門下的職權。玄宗時，別置學士院，專掌內命，而有「內相」之稱，於是機要之位，由外相而移於學士院。代宗時復置樞密使，以宦官爲之，承受表奏，參與重要，甚至給以兵權。後梁改樞密院爲崇政院，改用士人，後唐莊宗命樞臣兼樞密使，其權更重。

宋代重君主獨裁，初仿唐制，以同平章事爲眞相，無定員。以參知政事爲副相，毗大政。參庶務。（因趙普爲相，欲置之副而難其名，乃仿唐例，以參知政事命之，不插班，不知印不升政事堂，敕尾著銜降宰相，不與趙普齊列。開寶六年，始詔謝居正，呂餘慶於都堂，與宰相同議政事，至道元年，詔宰相與參政輪班知印，同升政事堂，押敕齊銜，行則並馬。）同時，以天下財計，歸之鹽鐵，度支，戶部三司，置三司使以總之，位次執政，目爲計相。恩數廩祿，同於參樞。又別置中書禁中，是爲政事堂，而軍機密，則歸之樞密使，於是中書省與樞密院對掌文武大政，號稱二府。

神宗時，仍以二府爲相職，詔「中書省取旨，門下省覆奏，尚書省施行。」但三省長官如中書令，侍中，尚書令，以官高不除人，一方面以尚書省左僕射兼門下侍郎，以行侍中之職；他方面以右僕射兼中書侍郎，以行中書令之職，均爲宰相。至於尚書左右丞，及中書門下別置之兩侍郎，則爲參知政事之任。且在實際上門下省審之權已成虛設，中書專獨取旨，反成重要。而左右僕射，又屬之尚書，三省職權並不平衡。徽宗時，改左右僕射爲太宰少宰，仍兼兩省侍郎，靖康中，復改爲左右僕射。高宗時，左右僕射並加同中書門下平章事，廢尚書左右丞，改中書門下侍郎爲參知政事。孝宗又依漢制改左右僕射爲左右丞相，政又歸於丞相，寧宗時，韓侂胄以平章軍國事，權位在丞相之上。

遼、金機要之任，由宰相府而歸尚書省，遼之中樞制度，分北南兩面，而綜之於北南兩宰相府，府各設左右丞相，總知軍國事，知國事等官，但在南面朝官中，仿唐制，有中書門下尚書三省之制（安置漢人）金雖嘗建尚書省，而有三省之制，後只置尚書省。元位機要之位，廢門下尚書兩省，僅存中書省，並以樞院，御史台分其職權。

明初沿用代舊制，設中書省，置左右丞相及平章政事等官，其後中書省被廢，提高六部地位，分司國務。又洪武年間仿唐宋集賢資政等制設大學士，以掌翰林職爲主，備顧問，而未用以參國政，成祖時，以侍講、編修、檢討等，參預機務。成了政治的中樞，而有內閣之名，明史職官表：「洪武十五年，仿宋制，置華蓋殿，武英殿，文淵閣，東閣，諸大學士，又置文華殿大學士，以輔導太子，秩皆正五品，敕諭羣臣，國家罷丞相，設府部院寺，以分理庶務，立法至爲詳盡，以後嗣君其毋得議置丞相，臣下有奏請設立者，論以極刑。」

成祖特簡解縉胡廣等直文淵閣，參與機務，開閣臣預務之先，明史職官表：「成祖簡侍講編檢等官，參預機務（簡用無定員，）謂之內閣，然解縉，胡廣既直文淵閣，猶相繼署院事，至洪熙以後，楊士奇等加至師保，禮絕百僚，始不復署，正統七年翰林院落成，學士錢習禮不設楊士奇楊榮座，曰：『此非三公府也。』二楊以聞，乃命工部具椅案，禮部定位次，以內閣固翰林職也。嘉隆以前，文移關白，猶稱翰林院，以後則竟稱內閣矣。」當時之所謂入內閣，亦如內值之翰林，不置官屬，但曰「入閣辦事」「入閣預機務」，世宗以後，朝位班次，部列六部之上，儼然眞宰相，因避宰相之名，而稱內閣，明代內閣重在票擬，與前代各相職務不同，而其票擬，又須決於內監之批紅，相權最後歸之寺人，造成明代宦官之禍。

淸康熙時代，爲滿淸內閣的成立期，不過當時因有翰林院（掌制誥，以備顧問的機關），分去內閣職權之一部，雍正年間對西北用兵，而設立軍機處，專管軍事的機密，略似元代樞密院，後因軍機大臣，時在皇帝左右參贊機務，漸奪內閣之權，凡草擬上諭，參贊機密大權，均移入軍機處，內閣概不能參預。光緒二十七年又設會議政務處，以分軍機處的職權，除關於軍國大事外，普通政務方針，都由政務處審議，並加以處理，會議特旨交議事項，審議百官的條陳，審核各衙門的奏章。宣統三年淸廷頒佈十九條，採取各國通行的內閣制，以慶親王爲內閣總理。

中國內閣的職權，因人而變，向難固定，大抵表現其爲點檢題奏，票擬批答，起草詔令，兼通諮詢的一種祕書廳。淸代的內閣職務，以起草詔令爲閣員的重要職務。明淸兩代的內閣，很類似知制誥的翰林。淸代的軍機處雖可起草上諭，但依規定，「凡批內外臣工題本常事罰之旨，頒將年總督巡撫學政提督總兵官權稅使，謂之敕，皆由內閣撰擬以進。」其次，淸代內閣票擬批答，凡內外諸司的題奏到閣，內閣檢閱題奏的內容及方式，付以意見，用小票墨書貼各疏面以進；又關於官吏的任免進退，因等級的高下，事情的輕重，擬定辦法進呈。其三，又收發本章，對於中央各部院的題奏，以及地方長官的題奏，（經通政司轉達內閣）內閣加以檢閱，以進呈君主，君主國軍機大臣的評議，然後決定採否，除密行文件外，都發交內閣，再發送下達於各官廳。此外，如撰擬徽號諡號，保管御寶，纂修實錄史志諸書，其職權之不定，誠如歷代職官表卷二上所稱：「總之鈞衡近地，職掌密勿，其事權之關與不關，原不係乎宰相之名，而惟視乎人主之威柄，以爲操縱。」

中國內閣，制度的性質及其特點，可歸納於後：一內閣的組織和職權向不固定，有時非閣員也可以被委托執掌內閣的職務，有時因人事的關係，可以隨意縮小或擴大內閣的職權。二、英國政制之下的君主，並不是事實上的行政元首，內閣總理才是事實上的行政元首，英國的君主，在事實上有遷就內閣的習慣。美國的內閣，有服從大總統的義務，因為內閣的行為，從法律上說，都屬於大總統的行為，中國的宰相或內閣，一律須服從君主，內閣的地位與職權，很和美國相似，美國的閣員由大總統任免，閣員除與大總統會議機密，與他官吏無異，中國的閣員也由君主任免，宰相或閣員，除參預機密外，也如他種官吏，但就英國內閣在實際上為行政中樞地位而論，是中國的內閣所不能及的，因為中國的宰相或閣員，所執行的行政事務，都是君主的行政事務，不似英國閣員享有特殊的地位。三、美國閣員，都隸屬於大總統，都對大總統負責任，內閣閣員之間，沒有共同的政略，亦不負連帶的責任，中國的宰相或大學士，類似美國的閣員，宰相或大學士各自獨立，各以獨立的見解輔佐君主，不負所謂連帶的責任，在明清兩代，國家大事，交內閣九卿會議，大家仍可以獨立的意見上奏，這些實際情形，都類似美國的內閣，但和英國的內閣不同，因為英國的內閣，為合議制的團體閣員對於政策有連帶的責任。四、實施責任內閣制的國家，內因閣負有無條件的責任，對於君主或大總統違法或不利益的命令，便拒絕執行或拒絕副署因而不能發生效力，中國的宰相或大學士輔弼君主，以備君主的顧問，在法律上，未操有拒絕執行，或拒絕副署的特權，關於負責一事，也只是代君主負責，所以，中國的內閣是由君主隨意委任職掌機密，以對君主負任之輔弼及顧問的機構，後來又變成了祕書廳，點檢題奏，票擬批答，起草詔令，並備諮詢（如明清的內閣）。此外，中國的內閣為參與機要的一種祕密機關，凡政府中參與機密的大員，都可以稱做宰相，因此，後漢的尚書變成宰相曹魏時中書監令，變成宰相，元魏時，門下省的侍中，也變成了宰相，到了清代因對西北用兵而設軍需房，而改為軍機處，專管機密，於是軍機處，竟成了真正的內閣，因此，中國的內閣和歐美的內閣不同之另一點在於近代國家的閣議，大多採取公開的性質，而不似中國內閣的祕密性質。

第四節　其他行政機構

漢代的三公

尚書周官載，成王立三公，論道經邦；立三孤貳公弘化，六卿分職，（冢宰掌邦治，統百官，均四海；司徒掌邦教，敷五典，擾萬民；宗伯掌邦教，治神人，和上下；司馬掌邦政，統六師，平邦國；司寇掌邦禁，詰姦慝，刑暴亂；司空掌邦土，居四民，時地利），各率其職，以倡九牧，阜成兆民。

周禮更詳記天地春夏秋冬六官，其屬六十，總爲三百六十屬，此爲出於經古文家之說；至經今文家所稱天子三公九卿，二十七大夫八十一元士，縱非殷制，亦不盡爲周室，職官之眞，孟子答北宮錡，謂君一位，卿一位，大夫一位，上士一位，中士，下士一位，凡六等，天子之卿，受地視侯，大夫受地視伯，元士受地視子男，此說或較近事實，戰國官職，時有變遷，到了秦代周官，而漢又多依秦代舊制，便成了後世各代中央組織的導引，至於西漢的王莽，北周的宇文氏，北宋的徽宗，都曾一度仿古，但不久長。

建官之制莫備於周，而侯國之官，獨不詳於周禮，秋春之也，列邦官秩，雖或散見經傳，而其官名所繫，不無偏漏，亦不易綜其系統，至於戰國設官，更多變古，其定號往往異於三代，而導秦漢官制之先河，其重要過於春秋時代，就其大者言之，春秋之世，列國僭竊紛紜，或多更制，然於周初之法度，固未全忘，王制大國三卿，皆命於天子，以明大夫以下，皆其君自命，左傳管仲辭饗禮，稱：「有天子之二守國高在」，晉侯（景公孺）請於王，（定王瑜）命士會爲太傅，是爲卿命於天子之徵，晉鞏朔以上軍大夫獻捷於周，而王（定王瑜）曰：「鞏伯未有職司於王室」，是爲大夫不命於天子之徵。

命官之法，多依據周初而後漸有更易。例如：周室有宰，而魯之太宰，宋之太宰，齊之太宰，楚之太宰，吳之太宰，皆由此立名，鄭雖別號冢宰，固亦如宰，周有司徒，而魯之司徒，宋之司徒，晉之司徒，楚之司徒，鄭之司徒，衞之司徒，無不由此立名，周有宗伯，魯亦有宗伯，雖鄭曰宗人，宋晉不僅稱宗，固亦如宗伯，周有司馬，而魯之司馬晉之司馬，蔡之司馬，無不由此立名，宋楚雖加號大司馬，固亦如司馬。周有司寇，而魯之司寇，晉之司寇，齊之司寇，鄭之司寇，衛之司寇，無不由此立名，楚雖曰司敗，宋雖曰大司寇，固亦如司寇，周有司空，而魯之司空，鄭之司空，陳之司空，無不由此立名；宋雖曰司城，晉雖曰大司空，固仍如司空。其他如卜祝之官，樂舞之師，行人之司，地方縣大夫之秩，列國定名，大都相類，要皆依據周制而來。

其近於創異者，如魯之左宰，宋之右師，晉之三軍將佐，齊之左相，楚之令尹，均為一國之所特有。其時因接近戰國，變古之端漸作，自不能一一盡依周制，即周制之存在者，亦不能再垂於久遠，戰國諸侯之大者有七邦，先後稱王，不能無相，自春秋之末，正卿當國，已有相名，例如：子房為鄭相，公儀休為魯相，孔子攝行魯相事。戰國變古之風日烈，於秦日相，曰左右丞相，亦日相國，於齊魏稱相，於韓燕稱相國，於趙稱丞相，於楚稱上柱國，亦稱相國，大都轉相仿法，而均不用六官之號，其他各職，領軍如將軍，治地如縣官，並均自立名，不拘於周制，其後秦代統一，即摭拾之以定百司之號。

中國古代最高之官，要推師孤三公之位，師即太師太傅太保，不常置，漢代已有孤，即少師少傅少保，北周倣之，三即公太尉司徒司空，自漢以後，亦成尊而不親之官，置則以居元老，以表示師範一人，儀刑四海，論道經邦，燮理陰陽，其實際則係擇老病不任事，或依違不侵權者居之，但亦嘗有權臣據之以為榮，或藉之以作篡奪之階，師孤自明以後，僅為加官贈官之用，至於三公，元代或置或不置，明則全廢。

秦時，「中央官職最高者為丞相，太尉，御史大夫，太尉主五兵。丞相總百揆，又置御史大夫以貳於相」（通典卷十九），漢初改太尉為大司馬，初無王公之名，通典所謂「漢以丞相，大司馬，御史大夫為三公」，則為西漢末所定，漢初祇有丞相，尚非法定的官名，但一般人多沿襲習慣上的舊號，稱政府的最高官吏為「公」，成帝時，三公成了法定的官名，哀帝時，罷大司空，復御史大夫官後四歲又更之，復建三公官，漢書朱博傳「哀帝遂改丞相為大司徒，復置大司空，大司馬焉」。

到了東漢，三公制確定，漸變為論道備員之官，東漢三公官名與西漢不同，後漢書光武紀，「建武二十七年詔曰：「昔契作司徒，禹作司空，皆無大名，其令二府去大，又改大司馬爲太尉」」，靈帝復設大司馬官與太尉並置，至獻帝建安十三年又罷三公官，置丞相，御史大夫，從制度上看來，三公官與非三公官的差異很大，非三公之制，丞相總百揆，御史大夫爲丞相副貳，丞相爲政府中最高行政官吏，獨員一切政治責任，西漢丞相，爵爲列侯，秩石萬石，奉錢月六萬，而御史大夫僅秩中二千石（見漢書卷十九註），迨丞相變爲三公，由單獨的責任制，改爲三人聯同的責任制，使制度上起一大變化，「成帝改御史大夫爲司空，與大司馬，丞相，是爲三公，皆宰相也，哀帝改丞相爲大司徒，亦爲宰相」（通典卷十九），「御史大夫爲大司空，封爲列侯，益大司馬大司空奉如丞相」。（漢書成帝紀）

三公爵皆列侯，其奉月錢六萬，三公之秩，年皆萬石，東漢三公，又分部九卿，每公轄隸三卿，「太尉公主天（部太常，衞尉，光祿勳）司徒公主人（部太僕，鴻臚，廷尉），司空公主地（部宗正，少府，司農），而分部九卿」，（通典卷二十）在漢初未建三公制時，丞相總領政務，太尉主兵，兩方尊榮相等，唯職責不同，西漢的太尉，與丞相的秩，都超過御史大夫（秩中二千石），而實際政務，則由丞相及其副手御史大夫共同掌理，凡選舉，按吏，捕盜賊，全由二府共管，西漢末年，哀帝時，丞相御史仍爲執政大臣，及建之公官，九卿猶不分隸，至於三公分轄九卿，實爲東漢制度，東漢的三公位爵已尊，然實際政權甚少，國事多由皇帝的近臣尚書辦理，三公備員而已。

馬端臨文獻通考稱：「自後漢時雖置三公，而事歸台閣（台閣卽尙書）尙書始爲機衡之任，然當時尙書不過預聞國政，未嘗盡奪三公之權也」，光武雖不任三公，尙未盡奪其職權，漢明帝時，凡爲三公而不錄尙書事，則不能預聞國政，馴致三公不得劾近臣（楊秉劾侯覽，尙書詔爲越奏），三公不預聞選舉（呂強請選舉但任尙書）尙書更成中樞機要的地位，所謂：「總典紀綱，無所不統，出納王命，敷奏萬機，政令之所由宣，選舉之所由定，罪罰之所由正，內外所折衷，遠近所稟仰。」

尙書之外，別有三公，魏、晉、宋、齊、梁、陳、後魏、北齊，均以太尉司徒司空當之，後周以太師太傅太保當之，徒有其名而已。晉時又有八公之制，三公之外，加以太宰（即太師，避司馬師諱，故稱宰）太傅，太保，大司馬，大將軍，是謂八公，然特假以名號，不必盡知國政，後至梁陳，太宰太尉，司空大司馬諸官，廢置無常，其爲之者，亦必錄尚書事及中書監令者，始能參預機密，已非宰相之任。

三公的職權範圍，據韓詩外傳：「夫三公之得者何，曰：司馬司空司徒也，司馬主天，司空主土，司徒主人，故陰陽不和，四時不節，星辰失度，災變非常，則責之司馬，山陵崩弛川谷不通，五穀不植，草木不茂，則責之司空，人道不和，國多盜賊，民怨其上，則責之司徒，故三公典其職，憂其分，舉其辦，明其得，此之謂三公之事」，（續漢志卷二四註）三公的職權廣泛而不固定，實際上僅坐而論道，空洞無權，在表面上則天子對之亦如敬禮，朝臣見三公皆拜。三公權貴相等，對國事負共同的責任，遇有大事，合議行之，三公多由九卿升任，遇有災變，三公同時策免，成帝時已有因天地災變策免大臣之事，（漢書成帝紀：「建始四年，御史大夫尹忠，以河決不憂職，自殺」）至安帝策免太尉徐防，漸成定制。

趙翼廿二史劄記卷二稱：「案同官三公之職，本以論道經邦，燮理陰陽爲務，漢初猶重此說，陳平謂文帝曰：『宰相者，上佐天子，理陰陽，順四時，遂萬物之宜者也。』丙吉問牛喘，以爲三公調和陰陽，今方春，少陽用事，未可大熱，恐牛因暑而喘，則時節失氣，有所傷害，魏相亦奏：『臣備位宰相，陰陽未和，災害未息，咎在臣等。』是漢時三公官，猶知以調和陰陽，引爲己職，因而遇有災異，遂有策免三公之制。徐防傳「防爲太尉，與張禹參錄尚書事，後以災異寇賊，策免三公，以災異策免，自防始也」。然薛宣爲丞相，成帝州曰：『災異數見，比歲不登，百姓飢饉，盜賊並興，君爲丞相，無以帥示四方，其上丞相印綬罷歸』，是防之先，已有此制。 如淳漢書註：『謂天文大變，天下大禍則使侍中以上，尊養牛賜丞相，策告殃咎，丞相即日自殺』，則幷有不止策免者矣，亦有不待免而自劾者，如元帝永光元年，春霜，夏寒，日青無光，丞相于定國，自劾歸侯印，乞骸骨，明帝永平十三年，日蝕，三公免冠自劾是也。

「蓋西漢三公之官，無所不統，觀安帝詔，謂三司之職，內外是監。順帝詔，謂刺史二千石之選，歸任三司，此雖東漢之詔，而職任實，自西京可見選用牧守，舉劾奸邪，皆三公之責。朱浮傳，漢故事，刺史奏二千石不任職者事先下三公，三公遣椽吏案實，然後黜退。武帝又置丞相司直，助丞相舉不法者，如鮑宣爲冀州牧，司直奏宣舉錯煩苛，代二千石署吏，又王商爲丞相，有瑯琊太守，楊肜，其郡有災十四以上，商部屬案實，商遂奏免肜官，此可見西漢三公之任也。自光武躬親吏事，三府任輕，機事轉委尚書（陳忠傳）其刺史劾二千石，亦不復下三公，而操歸刺舉之吏，故朱浮謂帝以使者爲腹心，使者以從事爲耳目，是謂尚書之平，決於百石之吏（浮傳）。

「自和安以後，女后臨朝，外戚輔政，三公之任益輕，如鄧彪年老，竇太后兄憲，以其柔和易利，讓彪爲太傅，錄尚書事，而憲實握事權，有所施爲，外令彪奏，內白太后，事無不從，是錄尚書事者，且聽命於戚臣矣，三公之輕如此，而策免三公，則沿爲故事，此實非事理之平，故陳忠以爲非國體，而仲長統謂光武雖置三公，權歸台閣（謂尚書也），然政有不理，猶加譴責（如韓歆、歐陽歙、戴涉等先後爲司徒，皆坐事死）以後則權移外戚之家，寵被近習之豎，及至災異屢見，反以策讓三公，至於死免，往者任之重而責之輕，今者任之輕而責之重，此兩漢三公輕重不同之大概也。」

漢代的太傅

太傅古官，秦制無之，史記商君傳：「刑其傅，黥其師」，這種師傅，是太子的教師。上公的太傅，爲皇帝的導師，漢代所置，漢書百官表：「太傅古官高后元年初置，金印紫綬，後省，八年復置，後省，哀帝元壽二年復置，位在三公上，西漢末年平帝時，太傅成爲四輔之一，文獻通考卷四八三公總敘：「王莽居攝，置四輔官，（原註：以太師太傅國師國將爲四輔位上公）」漢書平帝紀註，則以太傅、太師、太保、少傅爲四輔，四輔位皆上公，及至東漢，太傅官仍存，尊榮遠過西漢，自光武以下每帝即位，皆置太傅一人，續漢志卷二四百官志：「太傅上公一人：……世祖以卓茂爲太傅，薨，因省，其後每帝即位，輒置太傅錄尚書事，薨輒省東漢僅桓帝一朝未置太傅。通考卷四八：「桓帝踐祚，已加元服，不復置傅，但令太尉胡廣，司徒趙戒領尚書事。」太傅在王莽時爲四輔之一，平帝時，則與太師太保，列爲三師，秦及漢初，皆無太師太保，東漢亦如之，四輔官隨王莽而興廢，通考：「董卓盜爲太師，非漢本制。」太保制在東漢踪跡滅絕，永未復設。三師或四輔類似宮官，三公則爲府官，宮官居宮廷，爲皇人個人的輔導，三公負政治責任，爲政府要職，有「入爲四輔，出備三公」之稱，四輔的太師居闕廷，三公的大司徒居官府，列侯則食國邑，太師輔導皇帝，輔導皇帝的三師，其責任繁重，多有關於皇帝的品行等，而不担負實際政治責任。閻式疏曰：「漢晉故事，惟太尉大司馬執兵，太尉太保，父兄之官，論道之職。」（晉書索註李雄傳）

漢初的太傅，位高而無實權，對於元老重臣升之爲太傅，以剝奪其實權，漢書王陵傳，陵爲丞相，阻呂后封王諸呂，高后大怒，「迺遷爲帝太傅，實奪之權，陵怒謝病免」，位居上公的太傅，反不如丞相權重，到了東漢，太傅的尊榮日加，仍無實際職權，臣僚見君皆北面，太傅進見東閤（東面爲尊敬賓客的禮節）皇帝以賓客視之，太傅是宮官，在禁內辦公，但不負政治責任，東漢災異，策免三公而不聞策免太傅，東漢多以三公中的德望素著者升任，間亦有非公卿而任太傅者，（如漢和帝時的鄧彪），通考卷四八所載兩漢的太保太師，皆不見官屬，唯東漢太傅有官屬。東漢無太師，官職中以太傅最尊，董卓嘗自任太師，位太傅上。

漢代的尚書台

漢因秦制，置尚書，秦漢的尚書，士人多以台官稱之，尚書謂中台，謁者謂外台，御史謂憲台，謂之三台，尚書在秦漢皆屬少府，初僅爲少府官吏，在皇帝左右掌文書，武帝以宦者充之，名爲中書謁者令，後復舊名，職權漸重，東漢時，成爲總理國政的機關，代替秦代以及漢初的丞相職權，通考卷五一：「秦時少府遣吏四人，在殿中主法書，故謂之尚書，尚猶主也，漢承秦制，及武帝游宴後庭，始用宦者主中書，以司馬遷主之，中間遂罷其官，以爲中書之職，至成帝建始四年，罷中書宦者，又置尚書五人，一人爲僕射，四人分四曹，通掌圖書祕記，章奏之事，及封奏，宣示內外而已，其任猶輕，至後漢則爲優重。

尚書的職務，在西漢中葉後，已漸重大，（如元帝時，石顯爲中書令），西漢末，重建三公官，使丞相的統一職權分化爲三，互不相統轄，尚書因係皇帝近臣，主管詔令，漸成實際的總理機關，加之，東漢光武帝不信任大臣，而獨攬大權，尚書更成重臣，尚書的職權增加，員吏也加多，自成帝置尚書五人，至東漢就形成尚書台的龐大組織，更變而爲尚書省，漢武帝以宦者任尚書職務，名爲「中書謁者令」，其職務仍是士人所任的尚書職權，士人充任則爲尚書，宦者充之則名中書。

兩漢大臣多有領尚書事如：尚書事，或平尚 書事的職權，多係公卿兼任，而非公卿眞充尚書官職，因尚書所有職務須與皇帝參決，有時皇帝年幼，或因其他特殊關係而不能決定尚書的皇奏時，卽命德高望重的大臣領祿尚書事，使大臣藉此特權參與尚書的職務，助皇帝行事，這種領祿尚書事的官職，類似皇帝的高等顧問，或代理人，同時，尚書台的一切官職，也並不受影響而有所廢除，仍有尚書令或中書令等職，如漢書霍光傳，先以大將軍領尚書事，而尚書令依然存在。

尚書的職務是出納王命，輔佐天子，批閱章奏，任署官吏，爲皇帝喉舌之官，尚書可折發章奏，台中留有詔命底本，羣臣奏章，由尚書閱讀，漢書魏相傳：「故事，諸上書者，皆有二封，署其一曰副，領尚書者先發副封，所言不善，屏去不奏」，（羣臣奏事，尚書可在皇帝左右旁聽，尚書可以質問大臣。並可因大臣所言不善，加以彈劾，有時尚書不直接責問尊顯的大臣，而責問其僚屬，尚書主選署，掌任命典選舉，皇帝詔命由尚書轉發，但尚書很少直接向地方下詔命，尚書審閱章奏須依據法令及故事，所以尚書多明習法令，尚書台存有圖籍律令，東漢實行三公制，各不相統，更使尚書權重，東漢的尚書台，卽是秦代以及漢初的丞相，權勢重於三公，朝會時，尚書令與御史中丞，司隸校尉，都係專席獨立「京師號曰三獨坐，言其尊重如此」（全後漢文卷三四，應劭漢官儀）。

尚書台的織織，初很簡單，東漢規模漸湍，尚書令本秦官，武帝用宦者，更名中書，謁者令。成帝用士人後舊名，秩二千石，掌選署及奏下尚書文書衆事，若公充任，則增秩進位，有時皇帝特恩，非公亦增秩，尚書僕射一人，秩六百石，亦是秦宮，成帝置尚書五人，一人爲僕射，署尚書事，令不在則奏下衆事，至獻帝建安四年，分僕射爲左右二人，僕射秩本六百名，若公充任則加秩，此外尚書的屬員，兩漢微有不同，所分曹名及數目，各書記載亦異。

東漢的尚書有六曹，「後漢以六曹尚書，並命僕二人謂之八座」，（通考卷五二）尚書丞，秦置一人，「掌錄文書期會，左丞主吏民章報及騶伯史；右丞，假署印綬及紙筆墨諸財用庫藏」（續漢志卷二六）應劭漢官儀說：「尚書令左丞，總領綱紀，無所不統。僕射，右丞掌廩假錢穀，左右丞各四有石，遷御史，左右丞久次郎補也。」尚書郎，西漢置四人，東漢有尚書侍郎三十六人，秩各六百石，每曹六人，主作文書起草，初入台，只稱尚書郎，令史十八人，秩皆二百石，每曹三人，後增劇三人，共爲二十一人。

九卿

秦漢三公九卿，置有椽屬，分曹治事，其署通稱曰府，御史中丞及尚書謁者，等都在公閣治事，其署通稱四台，晉以尚書，中書，門下，都設在禁中，因諱禁爲省（漢孝元皇后父名禁，故改禁中爲省中），遂稱其署曰省，北齊又以九卿之署，稱之曰寺，北周設軍器監，自是又以監爲名，隨代確定六部之制，部之之名稱，始歸確定，唐有學士院，院始爲官署之稱，宋有制置三司條例司，司又爲獨立機關之稱。

九卿之卿，盛方秦漢，衰於宋元，變於明清，秦代除丞相，御史大夫，太尉外，事務之官，重要者有九，奉常，掌宗廟，禮儀；郎中令，掌宮殿掖門；衞尉，掌門衞屯兵；太僕，掌輿馬；廷尉，掌刑辟；典客，掌諸歸義蠻，宗正，掌親屬，治粟內史，掌穀貨，少府，掌山海池澤之稅，以供給養，漢代以太常，光祿勳，衞尉太僕，大鴻臚，宗正，大司農，少府，謂之九寺大卿，後漢九卿而分屬三司，即以太尉統轄太常，光祿勳，衞尉；司徒統轄太僕，廷尉，大鴻臚，司空統轄宗正，大司農，少府，九卿秩皆中二千石。

太常卿是秦官的奉常，通典稱漢祠亦名太常，惠帝改為奉常，景帝復名之為太常，建安中復為奉常，太常是掌宗廟禮儀的官，太常的屬官，有太樂，太祝，太宰，太史，太卜，太醫等六令丞，太史令即司馬遷所做的太史公，後改為令掌記天時，星曆，瑞應，災異等等，光祿勳，在秦代名郎中令，統轄郎內諸官，武帝太初元年改名光祿勳，後漢亦名光祿勳，建安末嘗改為郎中令，光祿勳居禁中，宮外有屬獄名光祿外部，光祿勳的職務是「掌殿掖門戶」，秦漢時代都是如此，光祿勳因為掌守宮門，極易接近宮廷，所以光祿勳及其所屬的光祿大夫，多質加「給事中」，成為皇帝的近臣，光祿勳的屬員更多，統轄諸大夫，三署郎，謁者，「郎」所掌是衛士職務，升遷即為官吏，因接近皇帝，而由郎出身的官吏在兩漢甚多，因此，郎亦成仕途之一。

衛尉為秦官，景帝更命中大夫令，後又復名衛尉，王莽改名太尉，東漢復名衛尉，其職務不外統轄衛士，衛護宮門內，衛尉寺郎在宮內。太僕為左官，秦漢有之，王莽更名太御，東漢復名太僕，太僕掌皇帝的車馬，廷尉本秦官，景帝中六年，更名大理，武帝建元四年復名廷尉，建安中仍名大理，廷尉掌刑辟，是政府的司法機關，廷尉執法判罪，皇帝亦得聽從，又是地方的上訴機關，判決可作成法律，遇有重獄，皇帝臨時派人與廷尉會審。太鴻臚在秦代名典客，景帝十六年，更名大行令，武帝太初元年，更名太鴻臚，東漢如之，成帝河平元年，曾將「典屬國」歸併於大鴻臚，自成帝後不復置典屬國，大鴻臚類似禮官，外交官掌管歸降的蠻夷，宗正為秦官，漢平帝元始四年更名宗伯，東漢亦名宗正，宗正為管理皇族皇親的官，外籍及皇新的宮籍，皆歸宗正管理。

大司農，秦名治粟內史，景帝後元年更名大農令，武帝太初元年，又名大司農，王莽改名義和，又改為納言，東漢復為大司農，大司農為政府的財務官，掌管錢貨糧谷，凡徵發錢糧，蠲免租稅，及國家償賜，皆由大司農掌管，少府為秦官，兩漢仍舊名，王莽改名共工，與大司農同為財政官，但大司農所管者為國家財貨，少府所掌者，供給皇帝個人的奉養，兩漢少府最重要的屬官是尚書，尚書在東漢發展成實際的丞相，仍是少府屬員，少府第二重要屬官，是御史官中丞，東漢少府的職權較西漢尤大，御史中丞已屬少府，待中，中常待亦屬少府。

九卿列職，秦漢最重，三國不發其制，晉宋齊因之梁武帝衍時，以太常卿加置宗正卿，以大司農爲司農卿三卿是爲春卿，加置太府卿，以少府爲少府卿，加置太僕卿，三卿是爲夏卿，以衛卿爲衛尉卿，廷尉爲廷，尉卿將作大匠爲大匠卿，三卿是爲秋卿，光祿勳是爲光祿卿，大鴻臚是爲鴻臚卿，都水使者爲大舟卿，三卿是爲冬卿，凡十二卿，後魏又以太常，光祿，衛尉，謂之三卿；太僕，廷尉，大鴻臚，宗正，大司農，少府，謂之六卿，北齊以太常，光祿、衛尉、宗正、太僕、大理、鴻臚、司農、太府、合爲九寺。後魏之世，九卿亦號九寺，非官寺連稱，官寺連稱自北齊始，後周遠師周制，置三公三孤，以爲論道之官，次置六卿，以分司庶務，于是九卿七名廢，而其事全隸于六卿，然年代短促，人情相習已久，不能華其視聽，至隨而廢，

北齊改廷尉爲大理，以太府易少府，稱其官署曰寺，九寺之名始于此，隋唐因之，九卿之設，隋唐不降變然自魏晉以迄隋唐，九卿職務既多分化，另自成署，（隋之國子寺，係從太常寺中分出）省監機關依次成立，各爲重要，（如晉有中書門下尚書三省：而北朝又加以集書省；梁與北齊更增以祕書省；隋廢集書省，而加以內侍省，共五省，湯帝時，改內侍省爲長秋監，但又加以殿內省，亦五省，唐改殿內省爲殿中省，祕書內侍更存，合中書、門下、尚書三省，共六省，宋則加以入內省、門下又有門下後省之設，其數又在六類以上。）而六部尚書分職司理家務，九卿雖在，已漸失秦漢之省。

五代雖亦有九寺之設，至宋時，則以爲命官之品秩，而無職事，正豐正名始有職掌，南渡以後，九寺多有罷者，除太常，大理不罷外，宗正以太常兼，而衛尉，太僕併兵部，太府司農併戶部、光祿、鴻臚併禮部，後雖復置宗正、太府，司農，九卿之職，固已不全，且視之亦弗復如漢時之重，遼無太府寺，光祿寺稱崇祿寺，金有太宗正府，無宗正寺，司農改司，太府改監，衛尉改司，所存者只太常寺與大理寺，元以院爲貴，太常寺陞爲太常禮儀院，光祿寺歸於宣徽院，昔之九卿署以寺稱者，僅一太僕寺，然仍分鞍轡之掌爲尚乘寺，明、清、九寺中，僅存大理、太常，光祿、太僕、鴻臚五寺，明之所謂九卿，除六部尚書，都察院都御史，通政司使外，只大理寺卿一人加入而已。

六部

六部之職起於兩漢；定於隋唐，而變於清末。六部在隋唐以前，論其事，則屬於九卿之職，論其名，則出於六曹之變，因六曹的職務，日有擴大，九卿的地位便日低微。漢成帝時，尚書僕射之下，置尚書四人，分任曹事，一、尚侍曹，主公卿事；二、二千石曹，主郡國二千石事；三、民曹，主吏民上書事，四、客曹，主外國夷狄事，五、其時尚有三公曹，主斷獄，是爲五曹，東漢光武改爲六曹，究何所指爲說不一，因當時尚書雖有曹名自非顯著。

魏晉列朝尚書或五或六不定（魏有吏部左氏，客曹，五兵，度支，五曹尚書；晉初有吏部，三公，客曹，駕部，屯田，度支，六曹尚書，江左，又爲吏部，祠部，五兵，左民，度支，五曹尚書），而祀部尚書則與右僕通職，以右僕射攝之，若僕射闕則又以祀部尚書攝知右事，此時不僅尚書分曹，即尚書郎亦分曹，魏有二十五曹，晉有三十五曹，晉末餘十五曹，是爲後世各部分司的起源，南北朝，宋齊梁陳，均以左僕射領殿中主客兩尚書郎曹，右僕射與祀部尚書通官，不俱置；起部尚書若營宗廟宮室則置，無事則省，其他吏部尚書等各領有一定的尚書郎曹，所以系統頗爲分明。

北齊有吏部，殿中，祠部，五兵，都官，度支，六尚書，分領二十八曹，隋代屢經變遷，而影響於後世者，改曹爲司，改五兵爲兵部，改都官爲刑部，改度支爲戶部，改祠部爲禮部，無殿中而設以工部合及吏部，幾六尚書；而以領六部之始，唐六部尚書同隋，部分四曹，郎中主之，然隋唐雖有六部尚書，非即六部各設尚書，所以吏部尚書之下仍有吏部曹名，戶部尚書之下，仍有戶部曹名，他亦如之，宋代始爲名，尚書之長官，曹名止存十八，較前代減少其六，遼之總官職中有六部之實，無六部之名，由南北府宰相總之，金亦設有六部僅以員分務，無曹司專名，元廢尚書省，以六部歸於中書省各部所屬機關固多，而其內部亦未分設曹司，且每部尚書額數爲三，異於前代，明代廢中書省，六部始各獨立，每部設尚書一人，左右侍郎各一人統各吏司，清代增設滿員，清末改制，各部迭有併置，六部之名遂廢，除吏部併入內閣，禮部改爲典禮院外，戶部分爲民政部及度支部，兵部改爲陸軍部，刑部改爲法部、工部改爲農工商部，原來之理藩院，改稱理藩部，總理各國事務衙門，改稱外交部，又增設學部，郵傳部，最後還存九部。

第二章　中央政治中之立法與司法

第一節　古代立法與選舉制度

西方古代的希臘羅馬，早已有立法機構的組織，希臘行使最高權力的國民大會，是由人民直接組織起來的。雅典時代每年選舉執政官（Archon）九人，又有元老會議（Council of Areopagus），以治國事，漸進而有四百人會議。在梭崙（Solon）和庇西斯拉圖（Pisistratus）之後，雅典分爲若干區，配合於十個部落（Tribe）之下，廢掉原先所畫分的界限（以前畫分爲山地人民，海濱人民，平原人民）。每部落憑「抬鬮法」產生五十人，十部落共出五百人組成新議會，爲人民的代表，分一年爲十期，各組之五十人組成新議會，輪値議政，稱爲普賴退因（Trytanes）。其初國民大會每年舉行一次，後來每年舉行常會四次，分別審查行政財政宗教外交，遇有急事，並可召集特別會談。每部落又選出代表一人，共十人，與執政官九人管理軍事及外交；至於分配民衆法庭案件等事，依然由執政官任之，人民並選審判員（Dicast）審判案件；人民更可於選任官吏外，以貝殼彈劾法（Ostracism）放逐官吏。白爾克（Bruker）說：「雅典人不但知道代表制，並且知道比較代表制；不但有議會的選舉，制並且有一年一次的選舉制；因爲市議會是每年選舉的。」雅典的市議會是由市區選舉，其市區好像近代的地方選舉區一樣，

羅馬的政度，可分爲三大時期，最初是君主時期（700—500B.C.），有間接民選的君主，有元老院，有衆族會議（Cam Curiata）以產生君主，又有百人級會議（Comitia Cen uriata），平民無可參與。第二是共和時期（約500B.C. 或 510—31B.C.），貴族與平民起伏爭權，遂二百年，結果兩級同化爲國民，當時重要的政治組織有執政官兩位，替代初期的君主，每年由百人會議推選而得其統治權（Imperium）於衆族會

議，百人級會議和衆族會議雖仍存在，但實際治權均集於元老院，（尤其是在509—201B.C.時代，）後來平民漸漸趨向革命，元老院不得不讓步，遂設立護民官（由平民選舉）二人，漸增至十人。平民議會（Concilium plebis），全由平民組成，後又改設國民會議（Comilium Tributa）。三爲帝政時期（31B.C.—476A.D.），自紀元前二世紀中向外發展，逐漸脫離共和政治，結果由疆土的擴張，與權力的集中，展開了帝國時期，但共和的原則，往往繼續綿延。

日耳曼民族的觀念，亦與希臘羅馬相同，凡屬一族之人，必須參與政治事務，年高德劭者，發言有力，一般平民，不得輕易發言，所以，各種議案都由幾個酋長預先提出，在酋長會議中討論商決，然後提交大會表決，人民大會開會時，羣衆攜帶軍器，聽取辯論，以呼喝爲允諾的表示，以軍器相觸爲否決的表示，這種制度的重心，建築在賢能人才所支持的政治之上。中世紀的議會，最重要的職務，在於同意國王的增收租稅，因爲當時商業發達的結果，使貨幣的價值低落，加之，又受十字軍東徵的影響，使國家的費用，一天天增加，議會制度，便應時而起。其或因重在國王爲了救濟王室財產的困難，而願推進這種制度，其初固非人民爲了自由而要求設立這種制度。十五世紀以後，由「爲徵稅而設的議會」，逐漸變成「爲立法而設的議會」，並且享有法律的議決權，成了監督行政保障人民權利的組織。

自歐洲的中世紀以來，英國有 Parliament，法國有 Estategéniraux，德意志諸邦有 Landtag，西班牙有Caris，其性質大概相似，均爲一種代表當時各階級（Estate）的團體。當時歐洲諸國正在封建時代，國王對內對外的設施，事實上須取得僧侶貴族及資產階級的援助，尤其是關於財政的援助，所以國王時常召集這三階級的代表，要求他們「給予援助與意見」。（To give and counsal）。英人稱議會爲 Parliament，此字源於拉丁字的（一）areiamxntum，係討論之意，此字和法文中 Parlement 相當。十三世紀，英國各階級代表會議誕生，以此字爲會議的名稱，當英格蘭議會產生之初，法國也在一三〇二年有由貴族僧侶及平民代表合組的等級會議（Estates-généraux），和英國的議會相似，到了十六，十七世紀王權膨脹的時代，這種會議竟銷聲斂跡了一百七十五年（自一六一四——一七八九），而英國的議會制度，却未嘗中斷。十八，十九世紀以來，除匈牙利的議會制度有其固定的歷史之外，各國大都直接或間接採仿英國的議會制度，英格蘭議會制度，成了近代議會制度的淵源。

至於英國議會的發展，可分幾個時代：第一時代，爲其產生及幼年時期，約自十三世紀中葉至十五世紀中葉，本來在一〇六六年羅曼人（Normans）征服英國以前的安格魯撒遜時代（Anglo-Saxon Period），英國的民治制度，早已建立兩大基礎：一則爲民衆會議（Folkmoot）由各地方區域的居民或居民代表組織，以處理本地方的公共行政事宜；一則爲中央方面的哲人會議（Witenagemot），在國王立法或執行重大事宜時，即由國王召集社會勢力的代表。羅曼人征服英格蘭後，仍繼續恢復古習慣上的勢力。

一五一二年大憲章（Magna Charta）頒布，規定國王如增課特別租稅。務須得貴族及僧侶所組織的機關之同意。這種組織，卽是貴族會議（Magnum、Concilium Council of magnates），後來成爲英國的貴族院。一二五四年英王亨利使英國各郡（county），亦各選代表二人與僧侶貴族共同討論課稅事宜（英王希望獲得全國富室之助），於是有了平民代表（卽各郡代表）與貴族僧侶合組的議會團體，形成英格蘭議會的新紀元。一二六五年，英之各市亦選舉代表參加。一二九五年由英王愛德華召集的議會，後稱模範議會（Mader parliament），亦由僧侶貴族及平民代表（郡市代表）三個階級而成。一三三二年由合組的一院而由僧侶貴族另合成一院，是爲貴族院，郡市代表自成一院，是爲衆議院，具備兩院制的形式。

英國議會在第一時期還無眞正的立法權，對於立法事宜，僅得以請願的形式，請求國王自行制定法律，初無自行通過法律請求國王裁可之權，而議會的重要職務，却在對於國王增課租稅事宜，行使其同意或不同意之權。第二時期，爲國王與議會互爭雄長的時期，約自十五世紀中葉至一六八八年，在此期內，國王既想宰制政權，而議會又力與之抗爭，十七世紀兩次革命後，議會得以確定其威權。自亨利第六朝（一四二二——一四六二）之末，議會職權，已有改變，已開始自行議決完全的法律案，提交國王，請其裁可，議會由課稅同意權的掌執，得了眞正的立法權。第三時期是議會權力鞏固的時代（自一六八八至一八三二）。一六八八年的權利宣言（Bill Yrights），更確定了議會對於課稅及立法兩方面的權利。當時議會很有腐化的傾向（如選舉舞弊及受賄等），但議會的權力較前鞏固，英國的責任內閣制，無脫胎於此時。

第四時期，自一八三二年以後爲逐漸充衆議院選舉權，逐漸改善選舉法，以及逐漸擴大衆議院職權的時代，一八三二年的衆議院新選舉法（The Reform Act 1832）擴充各市市民的選舉權，一八六七年與一八八四年的衆議院選舉法，擴充各郡人民的選舉權，一九一八年的衆議院選舉法（The Representation of People Act 1918）擴充一般人民的選舉權，並給女子以選舉權，一九一一年的議會法（The Porliament Act 1911）承認一切財政法案⑭，凡經衆議院議決者，非得衆議院的同意，貴族院無修改之權，即其他重要法案（Fullic Bells），倘經衆議院在兩年內繼續通過之項，貴族院亦無否決之權，衆議院的權限，大爲擴充，而貴族院權限，大爲減縮，使英國議會的中心權力完全移於衆議院。所以英國議會雖是各國議會的先驅，然英國議會的演進，由一種租稅討議機關而成爲一種立法機關，由貴族僧侶團體而成爲國民代表的機關；英國衆院並由選舉權很狹小的民選機關，而進爲選舉權普及的民選機關，英國議會的兩院制由貴族院的權大，演變而爲衆議院權大的局面。

十九世紀以來，各國議會的組成，多爲兩院制，採用一院制者甚少。一院制係以一個單一團體行使議院職權，而兩院制卽以議會職權委於兩個團體所組成的複合體。一爲下議院（或稱第一院，）一爲上議院（或稱第二院，）兩院制所以肇始於英國，一爲階級的原因，一爲歷史的要因，十八、十九世紀以來各國多採用兩院制，一由於模倣，一基於其政治理想的實現（如美國一七八九年聯邦憲法之開始採用兩院制）。就近代議會全體的職權來說，可分爲三方面：一則爲立法權，卽議決法律案之權。議會行使其立法權時，依三種程序（一爲法律案的提出，二爲法律案在各院的討論，三爲兩院的協議。）二則爲監督權，卽議會監督行政機關或司法機關的職權。在行議會內閣制的國家，議會監督行政機關的職務較大，其最著者，爲議會對於內閣投不信任票之權，在不行議會內閣制的國家，如美國，其議會監督行政機關之權較小，就監督權中的質問權來說，議會議員對於行政事體得以書面或言詞，向政府提出質問，要求答覆，以探詢行政事件而表現其監督行政的作用。就監督權中的審查權來說：即議會對於行政及司法機關之設施，大都享有一種調查審核之權，對於行政及司法機關之違法或失職等事件，尙得組織審查委員會以審查之，審查後，凡需要法律之補助者，則以立法手段補救之。需要其他補救者，則以他種手段補救之（如：投不信任票）。英國的審查委員會，還有傳喚人民以搜集證據之權。就監督權中的受理請願權來說，議會以此種權力監督政府，但遇人民受行政官吏或其他官吏的苛待，或對於行政司法等機關的設施而不滿意時，亦可向議會提出請願，以圖抵抗。就監督權中的建設權來說，即議會各院對於行政或其他事件，得向政府提出建議之權。

就議會監察權中的彈劾權來說，彈劾制度，亦肇端於英國。各國憲法的規定，各有不同。美國憲法只認議會的彈劾（Impeachment），適用於犯罪行爲；法國憲法認議會的彈劾，只能適用於與職務有關的犯罪行爲；德國新憲法只認議會對於一切違反憲法或法律的行爲，得以提出彈劾。大概各國都只以適用於一切違法行爲，至於政策上處分的失當，則不能適用彈劾手續，因爲在採用議會內閣制度的國家，行政機關的政策，如經議會認爲失當，議會尙可行使其不信任投票權，使之去職，而在不採議會內閣制的國家，行政機關的行政政策，本不受議會的支配，若許議會對於政策可以彈劾則成爲理論上矛盾之點。此外在行議會內閣制的國家，議會對於國務員全體，或國務員個人不能信任時，得以不信任的投票，促其去職，不信任案對於內閣失當的行爲而提出，初不限於違法行爲，不信任案得以過半數的通過而成立。各國憲法，又爲了使議會對於行政機關能爲充分的監督，也有另外一種規定的，即在議會開會期內及議會解放期內，由議會選定若干議員，組織一種議會委員會，代表議會監督行政機關（如一九二〇年的捷克新憲法）。

三爲財政權，在英法等國的議案制度，原由討論課稅而產生，其他各國的議會，大都直接或間接仿自英國，莫不授議會以議決財政案的權力，所謂財政案，即一切關係國帑收入與國帑支出的法案，關於這種法案的議決權，實為現代議會監督行政機關的最大利器。財政案中最關重要者，卽爲預算案與決算案。預算案的內容，在預定一定期限內國家收入及支出的數額，預算案的目的，在使政府按預算案實行徵收與支付。決算案則是行政機關逐年將一切國家機關的收入支出，造成一種決算案，先交由審計機關審核，再將該決算案及審計機關審查的結論，提交議會，由議會的決算審查委員會，審查後，向議會報告，議會以之爲根據而加以討論，再加表決。如議會發見該決議案中的徵收或支出，有抵觸預算案之處，或有舞弊情事時，卽可否認該決算案，而責成國務員負政治上的責任，或使之負民刑責任，議員的職務既是非常重要，所以各國憲法對於議員的言論和身體都加以特別的保障。

現代國家的行政機關與立法機關的關係，有三方面的表現：一則行政機關不和議會分離或相對抗，如：法國大革命時代的執政委員會，以及蘇俄的人民委員會。尤其在瑞士，其中央最高行政機關，爲聯邦委員會（Bundesrat）委員由議會上下兩院聯席會議選舉而出。委員可隨時出席議會參加討論，可提出法律案，可隨時提出政策於議會中討論，但議會不能參加表決，這是表現行政機關與立法機關是不分離的。其次，委員會須執行議會通過的法律案，對於議會所議決的法律，不能要求議會覆議，更不能因與議會政見不合而解散議會。如：瑞士行政機關，等於議會的一個委員會，聯邦委員會委員任期內（三年）既不因其政見不獲議會的採納而去職，議會亦無所謂不信任票，這是表現行政機關不能和議會相對抗。

二則使行政機關與議會分離，又復使行政機關與議會互相牽制，就分離來說：如美國的行政權集中於總統，總統由人民選舉而非由議會產生。總統可自由行使其總攬憲法所賦與的職權，而不必顧及議會的同意或反對。國務員對總統負政治上的責任，總統對國民負政治上責任。總統及其國務員亦絕不因議會反對其政策而須去職。總統及國務員不兼任議員，不出席議會，亦不能向議會提法律案或預算案就兩方面的牽制來說：依照美國憲法，行政權也有須徵議會同意始能行使的。如：總統的締約權，卽須經元老院的同意；又關於總統任用國務員，法官，公使等，六項徵求元老院的同意，至於議會的立法權，須受總統的一種限制，總統對於議會所通過的法律案，得要求議會覆議，覆議時，如議會中的上下兩院，無三分二以上的多數贊成原案，則原案即歸失敗。

三則失政機關與議會既不分離，但使行政機關與議會互相對抗，如：英國的國務總理及一切國務員，均須為上院或下院的議員，得出席於其本院，參加討論與表決，得以政府名義提出法律案於議會預算案須由政府提出，國務總理與國務員且必須得議會下院的贊助。內閣如不得下院多數的信任，即可以投不信任票，或拒絕政府所提出的財政案或法律案，而迫使內閣辭職。他方面，內閣如認下院不能代表民意，亦得以解散下院的手段，訴諸選民。

以實中國古代的政治形式，也有類似國會制度的記載。商書盤庚篇：「王命衆庶至於庭，」周禮「小司寇職掌外朝之政，以致萬民而詢焉。」論者稱周代似已具有國會的雛型，所謂致萬民而詢者或即召集議會之意。王制「爵人于朝，與衆共之，刑人於市，與衆棄之。」也許類似一種立法制度。當時，王有三朝，即燕朝，治朝，外朝，燕朝即內朝，即王視政之後退處的地方，治朝即政朝，即王每日視政之處，外朝即是一種詢於衆庶之朝。論者以為或係人民出席的議場。周禮朝士職：「左九棘，孤卿大夫位焉，右九棘，公侯伯子男位焉，而羣士羣吏各在後，而三槐三公位焉，州長衆庶在其後，左嘉石，右罷民，右肺石，達窮民。」外朝的位置，王南向，自三公及州長衆庶，北面，羣臣西面，羣吏東面，（羣臣即卿大夫，士，羣吏即府吏。）論者以為羣臣羣吏類似今之上議院，衆庶類似今之下議院。其所詢於衆庶者有三：（一）詢國危（即國有兵寇災害）；（二）詢國遷（即徙都改邑）；（三）詢立君（無衆觀嫡選庶之闕）；這三者都是國家大事，故決之於萬民，召集於外朝而詢之。尙書大誥多士，多方，諸篇，都以謀及庶人布告於衆為必要，當時惟恐士庶有不達之隱。春秋各國之君，亦有集民使言的事實。陳懷公謀「從楚」「從吳」，召國人而問；衛靈公謀叛，亦召國人而問，又如：古公亶父謀於國人，表示「君子不以養人者害人」，遂去豳而至之岐山之下，豳人舉國歸之，其他旁國亦多歸之。都表現庶政公諸輿論的情況，凡國有大事，必博採羣情，諮詢於衆，故有類似人民立法的傾向。秦代用李斯的計劃，衆罷諸生論議，偶語者棄世，遂以庶人議政爲大禁。漢末，士大夫評論時政，乃召黨錮之禍，宋時太學士上書言事，致受解散之禁。明初，許布衣言事迄後又有東林復社之誅，清代更不許民意的存在，清末，才有籌備國會的動機。

墨子法儀篇上說：「立法之初，當以多數之人所定者爲法，不當以少數之人所定者爲法。」尙同下篇亦言：「爲人君者，當依人民多數之意，以興利除弊。」孟子：「國人皆曰賢，然後用之；國人皆曰可殺，然後殺之。」這是中國古代重視人民立法的言論，近代國家的議會，有監督政府財政之權，在中國古代，也有類似的趨向，表現人民對於財政的監督。古代關於國家財用，都有定制，周官太宰九式，爲歲出的大端，所謂均節財用，即以年之上下，計國用之隆殺，使無羨不足，即王制所言制一歲之國用，量入爲出之意，每屆歲終，太宰與司會，太府，司書，會計一歲賦入之大較，而預計明年用出之數，即類似預算決算之意。預算即周禮職內所掌賦入之制，決算即周禮職歲所掌賦出之數，以財用之數，公之於民，即類似許多人民監督財政之權。

中國古時，立法之權雖係由官操縱，但立法往往與行政分立，秦漢以還，中央集權之制盛行，然而漢時遇有大事，廷臣會議丞相府，君主臨決之，議郎博士，以末秩微員，亦得與議，猶存「詢及羣臣詢及羣吏」之古意。唐初立法，區省爲三：中書出令，門下主封駁，尙書主奉行，後來又設政事堂，合門下中書爲一省，中書門下者，爲立法權之所在，尙書爲行政權之所在，杜佑通典中所說及的隋代內史，納言，(即中書令，侍中，)是即宰相，亦有他官參預，徐堅初學記：「中書令，隋時諱中，依同官改爲內史，煬帝改爲內書令；侍中，隋文帝改爲納言，置二人，煬帝改爲侍內；給事黃門侍郎，煬帝去給事之名，直曰黃門侍郎，用人益重，裴矩裴蘊爲之，皆知政事。」舊唐書職官志：「唐初因隋號，武德三年三月改納言爲侍中，內史爲中書令，內書省爲中書省，龍朔二年甲子改尙書省爲中台，僕射爲匡政，左右丞爲肅機，中書門下爲東西台，侍中爲左相，黃門侍郎爲東台侍郎，中書令爲右相，侍郎爲西台侍郎，廢尙書令。咸亨元年詔，龍朔二年新改尙書省百司及僕射以下官名並依舊，光宅元年九月，改尙書省爲文昌台。左右僕射爲文昌左右相，門下省爲鸞台，中書省爲鳳閣，侍中爲納言，中書令爲內史，垂拱元年改黃門侍郎爲鸞台侍郎。」新唐書百官志：「中書省，中書令二人掌佐天子執大政，而總判省事，侍郎二人掌貳令之職，朝廷大政參議焉。舍人六人，掌侍進奏參議表章，凡詔旨制敕璽書冊命，皆起草進畫既下，則署行，以久次者一人爲閤老，維本省雜事，又一人知制誥，顓進畫給食於政事堂，其餘分署制敕，以六員分押尚六朝，佐丞相判案，同署，乃奏，主書四人，主事四人。」

當時雖立法之權，不操於民，然立法行政，區域分明，未嘗以一人之命令爲法律。宋代的制置三司條例司，簡稱條例司，熙寧二年二月置，三年卽廢，制置條例司者，爲脩正財政法令之機關，後終因韓琦之議，罷歸中書，使當時立法行政分立的趨勢，亦因之遏止。總之，自漢設給事中，爲給事殿中之職，至唐設四員，隸門下，其權足與朝臣埒，甚至宰相亦視爲進退，可知立法與行政，隱然成對峙之勢，時明代給事中分設六部，其權始輕，立法行政兩權，咸集於中央。

由近代的立法機關，便涉及到議會制度，因議會制度更涉及到產生議會的近代選舉制度。歐洲中世紀代表制的特性，是一種特別階級或特別利益的代表制，而非全體人民的代表制度。議會中的各個議員，各爲本選舉區選民所委託的人，是各個議員與本選舉區民間的單獨關係，而非議會全體議員與全國選民間的共同關係。歐洲大陸國家，到了十八世紀之後，才漸由階級代表制變成國民代表制，萊白(Lieben)說明古代代表制的特性，以爲「中古的階級代表很受嚴重的授意和限制的拘束，每有一個新問題發生，便要更換一次新指令，代表之中，常常互相猜忌，答應和要求，好像對別國的君主一樣，一點不照顧他階級的利益，也一點不照顧公共的利益，一點也不根據社會和互助的原理。」並且還說明近代代表制的特質：「現在宏大的政治社會，如果不行代議制，便不能得到自由，保障自由，故代議制不得成爲社會的和國民的，就是代議制不止代表社會的各部分，要把社會看作一個有機體。用代議制來代表社會的全體，議會一定是要總合的社會中一個機關，因爲社會不是各個原子的集合體，乃是各部一致的一個完全的一個有機體。他表示議會是代表社會的團體，不是代表一階一級的團體，近代人類的互助和互護，都需要這種代議制。近代各國議會的組織，大多數採取兩院制(Bicameal System），只有少數國家採取一院制（Uuicameral System）。一般主張兩院制的人，以為兩院制可以救濟輕躁，可以權衡意見，斟酌利益，造成普通的原則，可以限制專制，可以同兩院的意見不協，使行政部有維持自由獨立的餘地。主張一院制的人，以為一院制可以獲得責任明確的效果，可以得到民意的統一，議事也可敏捷。但是，議會的趨向，似乎是向着一院制的程途邁進。近代人士為了修正議會制度中的選舉方法，便有比例代表制度及職業代表制的主張，為了限制議會制度的權力，便有直接由國民投票表決的創制制，複決制及罷免制，更有以委員制作根本革新議會制度的方法。這些問題都表現出選舉制度立法機構的重要關係。

古代及近代的西方立法制度，基源於議會的組成，而議會的組成，不外表現人民選舉權的發展，更顯明人民參議會的漸進，中國古代雖未表現像西方的那種立法制度和選舉制度，但是，人民參政的機會以及由參政的機會而獲得從事於政府職務（如立法與行政等）的事實，則有不少的表現，就選舉制度來說：中國古代的選舉，以鄉里選舉為貴，擇舉賢能，即可任官，其意義頗與現代的選舉相近，隋唐以後，薦舉衰而科舉盛，以考試定士人的進退，亦稱選舉。周代行封建，官爵世襲，周禮所謂大司徒以鄉三物為教程（一四六德·即智仁聖義忠和；二四六行，即孝友睦淵任恤；三四六藝，即禮樂射御書數。）教萬民而賓興之，自小學選賢能而賓禮之，以升於國學，這種制度，不論其眞實如何，其選舉自不出乎士的範圍，而不能適用於卿之位，至於禮記王制所謂：「命鄉論秀士，升之司徒，曰選士。司徒論選士之秀而升之學，曰俊士。升於司徒者不征於鄉；升於學者不征於司徒，曰造士。……大學正論造士之秀者，以告於王，而升諸司馬，曰進士。司馬論進士之賢者，以告於王，而定其論。論定，然後官之；任官，然後爵之；位定，然後祿之。」這種記載，恐亦為設法之辭，縱然有之，春秋以後，亦必歸於破壞，戰國時代，則卿相可即獲於片言之間，鄉舉里選之事，更為少見。

隋唐以前，「舉士」與「舉官」合一，士獲選，即入官，此為薦舉的特色，雖有時亦用選舉法救其流弊，但不似科舉之專賴考試制度。兩漢的薦舉制度，都以鄉舉里選為歸依。前漢書高帝紀下：「高帝十一年詔令郡守，對賢者自往勸勉，令至京師，駕車遣之。」已開薦舉之端，惠帝三年，舉民孝悌力田者復其身；文帝十二年並令以戶口率置三老孝悌力田常員以孝悌爲天下之大順，力田爲生存之本；以三孝爲衆民之師，以廉吏爲民衆之表。

文帝二年亦常詔舉賢良方正能直言極諫之士，十五年又詔諸侯王公卿郡守，舉賢良能直言極諫者，親策之備納以言，且待以不次之位。武帝元光元年，初令郡國歲舉「孝」「廉」各一人，東漢則郡口二十萬舉一人。元封初，令諸州郡察吏民有秀才異等可爲將相及使絕國者，歲舉一人。東漢因避免光武諱改稱茂才。「孝悌力田」「賢良方正」，有近於後世的特科。「孝」「廉」「秀才」稍近乎後世的歲舉，如能奉詔對策，則可備錄用，或受遺使嘉獎之榮，所選不限於平民，卽官吏亦可膺選。郡國方面對於任何選舉如有不力，卽加處分，漢之州舉秀才，郡舉孝廉，在魏晉以後，固嘗行之，但極趨重考試，性質亦有改變，已非西漢之舊觀。魏晉時代的薦舉，立九品官人之法，其所採用，但重門閥，曹丕於延康元年用尚書陳羣策，立九品官人之法，於州縣設大小中正之官，以鑒別人才，初由郡縣小中正對當地人才，以九等區其高下，呈報於州之大中正，由大中正核而呈報司徒，司徒核而交尚書加以錄用之，迄宋齊梁陳各代，亦行此制，九品官人法原想整頓鄉舉里選的弊端，可是，以中正區別人物，其請托更多，其弊更甚，且九等的標準，亦不妥當，當時情況，由計「人」定品變而爲計「閥閱」定品。

隋唐時代，重視考試制度，士庶階級漸歸消滅，九品官人之法亦廢，隋文帝「罷州郡之辟，廢鄉里之舉，內外一命，悉歸吏部」，由此，舉官與舉士之途乃分，而舉士則由科舉，文帝建立科舉制度，煬帝初年又參用薦舉制度，嘗詔「若有名行顯著，操履脩絜，及學業才能一藝可得，咸宜訪採，將身入朝，所在州縣，以禮發遣。」唐代的科舉制度，更爲完密，由禮部主之，當時於生徒鄉貢外，取士之法，並用制舉，自京師外至州縣，有司常選之士，以時而舉，而天子可自詔四方德行才能文學之士，或高蹈幽隱，與其不能自達者；下至軍謀將略，絕藝奇技，均可兼收。其列爲定科者，如賢良方正直言極諫，博通墳典，達於教化；軍謀宏遠，堪任將率；詳明政術，可以理人之類，各科除武途外，不特以行爲技能取人，亦須詞藻宏麗。天寶以後，又加考詩賦，趨重文采浮華。肅宗寶應二年，楊綰上疏，請罷進士，復古孝廉制，但因世亂亦不易恢復古代之鄉擧里選。所謂制擧，係出於天子之自詔，後在元明科擧制度未定之時，亦嘗重視薦擧，元代用以搜求隱逸，明代用以旁招人才，均有異於隋唐以前的舊觀。清代，殿試進士，亦稱爲制擧，形成制擧與科擧之相混。

宋金之時，制擧雖不限格，實際上形同科目，雖獲非常之才，宋於進士取人之外，兼用制擧之法，太祖時，設有三科（賢良方正，能直言極諫，經學優深可爲師法，詳閑吏理達於教化；）眞宗時增設數科（博通墳典達於教化，才識兼茂，明於體用；武足安邊，洞明韜略，運籌決勝；軍謀宏遠，材任邊寄等科）；仁宗時設爲十科（賢良方正能直言極諫科，博通墳典明於教化科，才識兼茂明於禮用科，詳明吏理可使從政科，識洞韜略運籌帷幄科；運謀宏遠材任邊寄科；此六科以待京朝之被擧及起應選者，又制書制拔萃科；以待選人，又制高蹈丘園科，沉淪草澤科，茂材異等科，以待布衣之被擧者。其法先上藝業於有司，有司較之，然後試祕閣，中格後天子親策之，「見宋史選擧制」）。凡前資現任官，黃衣草澤，悉許應詔，以待天下之才，但應者不多，因一般人羣趨於進士之途；英宗時至有薦擧，並不及爲召試，哲宗置有宏詞科，徽宗置有詞學兼茂科，均立格不高，高宗時常詔能言極諫者，又立博學宏詞科，理宗時則降等立科，稱詞學科，無異於普通科目。

明初重薦擧，辟徵耆儒，設禮賢館，洪武六年罷科擧，令有司察擧賢才，以德行爲本，文藝次之，有聰明正直，賢良方正，孝弟力田，儒士，孝廉，秀才，人才，耆民等目，均禮送京師，不次擢用，各省貢生由太學進。十七年復行科擧與薦擧法並行。建文永樂間薦擧仍盛，或內授翰林，外授藩司，以後科擧又重。清代的制擧爲科擧化，清初徵求明臣，然多不應（如關中李二曲等）。康熙十七年詔擧博學鴻詞科，在體仁閣擧試，注重詩賦無關實學，乾隆元年又在保和殿擧行，兼重經史制策，光緒二十三年，開經濟特科。

中國古代的選擧制度，自有其特點，卽在能泯滅一切經濟上與社會上的界限，凡有相當學歷的人，都可參加在首都擧行的國家考試，因爲可以取得參政的機會，所以，論者以爲古代的選擧制度，似乎可稱爲中國的代議制度，因爲那種以教育爲標準的選試制度雖有其流弊，但其優點卻在類似行使全民的普選，清寒子弟，均可參加，較之西洋的民選議會，或爲更趨普遍化，民治化。論者以中國古代的國家考試，既在皇宮中舉行，天子親任主試，不啻集全國普選的人才於一堂而爲之主腦，頗爲類似近代西洋國會中議長的情況。

第二節　中央與地方之司法組織

法律爲人類社會生活的軌範，亦即社會力的表現，法律思想的進化，緊伴着社會的推演而變遷，中國國家社會的形成，發端既早，因之中國的法律也早已表現高度的發達，春秋鄭子產所頒佈的刑書，魏文侯師李悝所編法經六篇，大概都在馬羅十二標法（Twelve Tables）之前已經出現。以言法律思想，在戰國時代，九流之中，法家獨成一派，管子與韓非子諸書，都是早期成熟的法學巨著，理論非常精深，如韓非子的勢難篇上說：「且夫堯舜桀紂，千世而一出，……中者上不及堯舜，而下者亦不爲桀紂，抱法則治，背法則亂，背法而待堯舜，堯舜至乃治，是千世亂而一世治也，抱法而待桀紂，桀紂至乃亂，是千世治而一世亂也。」他們的學說，影響很大，自秦漢以迄魏晉，支配了中國社會達一千年之久，其思想確爲法家典型，其趨向很合乎現代法治國家的精神，如商鞅治秦，以太子犯法而刑其傅，公子虔黥其師公孫賈，漢文帝時代，廷尉張釋之屢次依據法律來抗爭，文帝也被說服，表現出守法的精神。

北魏以後，中國法學思想曾經發生許多變化，儒家的思想漸滲入法學領域而使法律與道德倫理結成不可解的關係，因而主張仁愛禮治，主張禮刑合一，所以北魏北周時代的法典，幾乎全是儒家的立法，可稱儒家的法律。北魏以前，禮刑合一的儒家思想，已經是盛唱一時，記曰：「禮時爲大，刑與禮相表裏」。又謂「出於禮，即入於刑」，都是儒家思想的先導，但當時儒家法學的勢力，還敵不過法家法學，所以法家法系得以維持一千多年，至北魏時代才發生變化。北魏以後，至於明清，完全是儒家法學的天下，儒家既主張仁愛禮治及以禮代刑因此編成的法典，泰半以刑法爲重，賞罰動機，實際上不過爲促成道德義務的實現，因此，賞罰的標準，也成爲以人爲中心而不一定概依法律。經義折獄，是以經義爲解釋法律的最高根據，以個人主觀爲主，而依於宗法，身分，及門第的倫理觀念，在裁判上認道德原則有優於現行法典的價值。歐陸十九世紀盛唱康德(Kant)之法理學及黑格爾(Hegel)的法律哲學，其法理學的出發點，都是道德理想，認刑罰爲道德根據上必然的報應，亦與中國的儒家法學思想相合，可見儒家法學在法學思想中自有其價值和地位。

古代希臘人以參加立法爲自由人民的特權，並且以參與司法也看作是人民自由的特權。雅典人如有重大罪犯便交付人民裁判，由全體人民中選出年約三十以上者，使之宣誓，以六千人爲審判官，分爲十部，每部五百人，餘一千人爲候補員，平常事件，只由一部裁判，非常事件，則由兩部或三部聯合裁判。近代歐美各國，由人民直接參與司法權的思想不甚發達，但對於刑事裁判，也有採用人民陪審制度的，如：英國的陪審制度，以普通人民做陪審官，受法官的指導，以審查判決關於民刑訴訟的事實問題，陪審官十二人，在發生案件之地，由其有一定財產的戶主之中，抽籤選出，判決須得全體一致的同意，訴訟人有正當的理由，有拒絕某人爲陪審官的權利。若係重大的刑事裁判，更不問有無理由，得拒絕陪審官中之某數人，陪審官以審查事實爲職，由必以決定犯罪的有無或輕重，而法官則宣告法律的適用，如此行事，使裁判官得以超然獨立於原被告之上，保持法律的尊嚴，陪審官得以常識牽制偏重法理的弊害，由人民直接參與審判，以謀匡正政府的違法，但是，現代的趨勢，又有不同，一般人以爲訴訟事實的審查，不能單靠普通常識來判斷，而有賴於專門的知識的運用，所以陪審制度的效用，漸漸低減而少用了。

近代的國家，自初級法庭到最高法庭都適用 Colegial principle。各國的法庭組織，很類似尖形的寶塔，下面有多數初級法庭，按照人口多寡和事務繁簡的原則，分佈於全國，上面則有一個全國最高的法庭，處理上訴的案件。此外，在歐洲大陸上，如法國等又另設有一種裁判所，專管行政訴訟，關於人民與官吏之爭，或官吏與官吏之爭，這種司法裁判所與行政裁判所分立獨立的制度，先源於法國。

近代人士，對於三權分立的理論，漸漸發生許多異議。就司法權來說：他們以爲國家的職務，如果嚴格的瓜分，只有制定法律的立法權，與執行法律的行政權兩種。至於司法權亦係執行法律，其根本性質與行政權相同，司法權雖是與行政權同具有執行法律的性質，但亦有許多差異之處。司法權爲對於訴訟事件的審判權，審判權的行使，雖不執行法律，然依現代一般國家所容認的「不告不理」的原則，則法院的行使司法權，只是被動的執行法律，（此種所謂被動的執行法律，自係專指審判法庭而言，而不包含檢查官吏或檢查機關）他方面行政機關之行使行政權，則常是自動的執行法律。司法權與行政權立法權固然顯明不同，可是，現代各國法院的職務，亦非絕對的僅以行使司法權爲其範圍，各國法院除處理訴訟事件以外，亦皆兼理若干「非訴訟事件」（如遺囑執行，婚姻及不動產等登記），使法院職務，馴致涉及單獨的行政事務。此外，法院受理訴訟案件時，如該案尙無法律的明文規定，則照各國的法律或習慣，往往承認法官得依據公道或常識以行使裁判，這種裁判，幾近於立法了，若法院的判決，於未來案件而享有與法律同等的效力（如英美等國法院的判例）則法院的審判權，顯然含有立法性質，所以，論者以爲各國的法院，往往不一定純粹是一種和行政立法分開的司法機關。

英國的法律有兩大成分，即成文法與習慣法，成文法即制定的法律，往昔爲君主立法，後漸爲國會立法。習慣法爲英國法律之廣闊的根本部分，淵源於習慣，而非產於立法，多賴法律家之所謂判決。自十二世紀至十四世紀，爲其萌芽時期，這種習慣法，後來並且成爲十六世紀十七世紀國會主義者理論之根據。就英國的司法制度而言，在英國實無統一的制度通行於全聯合王國，如：蘇格蘭的司法組織，即與英格蘭不同。次則英國的普通法庭制度，非如法、意、德等之與行政法院並立，換言之，即無所謂普通法與行政法的區別。三則英國的司法制度，雖甚複雜，但自近世以來已極力求統一，五十餘年以前，有各種法庭（民事法庭，刑事法庭，衡平法庭，習慣法法庭等），相互間毫無聯絡，一八七三年至一八七六年間，司法制度漸趨簡單化合理化，逐漸併入一種最高統一而集中的制度，一切法官及司法吏員，在名義上由君主任命，在實際上，由大理卿任命，或經其推薦，在形式上雖可由大理卿以君主名義罷免，實則法官非經國會兩院聯合要求，不得罷免。

法國的法律，大部分來自一七八九年的立法，其他重要部分，亦多來自中古或遠古之法律原則與規章。法國革命在法國法律史上供獻最大，因由繼續的國民會議，將大部現行法予以修正或取消，而制成大部之統一的新法；復因國民會議及憲法會議將所有法國之新舊民刑法律纂成法典，而一八〇四年法國的新民法，爲法國各省舊法律與革命會議以討論之新統一法律間的結合，拿破崙嘗以其民法爲其第一光榮事業，自拿破崙時代以後，法典的變遷，除刑法及刑事訴訟法外，僅涉及法律的細則，未嘗有大部更新的表現。法國的司法制度，大部起源於中古，一七八九年以前，有貴族僧侶之法庭，有皇家之法庭（如巴黎裁判所）等，國民會議對於司法制度予以完全改觀，仿效英例，在每區設立治安法官，每縣設立民事法庭，每省設立刑事法庭，在國都設立大理院。現行的司法制度，多有沿替。

法國的司法制度，自有其所據的特點：一、憲法內雖規定參議院可以組織成高等法庭，但司法制度，並未載諸憲法，是以現在各級法院完全以普通法律爲根據；二、法國設有普通法院，專審理普通民刑事案件，後設立行政法院，專審理行政機關與人民所發生的衝突，而在英美等國則無此種制度；三、法國民刑事之程序雖有不同，但由同一法院審判，其與英美兩國之各有獨立法院者不同（英美的最高法院，通常分爲民刑兩院）；四、法國法院爲固定的，而英美各國有巡行審判的制度；五、法國法庭除治安法官之外，都採合議制，一切判決，最少限度，非有法官三人的同意，不能發生效力（英美法庭開庭時，只須由法官一人判決）。附帶要說及的，就是：法國兩種法庭的裁判權，往往不能劃分清楚，以致常生爭端，一八七二年法國嘗創立權限法庭（Comt of Conflict）以判斷之，以司法總長爲院長，共有法官八人，大理院舉出法官三人，國務會議舉出議員三人，然後由院長與此六法官共同選擇其餘兩法官，各法官任期三年，這種法院不屬於普通司法組織，亦不屬於行政制度，而表現不偏不黨的精神。

在美國總統制之下，司法機關是政府中一個各別的獨立機關，司法職務，是與行政職務立法職務分開的，是由一個與行政立法無關係的機關執行，凡行政或立法方面有職務的人，同時不能兼充司法官吏，司法職務既不由行政或立法機關執行，法庭亦不能執行行政或立法職權，法庭的職務爲解釋法律，並以法律應用於各案件方面，司法機關的判決爲最後的，不受立法行政兩方面的影響，關於職權方面的爭執，法庭爲一公正者，法庭可以解決立法與行政機關間的爭執，還可以解決司法與其他機關間的爭執，關於憲法的解釋，法庭有最大的權力，法庭如審判一件法律案件，同時又牽涉到私人權利問題，在這種情形之下，法庭如以爲這種法律違背憲法條文，則法庭卽可宣告這種法律爲無效，拒絕執行。除法庭之外，無法可對私人執行法律，法庭因係獨立機關，關於憲法問題，政府方面之其他機關，都承認法庭的判決，其地位爲至尊無上，這是美國政府組織上的特色，一切聯邦法官，由總統提名經過參議院同意後委任之，以低級法官言，這種委任方法則爲慣例，並非由憲法規定，憲法規定總統和參議院委任高級法院之法官，同時令國會將委任低級官吏之權，授之總統，法院或各部部長，但普通慣例，不以低級法官爲下級官吏，仍由總統和參議院委任，除由彈劾手續罷免外，不得無故加以撤職。

根據美國憲法上的條例，國會所成立的司法系統，如：一、最上爲最高法院（Supreme Court），法官九人，每年大概在十月開庭，次年五月停止，所審案件，多由低級聯邦法院或州法院所提出，由涉及憲法問題，在美國多歡涉及憲法的問題，最高法院討論結果，常以多一票通過之，各法官陳述的意見，加以正式公佈，各種意見對於憲法的歷史進展及其實際地位各問題，很多貢獻之處，二、最高法院之下，爲道法院（Circuit Court of Appeals），美國全境分爲九個司法道，每道設道法院一所，事繁之道，有法官四五人，小道僅有法官三人，均由總統和參議院委任，每道由高級法官一人總其成，但不親往各道。道法院的組織，僅涉及實施普通法律上的各種案件。三、最下爲地方法院（District Court）。全國分爲八九十區，總統與參議院根據各區之人口委任一名至六名，地方法官關於郵政和版權上的案件，破產上的訴訟，由移民和保護工商（反對專制和限制上各種法律所發生的訴訟，地方法院都受理之），司法部長（Attorney General）爲聯邦政府的最高司法官吏，聯邦政府遇有法律問題，以司法部長爲代表，總統和各部遇着法律問題，以司法部爲顧問機關，遇有重大案件，司法部長亦出席最高法院。重要聯邦法律的實施，多有賴於司法部長，但最後仍以總統所採取的政策爲轉移。

瑞士之聯邦司法機關，組織簡單，但職務權重，瑞士有聯邦法院，成立於一八四八年，法官（約有二十四人，代理法官九人，）由聯邦議會選任，任期六年，法院議長及副議長，由聯邦議會指定，任期二年，法院可自組書記處，任命職員，法官不得列席議會，或兼其他官職，或從事其他事業，聯邦法院可以處理普通民刑案件，解決聯邦與各邦間的爭執，解決聯邦與團體或個人間的爭執，以及各邦間的爭執，各邦與團體或個人間的爭執，依憲法的規定，聯邦得以立法擴大法院的權限，法院在民事在民事方面的擴大職權，時時增進，憲法又規定聯邦法院得受理邦法院方面的上訴。法院的刑事權限，較為有限，受理叛亂共和的重罪，受理違法國際法的重罪及輕罪，受理政治罪犯致引起聯邦軍隊干涉者，並受理控告聯邦官吏的案件。聯邦法院可受理聯邦機關與各邦機關權限的衝突，因公法問題而引起的各邦衝突，以及侵犯人民之憲法上的權利等；但法院權力的實行運動，頗受限制，對於決定法律是否合乎憲法，則聯邦法院僅有「有限的」權力，凡聯邦議會制定的法律，聯邦法院須加承認而隨時應用，聯邦法院判例的執行，大都由各邦政府負担，而最後責任，實在聯邦執行委員會，（此點和美國聯邦法院不同）瑞士有統一的民法的刑法。各邦自有司法制度，法官由人民或立法議會選舉。

蘇聯的最高法院，為聯邦最高的司法機關，附屬聯邦中央執行委員會，由中央執行委員會幹部會任命主席一人，附主席一人，法官三十人，分民事、刑事、軍事三庭，全院開會時，各共和國最高法院之主席七人均參加之，其職權，在：統轄聯邦各共和國的最高法院，對於聯邦共和立法問題，向各共和國加以指導說明；有關各共和國間，判決爭議的解決，審理並解決聯邦高級職員之瀆職事件，及有關聯邦共和國（兩國或數國）間特別重大的民刑事件，對於聯邦各共和國的決議，依據憲法而加以判斷其是否合法。

普通法院之外，尚有若干特別法院及委員會，如：勞動國防委員會，各共和國經濟委員會及地方蘇維埃等所任命之公斷委員會，審理政府各機關間關於財產的爭執。土地委員會審理關於土地問題的爭執。人民法院（The people's court）之特別庭，審理關於違犯勞工法典的案件，軍事法庭審理違犯軍紀風法的重罪，而其判決，由聯邦最高法院軍事庭予以審定。各共和國有人民法院，地方法院，最高法院。最高法院，有由中央執行委員會幹部會任命的檢察官及副檢查官，其職權在於監督執行最高法院應解決的一切事件，如否認該法院之判決時，得向中央執行委員會幹部會提出上訴，法官本身多屬政務官，其任期無一定保障，審判亦多受政治的影響，對於高級官吏的彈劾，並無行政法院的設置。此外，聯邦有最高軍事法院。

任德國自一九一八年共和國成立以來，司法組織法規定法院分爲四級，初級法院爲「初級審判廳」，全國約有二千處，其上爲地方法院，有院長一人，與陪席法官若干人，地方法院分爲一民事庭，一刑事庭，並得分爲其他商事庭等，對於初級法庭的判決，有修正權。再上爲高等法院，受理上訴，亦分民事庭與刑事庭，在一九一九年以前，帝國之內，法院之主要者爲一八七九年成立的最高法院，爲司法制度之最高機關，在行政法院，軍事法院及領事法院外，且爲唯一具有嚴格的全國性的法院。其審判權限，如：叛逆案的初審，領事法院的上訴，各邦法院關於中央法律問題的上訴案件。其法官爲九十二人，從前由皇帝以參院的提薦而加任命，任期終身。各邦法院的法官，由各該邦政府任命，中央法律規定關於最低限度學識與經驗之資格，各邦亦得更加重其限制，凡法官任期終身，不得裁減或調遣，或減低法官的獨立權。德意志帝國憲法經一八七三年的修正，使帝國得制定一切關於民刑法律及司法程序的立法。其後，共和憲法既假定邦司法制度之永久存在，但又計劃在中央有同此之法院制，而除行政法院外，彷彿類似美國之司法制，特殊的中央法院，一爲全國法院，一爲最高法院，但其他法院，得以憲法修正以至依普通立法增設之，人民得有保障，以對抗行政命令及處分，因在中央與各部都有行政法院。至於納粹勢力下的德國司法，則使人畢目視之，無庸論及。

意大利自一八六五年以後，成立民法、刑法、商法、民事訴訟法，以求其法律的統一，並依法國規模，對於法院，加以充實，在各縣均有治安官公庭一處，審判民事案件，輕罪案件等。在十三大城市中，各有治安官署一處，單獨執行刑事審判權。在治安官署之上，有初級刑事法院，又有公審法院。除有時參議院組成高等法院外，公審法院得審判一切出版罪犯，與擾亂國家治安的罪犯。最高法院爲大審院，共有五個，實際上各自獨立，設於吐林、佛羅林薩、那不勒斯、巴勒摩、羅馬，各於轄境內，可作最後的判決（對於一切應用普通民法發生錯誤問題的案件），在羅馬的大審院，並有絕對大權以管轄各法院間權限的衝突，法院與行政機關的衝突，法院間訴訟的轉移，刑事案件審判誤謬之命狀，及其他特別事項。此外，這五大法院的階級與職務相同，彼此間不接受上訴，任一法院的判決，不必即由其他法院認爲判例，其司法制度之缺乏中央集權，爲其特點。意大利雖如其他大陸國家嚴分公法與私法，但於普通法院與行政法院職務之清晰的畫分，則不如法國等。依憲法規定，法官任職三年後不得罷免（最低級法院爲例外），又有法律規定惟犯罪或怠忽職責，經羅馬大審院之同意，方可罷免法官，但政府以命令調回法官的事實很多，尤其是一九二二年以後，更談不上司法的獨立了。

由近代司法制度的敍述，轉而觀察我國古代中央司法組織及地方司法組織，相傳古代刑法之作，是用來統制被征服的奴隸，並且在古代又需要刑法來鎮壓亂政者，所以，「夏有亂政，而作禹刑；商有亂政，而作湯刑；周有亂政，而作九刑。」（左傳昭六年）『先君周公制周禮……作誓命曰：「毀則爲賊，掩則爲藏；竊賄爲盜，盜器爲姦；主藏之名，賴姦之用，爲大凶德，有常無赦，在九刑不忘。」』（左傳文十八年），足見刑法因環境之需要而生，因需要而漸次形成司法制度。周代，法官統名秋官，或泛言理官，禮記月令上說：「命理瞻傷察創，視折審斷，決獄訟必端平。」鄭康成注：「禮治獄官也，有虞氏曰士，夏曰大理，周曰大寇。」禮記王制：「成獄辭史以獄成告於正，正聽之。」鄭康成注：「正、於周鄉師之屬命，漢有正平,丞,秦所置。」孔穎達疏：「此王制多是殷法，秦則放殷制之。」春秋各國有司寇，陳楚有司敗，齊有士，晉有理，經傳上均有記載。如果依據周禮，則大司寇爲刑官之長，小司寇爲副，其所屬共有六十，主要者，如：士師掌一國五禁之法，以左右刑罰，其職務在於主持察獄訟之事，鄉士主六鄉的獄訟，遂士主六遂的獄訟，縣士主縣內的獄訟。至於采邑王畿以外，又各有刑官。如有疑獄，由朝士主之，當時之所謂「士」，分上士，中士，旅下士（頗似現代推事的等級），其所屬，有：府、史、胥、徒，（其性質類似近世的書記官，錄事、承發吏或法警。）更有「禁殺戮，掌斬殺戮者；凡傷人見血而不以告者，攘獄者，遏訟者，以告而誅之。」（周禮秋官，）又有「禁暴民，掌禁庶民之亂暴力正者，橋誣犯禁者，作言語而不信者，以告而誅之。」（周禮秋官）所謂禁殺戮，禁暴民等官，其地位類似近世的檢查官。周禮上所載的周代制度，雖不能盡信，但亦不能完全否認其事實。

周代以前的刑罰，除五刑（五刑，即：墨、劓、剕宮、大辟。）而外，尚有流刑，鞭刑、扑刑、贖刑等類，各依所犯的輕重大小而適用之，遇有眚災，則赦罪犯；出於故意之罪，雖小必罰，罪之可疑者，則有從輕論減之例。到了周代，更增設刵、髡、桎、梏、焚、辜、肆徒等刑，其幼弱、老耄、白癡者，犯罪無罰，如係不知而犯與誤及遺忘而犯之罪，都有恕宥及減等的寬典，周末的酷刑更多，如：夷族、車裂、體解、鑿顛、抽脅、鑊烹等。又有所謂鬼薪（使採薪以奉宗廟刑期三年），城旦（使旦起治城刑期四年）之刑。至於審判與訴訟之法，周制，以兩造禁民訟，入束矢於朝，然後聽之。（訟，即謂財貨相告者，造、至也，使訟者兩至，既兩至使入束矢，乃治之也，不至不入束矢，則是自服不直者也，所以必入矢以取其直。）以兩劑禁民獄，入鈞金，三日乃致於朝，然後聽之。（獄，謂相告以罪者，劑，即今之券書也，使獄者各齎券書，既兩券書，使入鈞金者，又三日乃治之，重刑也，不券書不入金，則是自服不直者，必入金者取其堅也，三十斤曰鈞。）刑事之訟，必以三刺斷庶民獄訟，一則訊羣臣，二則訊羣吏，三則訊萬民，若判決死刑時，士師受其宣告書，擇日行刑。民事之訟關於人事者，以證人爲斷；關於土地者以地圖爲證（周禮小司徒凡民訟以地比證之，地訟以圖證之）。關於錢債者；以約劑爲量，而裁判官對於案證，以五聲聽之，一曰辭聽（觀其出言不直則煩）；二曰色聽（觀其顏色，不直則赧）。三曰氣聽，（觀其氣息，不直則喘）。四曰耳聽（觀其聽聆，不直則惑）。五曰目聽（觀其眸子，，不直則眊）。此外，又有特例，王族及有爵者不刑於市，而婦人不得肆諸市朝，士大夫與幼弱者及老耄之徒，無使服徒刑，命夫命妻（大夫之妻）不能自出而身與獄訟，須使臣下代替。

戰國時代，法家輩出，商鞅等提倡法治，（法家不別親疏，不殊貴賤，一斷於法。）但當時諸侯異政，不統於王，刑成「律令異法」（見許愼說文解字序）。法典方面，魏有法經，韓有刑符，魏有太府之憲，以刑名而言，秦刑有三族（見史記秦本紀），七族（見漢書鄒陽傳）十族，（見韓詩外傳。）先具五刑而後腰斬（見史記李斯傳），連坐（見史記商君傳），腰斬車裂、黥、劓、遷、（均見史記商君傳），棄市（見史記秦本紀）

等，齊刑有烹（見史記田敬仲世家），楚刑有冥室櫝棺（即活葬之法，見古文，苑詛楚文），滅家（見國策楚四），趙刑有夷（見史記趙世家），魏刑有誅、籍、戍、臏、刖、臏、宮、夷其鄉、族、罰金三市，笞罰。足見律令不統一，刑罰較前愈殘酷，到了秦滅六國，司法制度才逐漸統一。

歷代均設有理刑的官吏，但帝王往往左右司法，隨意輕重，秦代設置廷尉，册府元龜：「秦制，廷尉掌刑辟，秩二千石」顏師古前後漢書註：「應劭曰，聽訟必質諸朝廷與衆共之，兵獄同制，故曰尉。師古曰，廷，平也，治獄貴平，故以為號。」太平御覽：「韋昭辨釋名曰，凡掌賊及司察之官，皆曰尉，尉，罰也，言以罪罰姦非也。」杜佑通典：「秦置廷尉正，廷尉監。」始皇仍然專任刑罰，躬操文墨，晝斷獄，夜理書，自程決書，日縣石之一，漢朝張釋之以罰金治犯蹕者，以棄市治盜高廟玉環者，而文帝尚欲干預。唐代以後，雖不必辭案均奏，但有請章之制，仍表現帝王有干涉司法的可能性。所以，歷代中央的司法組織，始終不易脫掉以帝王為最高審判機關的現象（如：廷尉制或御前會審制等）。

由秦到北齊時代，廷尉主管刑獄，御史兼理疑案。秦之廷尉，當司寇之任，掌刑辟，漢代沿用，列於九卿，景帝哀帝間，曾更名大理，漢書百官公卿表：「廷尉，秦官，掌刑律，有正，左右監，秩皆千石，景帝中元六年更名大理。武帝建元四年復為廷尉，宣帝地節三年，初置左右平，秩皆六百石，哀帝元壽二年，復為大理，」王莽時嘗改為作士，其後光武仍復用廷尉之名，職務在掌平獄奏當所應，凡郡國讞疑罪，均當處以報，其下有正，左右監，左右平。東省漢右監平。仍以左監平稱，曹魏時稱監，評，且增以律博士。後漢書百官志：「廷尉卿一人，中二千石，……左監各一人，左平一人，六百石，掌平決詔獄。」漢代有名的廷尉，如黃霸張湯，丙吉，兒寬等，漢書黃霸列傳：「帝聞霸持法平，召以為廷尉正。」後漢書何敞列傳：「敞六世祖（何）比干，武帝時為廷尉正，與張湯同時。」漢書丙吉列傳：「吉為魯獄史，積功勞，稍遷至廷尉右監。」漢書兒寬列傳：「寬補廷尉文學卒史，時張湯為廷尉，廷尉府盡用文學法律之吏，寬以儒生在其間，見，謂不習事，不署曹，除為從史，;會廷尉時有疑奏，已、再見、卻使寬為奏，即時得可，湯以寬為奏讞掾，以古法義決疑獄。」

漢書張湯列傳：「湯決大獄，欲傅古義，乃請博士弟子治尚書春秋。」馬端臨文獻通攷上說：「後漢廷尉，皆以世家爲之，而郭氏尤盛（郭躬爲廷尉，躬世家掌法，務在寬平，）建安中復爲大理。」歷代職官表卷二十二：「建安復改廷尉爲大理，而後漢志不載者，蓋其時曹操已爲魏王，擅自更革，本非漢廷之意也。」又考後書張皓傳稱：「皓拜廷尉，留心刑斷，數與尚書辨正疑獄，多以詳當見從，當時尚書未建六曹，而議獄之事多歸之台閣，是後世刑部與大理分職，其原已肇於東漢矣。」册府元龜：「魏初改廷尉爲大理，黃初元年復以大理爲廷尉。」宋書百官志：「廷尉律博士一人，魏武初建魏國置。」

晉書職官表：「廷尉，主刑法獄訟，屬官有正，監，平，並有律博士員。」晉承魏制，但改平爲評，迄劉宋南齊，增設丞，丞所使也。宋書百官志：「廷尉一人，丞一人，掌刑辟，廷尉正一人，廷尉監一人，廷尉評一人，廷尉律博士一人，」南齊書百官志：「廷尉府，置丞一人，正一人，監一上，評一人，律博士一人。」徐堅初學記：「梁加卿字，曰廷尉卿，後並因之。」梁初嘗改廷尉爲大理，後仍稱廷尉，列爲秋卿之一，陳仍如之，唐六典：「宋齊皆爲廷尉，梁爲秋卿，班第十三，陳因之，」鄭樵通志：「丞，陳置一人。」北朝方面，魏少更改，齊稱大理寺）置卿。少卿，丞，各置一人，下有正、監、評、律博士，又置明法掾，檻車督，掾，獄丞掾、司直，明法，等官，共五十七員。以上是關於廷尉官職的變遷，而隋唐以來的大理寺亦淵源之，漢代廷尉具有刑官的尊嚴，但其權不專，因爲當時的守令既權重於京師以外，而京師之內，又係三輔分治，對於獄訟，自爲論決。至於所謂廷尉者詔獄，即詔書所繫治之獄，由君相論定，而操有最後決定之權，廷尉諸官，不能專斷，且有行寃獄使者，又分廷尉之權。廷尉以外，御史兼佐君相，典法度，掌律令，理大獄，治疑案，漢代御史均冠有法冠，中丞奉詔治獄，侍御史雖居殿中，即有逮捕犯人之責，後來到了武帝時，置繡衣御史於侍御史中，出討姦猾，治大獄。漢宣帝嘗齋居決獄事，令侍御史二人治書，後乃別置治書侍御史，掌法律，當天下奏讞，與符節郎共平廷尉奏獄，以當輕重之責（見册府元龜）。三國時，魏之治書侍御史僅掌律令，置治執法，掌奏劾。江南之吳，有：中持法，御史斷專彈劾之任，不實定際參與獄訟的判決。晉代，有：黃沙獄侍御史二人，秩同中丞，掌詔獄，並治廷獄當者，自後御史唯主彈劾。關於後世刑部的元始，可上推到漢成帝時，當時置三公曹尚書，主斷獄，東漢有二千石曹，有中部官曹，主辭訟罪眚水火盜賊。魏置都官曹郎等，但無三公曹尚書等，南北朝置都官尚書而擴其權。隋唐刑部尚書都淵源於此。

秦代刑罰極其殘酷，二世刑李斯，具五刑，腰斬，復誅三族。漢時肉刑有三，黥，劓，刖左右趾，文帝時，『齊、大倉令，淳於公有罪當刑，詔獄逮繫長安，淳於公無男，有五女，當行會逮，罵其女曰：「生子不生男，緩急非有益也，」其少女緹縈自傷悲泣，乃隨父至長安，上書曰：「妾父為吏，齊中皆稱其廉平，今坐法當刑，妾傷夫死者不可復生，刑者不可復屬，雖後欲改過自新，其道亡由也，妾願沒為官婢。以贖父刑罪，使得自新，」書奏，天子憐悲其意。』（漢書刑法志），文帝遂下令廢除肉刑。晉初作晉律二十篇（刑名、法例、盜律、賊律、詐偽、請賕、告劾、捕律、繫訊、斷獄、雜律、戶律、擅興、毀亡、衛宮、水火、廄律、關市、違制、諸侯。）以削除前代酷刑，減輕梟斬，族誅、從坐等。南朝之梁，嘗作梁律二十篇，即（刑名、法例、盜劫、賊叛、詐偽、受賕、告劾、討捕、繫訊、雜律、戶律、擅興、毀亡、衛宮、水火、倉庫、廄律、關市、違制，而以死刑，分為梟首棄市，耐刑（徒刑），分五年、四年、三年、二年、又有贖刑，鞭刑、杖刑，鞭又分制鞭、法鞭、常鞭；杖，又分大杖、法杖、小杖。陳時亦作新律，但多依據梁律，北朝法律，多與南朝不同，後魏初作新律，仍未脫夷狄之風，刑罰酷嚴，後（太武）由崔浩更定律令，以經義決疑，但酷刑尚多，當時有律三百七十條，其後較重文治，改革制度，除「飲酒處斬」之禁，大逆外叛之外，刑止及其身，又減門房之誅，刑罰稍寬。北齊時作齊律十二篇（名例、禁衛、戶婚、擅興、違制、詐欺、鬥訟、賊盜、捕斷、毀損、廄牧、雜）。北周又作周律二十五篇（刑名、法例、祀享、朝會、婚姻、戶禁、水火、興膳、衛宮、市廛、鬥競、劫盜、賊叛、毀亡、違制、關律、諸侯、廄牧、雜訟、詐偽、請賕、告言、逃亡、繫訊、斷獄）。齊律中又加入十惡不赦的規定，反叛、大逆、叛降、惡逆、不道、不敬、不孝、不義、內亂）。

歷代地方獄訟的審判機關，一則為鄉老里正之類，一則為真正治獄之官，後者之主要，為各地方區域的長吏，有佐貳相輔；前者係一種調解機關的性質，關於刑事者，可立加以薄懲之權，但非有一種完全審判性的機關，主理關於一鄉一里婚姻田土的訴訟，有不決者，則由有司理之。漢承秦制，鄉里訴訟，由嗇夫聽之，有游徼循禁盜賊，鄉里有不決之案，即送有司，在郡有守，在縣有令，在國有相（侯王國初由內史主之，後屬於相），有決曹賊曹掾以佐治獄事，守令，相，亦如三輔，有專殺之權（除重獄外），常有不奏報而論決之事。刺史初巡行郡國，錄囚徒，奏事市師，尚係一監督司法的性質，迄後逐漸權重，亦直接干預司法。魏晉時代，鄉治的情況如舊，各郡縣均有賊曹，佐輔守令治獄，縣令審囚，須向郡申報，郡方則遣督郵加以案驗（督郵為郡守佐吏，督察屬縣）。刺史因持節，其權大，對於罪囚，有專殺權。南北朝的情況，略同魏晉，但劉宋嘗廢督郵（以其賤吏）而令縣以審囚事申報於郡，並送囚身，委二千石親臨覆判，不能決時，即送廷尉，其在外者移之刺史，刺史疑而不能決時，亦送廷尉。

由隋迄唐，廷尉寺改稱大理寺，與御史台，刑部分掌司法，而其他行政官吏，亦常參與其間。大理之名，最早見稱於漢景帝時，因古稱掌刑曰士曰理，於是景帝加「大」字，迄乎北齊及隋，始加「寺」字。原來北周的官制，自成統系，秋官大司寇，小司寇，刑部中大夫，下大夫，司屬下士等，均係法官之類，而御史台亦隸管法禁，稱為司憲，隋不採北周制度而承齊制，設置大理院。開皇三年罷大理寺的監評及律博士員，加置正為四人，煬帝即位，大理寺丞改為句檢官，增正員為六人，分判獄事；置司直十六人，降其品級，後加至二十人，又置評事四十八人，其職掌頗同「司直」（隋書百官志），此類評事，僅正九品，為後世大理院有評事之始，隋代改「都官尚書」為刑部尚書，煬帝置刑部侍郎，成了刑部尚書侍郎命名的原始，隋書盧思道列傳：「思道為散騎侍郎，於時議置六卿，將除大理，思道上奏曰，省有駕部寺，留太僕，省有刑部事，除大理，斯則重畜產而賤刑名，誠為未可，上嘉納之。」歷代職官表卷二十二：「自隋定六部之制，始設刑部以擬秋官，而大理以盧思道言，並建不廢，歷代因之。」天下刑獄上於尚書省，刑部隸於其下，而主掌之，表現其偏於司法上之行政事務，遇有死囚及可疑者則移送大理寺，考核鞫訊後，奏上請裁，表現其偏於審判之責；再有不當，則有御史台糾正之，表現其偏於糾察之責任，惟文帝晚年常在殿廷問事決罰，煬帝更不拘問，任在糾奪理刑官吏之權。

唐高宗龍朔時嘗改大理寺爲詳刑寺，武氏光宅時改爲司刑寺，神龍時又改爲大理寺。大理寺之卿，少卿其職務其掌折獄詳刑；正，掌議獄，正科條；丞的職務，在掌分判寺事，正刑之輕重。唐六典上載：「大理寺卿一人，從三品，少卿二人，從四品上，大理卿之職，掌邦國折獄詳刑之事，以五聽察其情，以三慮盡其理，少卿爲之貳，凡諸司百官所送，犯徒刑以上，九品以上，犯除免官當庶人，犯流死以上者，詳而質之，以上刑部，仍於中書門下詳議（其杖刑以下則決之），若禁囚布推決未盡，留繫未結者，五日一慮；若淹延久繫，不被推詰，或其狀可知，而推證未盡，或訟一人數事，及被訟人有數事，重事實而輕事未決者，咸慮而決之，凡中外官吏有犯，經斷奏訖，而尤稱冤者，則審詳其狀，凡吏曹補署法官，則與刑部尚書侍郎議其人可否，然後注擬。」此外又有司直評事，掌出使推按，新唐書百官志：「大理正二人從五品下，掌議獄，正科條，凡丞斷罪不當，則以法正之，五品以上論者，涖決，巡幸，則留，總持寺事，掌六人，從三品上掌五判寺事，正擬之輕重徒以上囚，則呼與家屬告罪，問其服否，主簿二人從七品上，掌印省署鈔月句檢稽失，司直六人，從六品上，評事八人，從八品下，掌出使推案，錄事二人，史五十六人，司直使二人，評事史二十四人。」

凡師京徒刑以上由大理訊斷，審斷，其下則由京師法曹參軍事與諸司斷之若執金吾糾獲，亦送大理，御史台爲行政訴訟與檢舉之官。大夫掌以刑法典章糾正百官的罪惡，中丞爲之貳。侍御史掌糾舉百僚。推鞫獄訟，殿察御史掌分察百寮，巡按州縣獄訟，刑部爲司法行政之官，尚書侍郎掌律令刑法徒隸按覆讞禁之政。此三機構的責任，固然各有所專，但刑部以司法行政機關，對於大理及天下奏讞，有按覆之權，因而不免侵及審判權限。（大理訊斷京獄，流徒刑均送刑部覆核，而州縣徒罪以上亦送刑部，關於死罪，則必上奏，至於流徒仍由部核，或責令更審，或逕加覆判，歸刑部侍中員外郎掌理。）關於大獄，常詔下尚書刑部，御史台，及大理司同案，是謂三司推事，（成爲明清三法司的淵源）因之，御史亦參與司法。關於死罪其，大理寺加以審斷後，初僅由刑部上覆，准其可否，迄後又命刑部會同中書門下二省更議，因之，中書門下均參與司法。對於一般含寃告者，則由給事中，中書舍人，侍御史分直鞫之，謂之三司受事，到了穆宗時代，又規定有司每斷大獄，令中書舍人一人參酌而輕重之，名曰參酌院，雖寃滯可望申理，並可牽制刑部大理寺等法，但司法權已趨分化之勢。

我國司法制度，迄唐代漸進於完備，而唐又多沿隋代之舊，其後各代，關於司法的設施，多係補充而已，我國的刑法典，始於李悝的法經六篇，至晉律二十篇，已粗具規模，隋文帝定刑律爲十二篇，煬帝增爲十八篇，至唐復爲十二篇，（名例、衞禁、職制、戶婚、廐庫、擅興、賊盜、鬥訟、詐僞、雜律、捕亡、斷獄。）自唐律十二篇出，乃成定制，迄後明代刑法有大明律三十卷，共四百六十條，明律草創之初，律令總裁官李善長議「歷代之律，爲以漢九章爲宗，至唐始集其成，令制宜遵唐舊，」可見明律是遵唐制之舊，而清律又遵明律，唐代又推進行政法典，開元十六年始作六典（卽經典、教典、禮典、政典、刑典，共三十卷，）經十六年而完成，凡施政準則，無不備具，明清兩代的會典，均以唐之六典爲藍本。

唐刑名有笞杖徒流死五種，均沿隋舊，其中笞杖徒三刑分三等，流刑分三等，死刑分絞斬二等，但均有「納相當之銅，則許其贖罪」之例。此外，又沿齊律，有十惡之名（卽：謀反、謀大逆、謀叛、惡逆、不道、大不正、不孝、不睦、不義、內亂）。若有觸犯，則雖當八議（議親、議政、議賢、議能、議功、議貴、議勤、議賓）之條，亦罪在不赦，所謂八議，意卽雖已犯罪而付之平議，求其可以恕宥之資格之謂。（明清兩代亦與唐同）。又，年九十以上之老者及七歲以下的幼者雖犯死罪亦不論律。他如犯罪者若係再犯，則加重其罰，自首則論減。二罪俱發則從重者處斷。又死罪雖定執行於市，如其人爲五品以上的官吏，亦許其在己自盡；卑屬親對於尊屬親之罪，與奴婢對於主人之罪均甚重；反之，以尊對卑，以主人對奴婢之罪則輕。犯罪者以在其罪發之州縣推斷爲例。其在京師，則杖刑以下者，委之當局之推斷。唐太宗時，又令長孫無忌撰律令格式，各若干卷，由是，正律之外，更有令格式等，以補律之不足。律令，是尊卑貴賤之等數，國家之制度。格，是百官有司所常行之事，或是百官有司所長守之法，後來宋代更別有勅，神宗時遞改爲勅、令、格、式，以爲「禁於未

然之謂勅，禁於已然之謂令，設於此以待彼之謂格，使彼效之之謂式。[三]

隋唐時代，有法曹司法參軍事，爲郡縣治獄之官，而地方之監察官，則爲巡案使等，關於鄉里訟事，隋代歸歸有司，唐代，則先由里正村正坊正加以調解，如有須加裁判之案，則歸縣理。隋用北齊制，對於縣，州或郡，設有法曹參事，掌理獄訟，地方如有不能決者，則申報於尚書省，由中央審理。唐代縣令，刺吏兼掌察寃滯，聽獄訟事。牧，尹益掌歲巡屬縣，錄囚，而不必自爲折獄聽訟，（關於鞫獄麗法等事，由法曹司法參軍事理之。）縣之司法員吏有佐、史兩級，人數自十五人至五人不等；州之司法參軍事，每州一人，佐、史助之，在府之法曹參軍事，每府二人。此外，隋煬帝時，設有監督地方獄訟的官吏，如：司隸台，置刺史十四人，巡察各郡，後罷司隸台而改設司隸從事。唐代，各道之巡察使等爲監察官，當時人民對於州刺史審斷如有不平之處，可向巡察使等申訴，或由巡察使等自加檢舉，但實際上頗少加以直接的審判，與宋代各路的提點刑獄不同，卽係偶參獄訟，亦係由推官一人推鞫（推官，在節度使，團練使，防禦使之下均有設置，後來，宋代亦用此制，明代之府，亦設推官，掌理一縣的刑名）。

關於司法方面覆按之權，在宋代，由審判院而及於刑部，審判之權，則由御史而大理寺。至於遼金情况，則有差異。宋代元豐以前，刑部掌獄訟奏讞赦宥敍復之事，以司法上行政事務爲主，其初，尙可詳覆諸州大辟案，太宗時，奪其覆按權限，另在中禁增置審刑院，設知院及詳議官六員，經詳斷大理寺刑部所斷案牘後，再上中書以奏天子論決。眞宗時，又設糾察刑獄司糾察官，凡御史台開封府及在京有刑按之處，刑在禁徒以上，卽時以報，若理未盡，或置淹恤，追覆其案詳正而駁奏之，審刑糾察之責更重。元豐時均罷之，以其職並於刑部，刑部掌詳覆之權，紹興初，刑部尙書分案十三，曰制勘，掌凡根勘諸路公事；曰體量，掌凡體究之事；曰定奪，掌訴雪除落過名；曰舉敍，掌命官敍復；曰糾察，掌審問大辟；曰檢法，掌供檢條法；曰頒降，掌頒條法降赦；曰追毁，掌斷罰追毁宣勅；曰會問，掌批會過犯；曰詳覆，掌諸路大辟，帳狀；曰捕盜，曰帳籍，掌行在庫務，理欠帳籍；曰進擬，掌進斷案刑名文書。

宋之大理寺，初有定員，分掌斷獄，後以他官兼理詳斷官撿法官等職，於是獄訟之事，隨客司決劾，本寺不復聽訊，僅掌斷奏獄，送審刑院詳讞同署，以上於朝。當時的實際情形，由御史台以斷天下的大獄，分置推直官一人，專治獄事，並設獄繫囚，後又置有推勘多員，鞫訊大獄，到元豐時，罷之，僅置檢法一人，掌檢詳法律，自後大理院始置卿、少卿、正、推、推丞、斷丞、司直、評事等官，主掌折獄詳刑鞫斷各事，（哲宗時，嘗廢大理寺獄，增置判官一員於開封府，並設推勘官，以治在京錢穀事務，但不久大理獄仍復。）職分左右，少卿分領，左則（掌理天下奏劾命官將校，及大辟囚以下，以疑請讞者，）稱爲斷刑，議審之責，由評事檢法丞任之。右則（掌理在京百司當推治之事，或特旨委勘，及係官之物應追究者。）稱爲治獄，推鞫之責，由丞專任之。此外，刑部大理寺所斷獄不當，門下省可以法駁正。歷代職官表卷二十二上稱：「令（指滿清）太理之分左右寺，其制始於宋時，然宋以左寺斷刑，右寺治獄，令則推鞫悉主之刑部，大理不司治獄，故左右寺官分署京城，及各省大辟奏案，皆斷刑之事也，至於唐代，刑名皆經大理審斷，自杖以下，得專決，其徒刑以上則送刑部而質正焉，故唐時刑部奏獄，多有據大理寺申云云之文，是其法，先寺而後部。明代，三法司會審，初審刑部都察院爲主，覆審大理寺爲主，則其法，又先部而後寺，各有不同，惟宋世大理斷天下奏獄，送審刑院詳讞同署，以上於朝，則今三法司會題，例所由防矣。」

遼初決獄，均由南北兩院辦理，南院治漢人，北院治契丹人，凡事關覆奏者則以翰林學士給事中及政事舍人加以詳決，後始置大理寺卿、少卿、及正，主詳決獄訟之事，南北兩院之分，爲其特點。金之各法司由漢人金人遼人分任其職；刑部大理寺均沿中國之舊，凡內外刑獄爲屬理斷不當，有陳訴者付御史治之，則與宋初的情況相同（但不同於宋代元豐以後）。元史百官志：「都護府秩從二品，掌領舊州城及輝和爾（部名，原作畏吾兒）之居漢地者，有詞訟，則聽之，大都護四員，同知二員，副都護二員，至元二十年，改大理寺，二十二年復爲大都護。」歷代官職表卷二十二上載：「元代惟有刑部，不置三法司，故無大理寺官，其都護府，乃主輝和爾與漢人交涉詞訟，正如今理事同知所掌，蓋偶襲大理以爲名，非古來廷平之職也。」元人既廢大理寺，於

宗正府置斷事官，又於刑部置獄，行政與司法更爲混同。元初，於中書省置斷事官，掌行政，常由相臣擔任，

大宗正府亦置斷事官，曰札魯忽赤，掌諸附馬投下蒙古色目入所犯一切公事，及漢人姦盜詐僞誘掠逃驅等罪。皇慶元年，以漢人刑名歸刑部，刑部置獄，由此開始。泰定時又復初制，增扎魯忽赤爲四十二員，而以省台覆核之，並規定：罪囚當釋者悉由宗正府審核，漸使刑部而不復過問刑獄之事，後又定制，以上都大都所屬蒙古人並怯薛軍站色目，與漢人相犯者，歸宗正府處斷，其餘路府州縣漢人，蒙古色目詞訟，均歸有司刑部掌管。

以言宋代法制，宋太祖即位大初，即定大辟詳覆法，令諸州奏大辟案件，而委刑部使之詳覆。次定折杖法，概沿唐代之舊制，分刑名爲苔杖徒流死五刑。流刑乃各加杖而配役，以一人備受流徒杖三刑，此外，又有刺配之刑，杖其脊，配其人，黥其面，是以一人而備三刑，更有凌遲之法，刑極惡時用之，斬支體，斷吭喉；至於用刑很注意定三限之制，限大事以四十日，中事二十日，小事十日而決，以防滯獄之弊。太宗時令諸州每十日即具囚帳及所犯之罪，與其禁繫的日期以上聞。遼初法制未定，權宜立法，對於親王從逆者，投高崖殺之，又以五車轘殺淫亂不軌及忤逆父母者，以熱錐錐殺訕詈犯上者，其從坐之人，則量罪之輕重而處以杖刑，其後制定死流徒杖四刑，復有凌遲，籍沒、黥刺、八議、八縱、沙袋、木劍、大棒、鐵骨朵，諸法。初對契丹人，與漢人相毆致死者，法之輕重不均等，到遼聖宗時乃以漢律俱等科之。金對輕罪則笞；殺人或盜刼者則擊其腦，殺之。沒其家十分之四入官，而以其餘十分之六償被害者，其家人則爲奴隸，其親屬則許馬牛雜物償罪。至於牢獄，係掘地而成，深廣數丈，金熙宗時參酌舊制及隋唐宋遼之法而定皇統制（皇統爲金熙宗年號）。章宗時又改定律令，作泰和律義十二篇（即：名例、衞禁、職制、戶婚、廐庫、擅興、賊盜、鬥訟、詐僞、雜律、捕亡、斷獄）多以唐律爲本。蒙古初用金律很是峻刻，世祖時，右丞相何榮祖緝公規、治民、禦盜、理財等十事，名至元新格（即：名例、衞禁、職制、祭令、學規、軍律、戶婚、食貨、大惡、姦詐、盜賊、詐僞、鬥毆、殺傷、禁令、雜死、捕亡、恤刑、平反。）後刻板頒行，仍分笞杖徒流死五種，流刑則規定南人遷北，北人遷南，死刑無絞。

自宋以來迄乎遼金，地方獄訟，均由提點刑獄等官主理，但宋代又有州縣官須自鞫訊之例。宋代縣令，自決獄訟，其鎮砦之官，凡杖罪以上，並解本縣，餘聽決遣。知州，通判，統一州折獄聽訟之事。五代以來，諸州均有馬步獄，以牙校掌刑法，稱爲馬步院，宋初，太祖倣行其制，於諸州設司寇院，置有司寇參軍，後改爲司理院，置司理參軍，以進士及選人任之，掌獄訟鞫勘各事，而不益他職，省稱司理，後又置判官一員，由本州於牙校中選其通曉法律者任之，凡司理有不明推鞫，致刑獄淹滯者，由長吏具名以聞，蔽匿不舉者罪之，判官不稱職者，則坐其長吏以下，徽宗時，並下令州縣官，均須親自聽囚，不許委吏鞫訊，違者徒二年，開了後世州縣鞫訊之例。元、明、清各代亦承其制。州以上爲路，置提點刑獄，參用武臣，熙寧初，以武臣不足以察所部人才，罷之，六年、始置諸路提刑司，仍沿提點刑獄之稱。平獄訟之曲直，詳州縣之審斷，其屬有檢法幹辦等官（後世按察使之制實啓於此）。依宋制，州縣刑獄，一方申報刑部，一方申報提刑司，提刑司如認爲不合時，更須審核，再行詳部。孝宗時，以州縣申報遲滯，（因州縣必俟提刑司回報後，始行申部。）令各路州軍，凡合應奏者，州郡逕自照條申報奏聞，不必俟提刑司回報，州郡乃有直詳之權，而宋代提刑司之權，尚不若後代按察司之專。至於地方以府名者，制又有異，開封府尹聽中都之獄訟，若承旨已斷，刑部御史台無糾察權，佐鞫勘之事者，有推官判官，並有司錄參軍一人。又置左右廂官，分領各坊廂之居民，其有鬥訟，事輕者得以決遣。臨安府後亦略同。凡府均置法曹，次府並置司理，遼以分決諸道滯獄使，按察諸道刑獄等官，平理各地方之獄，金之章帝時，亦置提刑司於各路，專司一路州縣獄訟之事。

元代，以廉訪使及推官主掌各路獄訟，得僧徒往往侵略詞訟，形成其特異之點。元代鄉里設社，社長對於不敬父母及兇惡者籍其姓名，以授有司，加以責罰，並影其過犯於門，須改過自新，始毀之，如終歲不改，罰其代充本社夫役。至若州縣主政者須自理獄訟，略同宋代，上如各路，均設有推官，專掌推鞫刑獄平反冤滯，而監督各路之司法者，則有廉訪司，不合者，申詳宗正府御史台定讞，但廉訪司對於命官及有出身之吏各獄，亦可加以逮審，（後世的臬司，始自元代，當時係指廉訪司而言。關於地方獄訟，蒙古人所犯盜詐，實際上歸於所隸千戶鞫問，而諸王駙馬又往往私斷民間詞訟，有司無法處置，僧徒權重，竟敢殺人釋囚，凡僧道儒人有爭，只令三家所掌會問，仁宗時嘗詔禁僧徒參與訟事，英宗時復令僧俗辯訟，由有司與主僧同問，元順帝至元三年，始詔僧道犯姦盜重罪者，聽有司鞫問，不必會同主僧，而主僧侵民訟。亦有禁令。

明清理刑之官，有三法司，刑部大理寺，都察院。天下刑名歸於刑部，都察院司糾察，太理寺司駁正，大獄為九卿會審。刑部掌天下刑名讞斷及徒隸勾覆之政令，所屬有清吏司，分司一省刑名，而陵衞旗府在京諸曹等刑名，均分隸之，凡申報刑部之刑獄，死刑須奏聞，如認為供詞不符，或情有可矜者，則有權可以駁回，或更定其刑，亦須奏聞。大理寺掌審讞平反刑獄之政令，在唐宋以刑部覆大理，明清則以大理覆刑部，大理漸成了慎刑的機關（只審閱案卷，而囚徒均不到寺，其官能按律出入，即為稱職）。明史職官志：「卿（大理卿一人）掌審讞平反刑獄之政令，少卿（左右少卿一人）寺丞（左右寺丞各一人）贊之。左右寺分理京畿十三布政司刑名之事，凡刑部都察院，五軍斷事官，所推問獄訟，皆移案牘，引囚徒，詣寺詳讞，左右寺寺正，各隨其所轄而覆審之。初吳元年，置大理寺卿，秩正三品，洪武元年革。三年，置磨勘司，凡諸司刑名錢糧有冤濫隱匿者，稽其功過以聞，尋亦革，十四年，復置大理寺，改卿秩正五品，左右少卿從五品，左右寺丞正六品，其屬左右寺正各一人，寺副各二人，左評事四人，右評事八人，又置審刑司，共平庶獄，凡大理寺所理之刑，審刑司復詳議之。十七年改建刑部都察院，大理寺，審刑司，五軍斷事官署於太平門外，名其所曰貫城。十九年罷審刑司，二十二復卿秩正三品。二十九年又罷，盡移其案牘於後湖，建文初，復置，改左右寺為司，寺正為都評事，司務為都典簿，成祖初，仍置大理寺，其左右寺設官復如洪武時，又因左右二寺評事多寡不等，所治事亦繁簡不均，以二寺評事，均分左右各六人，如刑部都察院十二司道，各帶管直轄地方審錄，永樂二年仍復舊，後定都北京，又改分寺丞。宏治元年，裁減右評事四人，萬曆九年更定左右寺，分理天下刑獄，浙江、福建、山東、廣東、四川、貴州六道司，左寺理之。江西、陝西、河南、山西、湖廣、廣西、雲南七司道，右寺理之，以能按律出入罪者為稱職，司務典出納文移。」〔三〕

明代都察院由御史台改成，都御史職在專糾劾百司，辯明冤枉，監察御史分理各省的刑名，在明代，並代天子巡狩，按斷所至，必先審錄罪囚，弔刷案卷，有司爲出入者理辦之，稱曰巡按，清代廢之，明代關於大獄重囚，由都御史會鞫於外朝，與刑部大理讞平之，如有不當，即下九卿參議，稱爲圓審，清代會勘之案，先須經刑部審明，再送都察院參核，然後送大理寺允，會稿具奏，應議大政大獄時，則由六部都察院，大理寺，通政使司共理，謂之九卿會審（通政使司，對於四方申訴冤滯或告不法者，由其奏聞）。又明代掌罪囚之數者，有刑科都給事中等官（清則科道合一，未另設）。清之大理寺，依歷代職官表卷二十一上載明：「掌平反重辟，以貳邦刑，與刑部，都察院，爲三法司，凡直省案件，寺受其牘，下左右寺官，準律定讞，卿受其中，竣刑部，簡正既孚，致辭於寺，迺參覈焉，議合者畢之，不合者反之，凡刑部重辟囚，以左右寺司讞者暨御史會刑司察其辭，辨其死刑之罪，而要之，致辭於卿，乃詣刑部暨御史會聽之，各麗其法以議獄，議合者畢之，不合者覆之，必盡台，乃會疏以上，異，則另爲一議具奏，凡有應議大政大獄，與六部，都察院，通政使司，稱九卿會議焉，卿順治元年置額，少卿，初置滿洲一人，漢人二人，乾隆十三年，省漢人少卿一人。

明代的法院組織，有特設的錦衣衛，鎮撫司，東西廠，其初，錦衣衛本專司鹵簿侍從，竟漸兼理詔獄，後以其中非法爲虐，嘗焚其刑具，出所繫囚，送刑部審錄，詔內外獄均歸三司法，罷錦衣獄，成祖時復置。至於鎮撫司，原設於各衛（錦衣衛中亦有）理衛中刑名，成祖時，稱爲南鎮撫司，另增北鎮府司，專治詔獄，並具印信，獄成得專達，不關白錦衣，錦衣官亦不得干涉，東廠始於永樂十八年在東安門之北，由中官提督，緝訪謀逆妖言，大奸惡等，與錦衣衛均權勢。憲宗時置西廠，以汪直督之，所領緹騎，倍於東廠，冤害萬狀，末年罷之。武宗時復置西廠，劉瑾等把持，瑾又立內行廠而自領之，瑾誅，始廢。神宗時又有中官馮保建內廠，等於以前的西廠，並改東廠之名爲外廠，魏忠賢亂政時，更支配內外廠而肆行殘虐，清代關於滿族之訴訟管轄，係承遼元之舊，凡宗室犯罪，由宗人府同戶刑兩部審問，八旗包衣由內務府審權，在京之旗人則由都統審問，徒以上均咨刑部。旗人杵外，由將軍、都統、副都統審問後，流以上則須申請於京，盛京旗人流徒以上，由盛京將軍各部府尹會同審決之，這是一種特異的規定，清末，廢都察院改刑部為法部，專掌審核刑事案件司法官任用等事，大理改寺為院，專掌全國第三審上訴案件，以書面審理之（有誤，或發回更審，或詢問原審官；無誤，則奏請下法部施行，並以原案卷宗遞交法部，由部行文原省，照判執行）。

中國的法律，到明代已有長足的進步。明代刑法，在太祖時，制定大明律三十卷，共四百六十條，「草創於吳元年，更定於洪武六年。整齊於二十二年，至三十年始頒行天下。」（明史）其內容大略倣依之唐宋舊，但其名例的次第不同，如：吏律、戶律、禮律、兵律、刑律、工律。刑名分：笞（分五等），杖（五等），徒（五等），流（三等），死（二等），五類二十等，與前代同，其他十惡八議之類，與前雖無異，但徒流附如杖，而未配役，較宋為輕，其犯十惡（如：殺人、強盜、竊盜、放火、發塚、受贓、詐偽、犯姦等）者，則縱遇常赦亦不釋；若所犯為常赦得宥之罪，倘其祖父母、父母有疾或家無次子之時，得許其罪名上奏之後，存留養親；又親族互相容隱則不論其罪；若犯罪之時為壯大，到罪行發覺適於老疾，則據老疾論罪；犯罪之時為幼少，發覺之時已長大，則據幼小論罪；他如：自首減輕，再犯加重等，和前代同，掌刑獄者，上則為三法司（刑部、都察院、大理寺）。下則為知縣、知州、知府、按察使，犯人如不服知縣的處分，得控訴於知府道台，乃至抗告於按察使，甚至上訴到京師的都察院。清代法律依明律分為例律的禮律、兵律、刑律、工律，六種律，內容多與明律相同。

明清之際，以提刑按察司為地方最高法司，但清末則又改置審判衙門，明清時代的鄉約里正，均有解訟之責，州縣官兼為治獄之官（除錢債事務，雖有佐貳，無故亦不許代訊）。州縣之上為府，知政平一府的獄訟。明代及清，推官一人為佐理，理刑名，俗稱刑廳。再上即為提刑按察司，設按察使一人，明代的按察使在糾官邪，戢姦暴，平獄訟，雪冤抑；參以副使僉事，分治各府縣事，明代按察使與都指揮使，布政使，重在分職以治行省，如：關於獄訟之事，按察使直承刑部，當時的巡按，係偏於考察，督撫係臨時設立的官吏，對於按察使的職權均無損。清代的按察使，仍掌法律按劾之事（州縣突徒流以上之刑獄，由府道覆審後，如有誤即發回重審；無誤，則申詳有司），但清代督撫因係常設，對於其所管行省的司法而總有監督之權，馴致刑獄由按察司申詳督撫，再由督府咨文行部，清末，按察使改爲提法使，庭管一省的司法行政。審理方面之負，則由京師與各省所分別設立之高等，地方，初級各審判廳任之。分設審判長、推事、等官，總稱審判衙門，合以大理院，即成四級三審制。州縣官仍可審理（如在未設審判廳之州縣），而在未設高等廳之省內，關於死刑，仍須由府申道申司，經司審錄無誤後，則將全卷送大理院覆判。

在中國司法方面，附帶的討論到古代的赦免權及其制度，赦免權是君主政體下的一種傳留物，和頒給榮譽權相同，在世襲君主制之下，純所往往以赦免權來市恩覊惠，中國歷史上的記載，歷來行使大赦，多在皇帝登極，皇帝壽慶，册立皇后或太子，改元定都等大典時期舉行，稱大赦爲恩赦。中國古代司國赦的是司刺，司地方赦宥的是司練和司市。周禮上說：「司刺掌三刺，三宥，三赦之法，以贊司寇，聽獄訟」。〔周禮注疏卷三六〕司刺有三宥三赦之權，凡國事赦及赦宥都由其處理，司練雖有同樣的職務，但範圍較狹，周禮說：「司練……掌糾萬民之德……巡閭而觀察之……辨其能而可任於國事者，以考鄉里之治……以行赦宥，」司練的赦宥權，並非直接行使，而由其舉薦賢能，以行赦宥，至於直接行使地方赦宥權的，是地官的屬員，此類鄉賢的行政範圍，只限於鄉鎮，都市的赦宥權，由司市執掌，關於司市的規定，爲：「司市，國君過市，則刑人赦，」所以有赦宥權的官却有三種：一、秋官；二、地官；三、司市、秋官所司的三刺，是審判手續，至於可赦宥的罪名：一是對事的赦宥權；包括三款，即是秋官所司的三宥（一宥不識，二宥過失，三宥遺忘，）二是對人的赦宥權，有三種：即是秋官所司的三赦（一赦幼弱，二赦老耄，三赦蠢愚。）三是對時的赦宥權，即是周禮注疏卷上所說：「國君過市，則刑人赦，」這種也有限制，並非全市的大赦，國君過市所赦的限於刑人，大概是限於違警察法者，而非包含過失罪犯的全市大赦。

中國歷來討論赦宥權的議論很多，或反對大赦；或反對數赦；或主張限制宥赦權。先就主張制宥權一派來看：晉林預注疏左傳：「放赦罪人，蕩滌衆故，以新其心，有時而用之，非制所常，故書，」「易稱：「赦過宥罪」書稱：「眚災肆赦，」經稱：「肆大眚」皆放廷人，蕩滌衆故，有時而用之，非經國之常制」唐孔穎達也說：『猶今赦書，大辟罪以下，悉皆原免也，……必有國有大患，非赦不解，或上有嘉慶，須布大恩，如是乃行此事。堯曰：「咨爾舜，有罪不敢赦。」所以待革命有時而用，非制所常，故書之也。』就根本對大赦的議論來看：馬端臨說：「唐虞三代之所謂赦者，或以其情之可矜，或以其事之可疑，或以其在三赦，三宥，八議之列，然後赦之，蓋臨時隨事而爲之斟酌，所謂議事以制者也，至後世乃有大赦之法，不問情之淺深，制之輕重，凡所犯在赦前，則殺人者不死，傷人者不赦，盜賊及作姦犯科者不詰，於是赦遂爲偏枯之物，長姦之門。」（文獻通考卷一七一下）宋胡安國評大赦制：『大眚皆肆，則廢天討，虧國典，縱有罪，虐無素，惡人幸已免矣，後世有姑息爲政，數行恩赦，惠姦宄，賊良民，而其弊益滋，蓋源於此，故諸葛孔明曰：「治世以大德，不以小惠，」其爲政於蜀，軍旅數興，而赦不妄下，斯得春秋之旨。』明孝宗時，邱濬反對大赦：「夫眚之所肆者，一國之中，而謂之眚，則其所赦者過失焉耳，眚而謂之大，意者魯國尚有所肆，皆小眚也，今則併其大者而肆之，然於罪惡猶未赦也，聖人書之以垂戒萬世，以此爲坊，後世赦文，乃至偏赦天下，已發覺，未發覺，已結正，未結正，罪無大小，咸赦除之，甚至十惡之罪—常赦所不原者—亦或赦焉，惠奸宄，賊良民，怙終得志，善良喑啞，失天討之功，縱人欲之私，皆春秋之罪人也，」「按赦宥二者之義，蓋就其所犯之人品，原其所犯之情實，而赦之宥之也，其於後世所須之赦，異矣，」「過有小大，過失小者固不必問，若事雖過失，而事體所關則大，如失火延燒陵廟。射箭誤中親長之類，其罪有不可釋者，原其情則非故也，故因時赦罪以宥之，宥，如「流宥五刑」之宥也，所謂罪者，過失而入罪者耳，若夫大憝極惡之罪，殺人不死者何辜，攫財不罪者，則失者何苦？……」昔漢大將吳漢病篤，嘗答光武之問，曰：「臣愚無知識，但願陛下愼無赦而已」（後漢書列傳第八）後晉左散騎長侍張允因高祖屢赦天下，上疏駁赦：「自古皆以水旱則降德音而宥過，開獄牢而出囚，冀感天心以救其災者，非也，……至使小人遇天災則皆喜而相勸以爲惡，曰：「國將赦矣，必捨我以赦災。」如是則是教民爲惡也，夫天之爲道，福善而禍淫，若捨惡人而變災爲福，則是天又喜人爲惡也。

凡天之降災，所以警戒人主，……正刑罰而已。」（五代史雜卷第四五）宋哲宗以上清儲祥宮成，將肆赦，樞密直學士王巖叟曰：「昔天禧祥源成，治平中醴泉成，皆未嘗赦，古人有垂死諫君無赦者，此可見赦無益於聖治也。」（宋史列傳第卜）

就反對數赦議論來看：梁進因後周太祖在位二年，數行赦宥，上疏勸阻：「謹尋經典，未有罪無輕重溥天大赦之文，逮茲末葉。不師古始，無益於治，未可則也，……豈可數施非常之惠，以肆姦宄之惡乎？」（歷代名臣奏議）宋范鎮諫仁宗勿數赦『臣聞古人有言曰：「一歲再赦，好人喑啞。」此言赦之惠姦而無益於治道不可數者也，屬者，京師及畿輔，歲一赦，而去歲再赦，今歲三赦，……始息之政，無此甚者，夫歲一赦者，細民謂之熟恩，必其在五六月間也，滑胥姦盜，倚爲過惡，指期以待免；況再赦乎？況三赦乎？其爲惠姦蠹損治道可知矣，好人良善也，數赦猶喑啞，嗤嗤愚民其不狃爲姦且盜者爲幾矣，……』（宋史列傳第九六）王安石因神宗七年三月不雨，帝欲於兩赦後再赦，遂進諫：『湯，旱，以六事自責曰：「政不節與？」若一歲三赦，是政不節矣，非所以弭災也。』（宋史本紀第十五）元世祖議天下大赦，張雄飛諫曰：「古人言無赦之國，其刑必平，故赦者不平之政也，……豈可數赦？」（元史列傳第五十）。蘇天爵諫元順帝：「……世祖在位三十五年，肆赦者八，近自天曆改元至元統初歲，六年之中，肆赦者九，蓋溥恩宣澤，雖出於朝廷之美意，然長姦惠惡，誠爲政者所當愼也，願自今以始，近法世祖皇帝之所行，遠鑒唐太宗之所言，使中外臣民知非常之恩不可復覬。」（元史列傳第七十）

論者以爲近代的赦免制度可以補充法律之窮，可矯正法庭的錯誤，尤可以赦免而促起犯人的自新，但是現代政治之下，刑事訴訟法及刑律，均有長足的進步，赦免制度已減少其重要性，若在政治基礎不穩固的國家，行政元首有了赦免權，很容易損失司法的獨立與法律的獨立，對於大赦，亦應以同意權付諸議會，對於特赦，尤應尊重法院的同意權，以保全法院的審判權，並防止行政元首濫用赦免權。

第三章　中央政制中的考試與監察

第一節　中央政制中的考試制度

考試制度的目的，在使政府按照各種職務的性質，規定需才的標準；依之以選拔人才；並使政府中一切事務人員的任用及升降轉調，根據一定的標準和程序而行，近代國家為求增進其政治的效率，以及糾察百司的失職，其政府都已實行考試制度監察制度。

我們比較中外的考試制度，可以看出其中的異點：第一、歐美各國的考試制度，尚未形成一種獨立的制度。中國早已使考試與監察兩權，具有獨立的模形，中國古代以來，用人的方法，有「薦舉」，即由地方或下級官吏按照所定舉士的標準，薦士於朝廷；有「制舉」，即由天子自為詔徵，以延攬非常的人才；又有「考試」，專試以詩賦經義諸科，自隋唐以來，歷代大致依循此三途，而以考試為主，第二，中國的考試機關，雖非常設，其中人員雖為一種「差」而非一種「缺」，但考試機關的組織，非常發達，中國歷代考試的機關，為一極大的特殊組織，獨立於行政官系統之外，兩漢的刺史守相，都有辟召的職權，而銓衡的大權，則在台閣。此外，公府若辟掾屬，州郡若選曹僚，均自薦舉而自試用之，初未以文墨考試為重，而孝廉諸科雖有策試，亦未嘗因策試而設立專司考試的官職，自行九品中正之法，乃有專司「區別所管人物」的官職。唐代以後，禮部掌貢舉的政令，以貢舉隸於禮部，歷代沿為定式，於是禮部遂領邦教之任，明清時代，關於鄉試會試一切，均由禮部主管，鄉會的主考，由翰林六科照例以次差遣，臨期倍取正陪，題請領點，而各省考試，則均提督學政掌理。

現代歐美各國，以考試權隸屬於行政，監察隸屬於立法，英國採用考試制度，本係局部改革，與試驗的性質，係附屬於行政之下。在美國，其考試制度亦在行政權支配之下，行政長官極易以一己的意旨，變更考試的方針。法國的考試制度尚未獨立，關於公務員的取捨，從無劃一的標準，法國各部自行考試，英美僅由一小委員會掌考試之任，考試權隸屬於行政而不獨立，極易感受政潮的影響，而喪失考試的功用。第三，英美各國的考試，只應用於事務官，甚至尚有少數事務官，且不適用考試。英國的考試，對於緊要專門的或特殊的資格除外，美國方面所規定須經考試的官職，僅佔分之三。中國有了科舉，卽以考試爲主，不論政務官或事務官，卽卿相亦出於其中，第四在中國昔日考試之下，並非依照學校課程，以定考試標準，却依考試標準而定學校的課程。所考內容，旣非人類生活上必需的技能，又非官吏職務上必需的學識，甚至亦非人人皆知的常識，葉石林說：「唐禮部試詩賦題，不皆有所出，或自以意爲之，故舉皆得進問題意，謂之上請。」形成中國科舉極大腐惡之點，而須革除，反之，英國的文官考試，是一校學校式的考試，美國的文官考試，多考特殊的科目。

就歐美各國的考試制度的內容分析起來，各國都有任命的事務官制度，因學務官必須具有專門技術，不能由人民去自由選舉，因此，須由官廳依法任命，但各國爲防止任命權的濫用起見，多採文官考試制度，以考試爲任命權之一種法定的限制。英國的官吏，政務官（Political officials）來自選舉，事務官（Non-political officials），來自任命，依其能力經驗，以職行政府專門職務，任期永久，不隨黨派的變動而受去留的影響。從前英國的東印度公司（British East India Company）採用考試制度，以考試一般往印度服務者，一八五三年廢除東印度公司在印度的用人權，同時委任馬考萊（Macanly）組織委員會，討論印度的吏治，結果主張採用公開競爭考試制度，一八五四年諾士哥（Sir Stafford Northcoat）和特立微元（Sir Charles Trevelyan）研討英本國的吏治制度，以及改良方法的結果，也主張採用公開競爭考試制度。

一八五五年樞密院下令設立吏治委員會（Civil Sewice Committee）由該會掌理文官一切考試事宜，一八五九年正式公布法律規定一切文官的任命，除由英皇直接任命以及必須具有特殊能力及資格外，均須具有吏治委員會的證書。自一八七〇年起英國正式採用公開競爭考試制度（Open compitition Examination）法律規定未經吏治委員會考試及格者不得充任文官，其例外則爲由英皇直接任命者或由功遞升者，及具有專門或特殊資格者不在此限。英國的考試程序簡單，集合許多職務相近的官職，成爲幾大班，舉行一次考試，只試其普通能力，而不注重其技術的或專門的知識。如考歷史、文學、自然科學、算學、哲學、法律、政治、經濟、尤重算學。英人以下級公務員，需要豐富的常識，至於高等文官，多由普通文官依次升補，經數年的訓練，自易漸具專門的知識。

英國的文官等級自一九一八年至一九二三年，經過了幾次的改革，其分類：第一爲管理級(Administrative class)，管理官除由下級文官升任外，大都由大學畢業生而考試及格者充任，可升至事務次長。第二，爲執行級(Executive class)執行官由書記升任，一部分由中學畢業生而經公開競爭考試及格者任之。第三爲書記級(Clerical class)，書記由中學肄業生進至中間級，經過公開考試而及格者充任。第四爲助理書記級(Writing assistant class)助理書記，由簡單之地方考試而及格者任之。英國的文官分級，既是就政府全體的事務員合於一塊分類，而非由各部各自分類，所以，應考者只須聲明應某級文官的普通考試而不得預先指定一部，文官考試的科目，既大致與學校中所習的科目相等，遂形成其學術性質的考試，而非職務性質的考試。英國的文官職務中，比較質量頗高，尚能注意其本身的改進，但人力未能絕跡，考試性質，偏重筆試，偏重文學，且給予牛津劍橋兩校學生以特別利益，此外，官場積習太深，行事遲緩，亦是缺點，英國人的吏治委員會，名義上直隸於國王，但在事實上，由內閣任命三人組織之，委員長一人，助理委員二人，掌理文官一切考試事宜。一九二〇年的法令，規定英國考試委員會的職務，爲：對於所提出任命各種職務的人員（永久的或暫時的），都由委員會確定其資格；其次，規定各機關任命人員的程序，及考試委員發給文官合格證的辦法；三則公布所有任命或提升人員名單於倫敦公報上，在行使職權時，不受任何人的干涉，直接向國王負責，惟關於考試規章的擬定，須會同財政部辦理，對於應試人的年齡、健康、能力、品性等規章，是否訂定合理，又須向司法機關解釋。

美國自一八〇一年哲佛孫(Jefferson)總統任職以後，一時盛行官職輪流(potation in offica)和分贓制度(Spoil system)，形成政黨政治中誰勝即分贓(To the victor belongs the spoil)的現象。一八七一年格蘭得總統提出吏治改革意見書，主張採用競爭考試制度，由議會加以通過，即成法律，但未能完全實行（因議會反對吏治經費案）。一八八三年重新通過吏治改革案，樹立美國吏治制度的基礎。美國聯邦政府設有吏治委員會，掌理施行考試及執行普通文官法令的規定。由委員三人組成，由總統得參議院同意任命，通例又只有由元首行罷免權。此三人中不得有二人是政黨的黨員，委員會與各部總長協議，於從事公共職務的官吏中，指定各種試驗委員，其試驗地點，在首都或其他地點均可，委員及辦理考試人員，如發生詐偽行為，均受處罰。

美國考試分為兩種：一為甄別考試(Pass Examination)或稱「標準考試」或「無競爭考試」(Standard or Non-Competition Examination) 此類考試，在文官任用條例中，只以適用於例外的位置為限。一八五三年因任命聯邦的行政官職，掌採用甄別考試，其後多改為競爭考試。二為競爭考試(Competition Examination) 此類又分二類；a.公開競爭考試——聯邦文官都採用公開競爭考試制度，凡具有正當資格者，一律可以參加；b.限制競爭考試——除公開競爭考試之外，并採用限制競爭考試，參加者限於長官指定的人員(如紐約等地)。

英國的文官考試，不重技術上，或專門上的知識，英國的郵務員和海關收稅員可在一處應試，至於美國的文官考試，則着重其技術上的知識或專門的知識，所以，美國的郵務員和海關收稅員便分開考試，凡全國男女，能有一技之長，即能參加文官考試，謀得終身事業。參加考試者，須先說的願就某種官職，及格後，即不能改就他種官職，遇缺即任用。一九二三年美國的官員分類法，文官分五類：（一）專門的和科學的；（二）準專門的(Sub-professional)（三）事務執行的和財務的；(四)保管的；(五)工藝的，美國文官吏的職務性質分類，同級的文官考試內容不同，表現考試內容的專門化（英國是由文官的等級分類，同類的文官，考試內容相同，表現考試內容的普通化)。考試的成績，只可視為一種假定的標準，不能完全倚靠之，所以歐美各國又規定一種試用時期，中國漢時諸官，「初除」必先「試守」，試守一年，然後為眞，唐時，進士及第，亦須委由吏部，試用三年，始得任選，試用期滿，再予甄別，合格者始得正式任用。法國政府用人的方法，分為四種：一則憑學校文憑或任事成績，二則薦舉，三則考試，四則試用及格，大抵四種方法參合並用，而不限於一格。在法國由行政命令及各部規則，規定官吏任用的資格，凡應考專門的和技術的文官，都以國立學校畢業生爲限，如礦山技師，必以礦山學校畢業生爲合格，至於普通行政官職，大都任用一般經過公開競爭考試及格者，受考者須以證書證明曾受善良的普通教育，普通所需要的畢業證書，如文學士的證書。關於司法財務、外交方面，則須有法律免許生（Licentiate in law）的證書，此外，亦有需要最高學位（如博士）證書的。各種考試旣由各部官吏舉行，由各部長監督，而不另設文官考試委員會；且就某部的考試，即可就某部的官職。德國方面，從前以官吏係專門事業，與執行律師及醫業者同一性質，對於所限定的考試資格極嚴，文官考試須有中學畢業文憑，並曾受三年法學教育者，方可應試。考取後，須分發練習，須再經一次正式考試，方可受任領薪，其所試科目與所任職務有密切關係。

中國古代早有考試觀念。舜典稱：「敷奏以言，明試以功。」「三載考績，三考黜陟幽明。」其詳雖不可知，但在古代似已有考試制度的雛形。兩漢考試，先行之於太學，古之所謂視學，即係考試學者的經業。或由君主親任，或使有司任之。漢代的考試，又用之於薦舉，即對有特定資格的人行之，如有爲郡國所察舉者，政府即重加策試。漢書文帝紀：「詔諸侯王公，郡守舉賢良能直言極諫者，上親策之，傅以納言。」漢書嚴助傳：「郡舉賢良對策者百餘人，武帝善助對，繇是獨擢助爲中大夫。」其他考試，如遇有官吏出缺則以考試塡補，又有特考。後漢書翟酺傳：「時尚書有缺，詔將大夫，六百石以上試對政事，天文道術，以高第者補之。……由是（侍中）酺對第一，拜尚書。」後漢書獻帝紀：「試儒生四十餘人，上第賜位郎中，次太子舍人，下第者罷之。」漢初的策問，重在諮詢。東漢薦舉校官，參用考試制。章帝建初八年，詔郡國辟士，分以四科，必試以職，始得充選。和帝永元五年，更有勅命對犯者顯明其罰。順帝陽嘉元年，用左雄之議，孝廉不滿四十，不得察舉，均先詣公府，諸生試家法，文吏課牋奏。所以，論者以爲魏晉以後，孝廉秀才之舉，均有考試，策論經義並重，爲沿東漢之舊。

兩漢魏晉的選舉，由政府官吏操有選舉權，而行「以官選民」，並非「以民選民」，兩漢時代，或由公府辟召，或由郡國薦舉，以後魏晉九品官人之法，更只知重閥閱而不辨賢愚。唐代吏部選官，純用考試制度，唐時選士屬於禮部，選官屬於吏部。凡士子及第，尚須試於吏部，及第後，始可爲官，吏部主文選，兵部主武選，均重考試。隋唐以來，都視學校爲科目而設，科舉制度之下，其考試不以學術爲標準，而學術反以考試爲標準，政府考試策論，士人卽以策論爲學業，如重詩賦卽以詩賦爲學業，重八股則深陷於八股，科舉弊端的表現，係暴露考試的內容腐敗，但不能謂考試制度之不應存在。魏晉之後，州郡選舉秀才孝廉，與九品官人法相間而行，當時卽已以詩賦考試，隋代盡罷僻舉，建秀才科，諸州每年選送三名，如考得高第卽爲秀才，極加重視，大業中更建進士科，試以詩賦。

唐代的考試制度愈密，除了制舉之外，凡學館生徒，州縣之鄉貢，按歲試以科目，鄉貢方面，由士子懷牒自列於州縣，州鄉試其可者，長吏舉行鄉飲酒禮，貢之京師，由禮部試之。其初，試士之責，原由吏部員外郎主之，開元二十四年，考功員外郎李昻，爲舉人詆訶，因此，政府亦覺員外郎望輕，改授權於禮部，以侍郎主之，其科目約有五十餘，如：秀才、明經、進士、明字、明算、三史、開元禮、道舉、武舉、童子等。尤以明經、進士兩科爲最。明經中又有：五經、三經、學究一經、三禮、三傳、史科之列，先試帖文，（帖文卽帖經，以所習經，掩其兩端，中留一行，復裁紙爲帖，帖去數字，令受試者讀出之。）後行口試，經問大義十條，答時務策三道，以上上，上中、上下、中上四級爲及第，對於口試，後又改爲墨義，（墨義係對於口問而言，唐元和時，停口義，試墨義，宋時諸科皆有墨義。）進士先試詩賦，取者繼試時務策五道，帖一「大經」，經策全通者爲甲等，策過四帖過四以上者，爲乙策。影響所及，爲明經者但記帖括，（唐以帖經試士，往往帖孤章絕言，應試者每取其難者編爲歌訣，以便記憶，謂之帖括）爲進士者沉溺辭章，不通經史，在朝者雖知其空虛，仍不能斷然而行改革。隋唐以前，雖間用選舉，但仍以選舉爲宗，考試的作用，尚未充分發展，隋唐以後，用考試的方法，行科舉的制度，又因行之不得其當，效果有限，據文獻通考選舉考上所論唐代考試的風氣，認爲很壞：「今之舉人，有乖事實，或明詔試令搜揚，則驅馳府寺，請謁權貴，陳詩奏記，希咳唾之澤，摩頂至足，冀提攜之恩，故俗稱舉人為「覓舉」，夫覓者自求之稱，非人知我之謂也。故選曹授職，喧囂於禮闈，州郡覓士，爭訟於階闥，謗議紛紜，寖成風俗。」雖然如此，此為科舉制度之害，而非考試制度之失。隋唐以後，考試的原則，在於只論人才優劣，非謂「代族高卑」，自考試制度一行，不論士庶，都有憑藉自力以求上進的機會，因而可以減却奔競請托的風氣。

宋神宗以前，仍用唐制，以詞章記誦為重，宋大臣如范仲淹、歐陽修、司馬光都欲從事改革，而反對派則以「詩賦聲病易考，策論汗漫難知」為理由，從中作梗。到了王安石變法時代，才罷諸科，惟存進士與新設之明法科，至於武舉童子舉，後亦行之。貢舉之赴進士科，在秋取解，冬集禮部，入春考試，一甲三名，均稱狀元。取解者，須先試於各路，中式者稱舉人，始有其資格。進士科由詩賦而改試經義、論策，而經義又改墨義為大義。明法科試律令，及刑統大義，斷案中格即取，以待士之不能改業者。王安石雖重經義，然科舉內容，依舊空虛，可謂開闢了後代八股的先聲。王安石所頒佈的大義式，係王氏父子的自著，亦如唐初以孔穎達等所撰之五經正義為標準，熙寧六年三月，特置經義局，訓釋詩書周禮，王安石為提舉，呂惠卿、王雱同修撰。八年六月，三經新義頒於學官，周禮義出於安石，詩義、書義出自其子王雱。元祐後，又分進士為詩賦，經義兩科，南渡後沿行，但詩賦仍為世所推重。

宋代的考試方法，漸趨周密，有「糊名」「謄錄」之法，凡試卷均糊姓名，以防閱卷人之舞弊，又稱「彌封」（唐吏部試吏用此法，而武則天時嘗能之），所謂謄錄，即對試卷另加謄錄後再閱，亦防閱卷人之偏袒。而李夷賓（袁州人）又嘗上言建議士子用墨筆，稱為墨卷，謄錄用硃筆稱為硃卷，以補「糊名」之不足，凡此，均在使士庶有均等機會，而有司不能肆其愛憎。遼人已起於唐代，仿行唐代進士法，遼聖宗六年開科，已早分詞賦經義兩途，而不偏於詩賦，（但不許契丹人應試）遼對科舉並不重試，可見宗遼之際，科舉內容，均改重經義，考試方法，亦漸求完備，金元之際，科舉內容，更趨空虛，而考試方法，則又過嚴，金除制舉宏詞科外有詞賦經義策試，（金天德三年罷策試科）律科經童之制，凡試詞賦經義策試三科中選者，稱進士；律科經童中選者，稱舉人，又有女眞進士科，以其試策試論稱「策論進士」，凡進士由鄉至府，由府至省，及殿廷，共經四試，若均中選，則授以官，廷試五被黜，則賜第稱「恩例」；而特命及第，則稱特恩，有時專以詞賦取士，又加以程式的限制，而經義所試，又有定註，這兩者現象，都足以影響於後世的八股文，自宋以後，進士及第，即可授官，其賜同出身者，則循用常調，以示甄別，金對進士，授以文散官，稱文資官，餘則武散官，謂之右職，文資以進士爲優，右職以軍功爲優，均須資有陞降定式，亦不再以考試而命官，元代承沿宋金，仍以科舉考試的等級，分別授職，元之太宗，曾一度以科舉取士，後又停止。到元之仁宗時，立下定制，凡鄉試中式者會試，會試中式者御試，分蒙古色目及漢人南人爲兩榜，所試科目各不相同，但均重視經學，罷去詩賦，並參以「策」及「應用文」各一道，所試各經，又有一定範圍，不容思想之自由發揮。

明代三年大比，鄉試（試之直省）中式爲舉人，次年以舉人試之京師（即所謂會試），中式後，天子親策於廷（即所謂廷試或稱殿試），取一甲三名，稱狀元、榜眼、探花，賜進士及第，二甲、賜進士出身；三甲、賜同進士出身，此爲定制。至若以鄉試第一爲解元，會試第一爲會元，二三甲第一爲傳臚，則係士大夫之通稱。明代自洪武十七年以後，極重進士，須進士始入翰林，須翰林始入內閣，明代考試，專取四子書及易書詩春秋禮記五種命題，其文略倣宋經義，體用排偶，稱爲八股，如日知錄上說：「經義之文，流俗謂之八股，蓋始於成化以後，股者，對偶名也，天順以前，經義之文，敷衍傳注，或對或散，初無定格，成化二十三年會試，乃以反正虛實淺深扇扇立格，八股之制，實始於此。」明代攷試的法令漸嚴，仍用彌封謄錄（攷試者用墨，謄錄者用硃），他如監守巡察，迴避親戚之類亦行之，但晚明考試，弊端依然層出不已。明代亦如宋時，科舉登第，即可依資授官。狀元授修撰，榜眼探花授編修，其他或授給事，御史、主事、中書、行人、評事、太常、國子博士；或授府推官，知州、知縣等官。惟二三甲考選庶吉士者，始得爲翰林官，他如舉人貢士不第，入監而選者，或授小京職，或授府佐，及州縣正官，或授教職。

清代仿明制而略加更改，鄉舉中式稱舉人，副於正榜稱副貢生；會議中式稱貢士，殿試則賜及第、出身，統稱進士，亦行三年大比，如遇慶典特別舉行科舉，則爲如科；若增加取額，則爲廣額，亦有加科廣額並行的事實，其類別分文科，武科兩種，又有漢人與八旗之分，考試內容，以八股爲文，試帖爲詩，文格愈下。清代之進士舉人，貢生，僅爲入仕的資格，其入仕須經考試，但不由吏部主持（與唐代異），以進士而論，貢士殿試雖定三甲，除一甲授職爲例定之外，其他須在朝考後，始能分到授職，朝考成了選官的考試，由朝考以定翰林院庶吉士之選。此外，卽分發六部爲學習主事，次則授內閣中書，再次則分發各省爲知縣。以言舉人選官，有考選、揀選，考選以舉人考取內閣中書（雍正初始行之），揀選卽舉人會試三科不第，例可赴部註册，以知縣教職用，初兼用考試，康熙廿九年始罷。以貢生而論，拔貢任官，由部奏淸朝考，舉行於北闈試場，取錄分三等，交部張挂，列名一二等者，並定期於保和殿覆試，取錄者由禮部帶領引見，或以七品小京官，分部學習；或以知縣分發各省試用，餘則爲詢問班，州判教職，可自由選定，凡朝考未取及殿試落第者，亦可赴吏部呈請就教諭直隸州州判，聽候銓選。

銓敍與考試制度的關係，極爲密切，有了考試權的運用，政府對於一切事務人員的升降轉調，更須按照一定的程序，以防止各機關主持人員的循私，由此便表現出銓敍的目的與功用，歐美各國的考績事務，實際上由各機關長官處理，如設有考試機關，卽由考試機關操有最後決定之權。中國古代早有攷績標準的規定，且係按其職務的性質而定。很合乎科學的原則。唐代的考績法如：四「美」，二十七「最」，「美」者，卽是考核德性方面的標準，可不分職務，「最」者，卽考核事功方面的標準，則須分明職務。德性與事功同時考核，優劣判然，唐代規定：「一最以上有四善爲上上，一最以上有三善或無最而有四善爲上中，一最以上有二善或無最而有三善爲上下，一最以上有一善或無最而有二善爲中上，一最以上或無最而有一善爲中中，職事粗理，善最弗聞爲中下。愛憎任情，處斷乖理爲上下，背公向私，職務廢闕爲中下，居官諂詐及貪濁有狀爲下下，若干美最之外，別有嘉尚，及罪雖成殿而情形可矜，或雖不成殿而情狀可責者，省校之日，皆聽考官臨時量定。」（通典選舉門）

金時沿唐制而略加以變更定義四「善」（德義有聞，淸愼明著，公平可稱，勤恪匪懈），及十七「最」（如：禮樂興行，肅淸所部，爲政敎之最；賦稅平均，田野加闢，爲牧民之最；決斷不滯，予奪當理，爲判事之最；鈐束吏卒，姦盜不滋，爲督領之最；盜賊淸弭，使人安靜，爲巡捕之最；明於出納，物無損失，爲倉庫之最；訓導有方，生徒充業，爲學官之最；檢察有方，行旅無滯，爲關津之最；提防堅固，備禦無虞，爲河防之最；物價得實，姦濫不行，爲市司之最；戎器完肅，捍守有方，爲邊防之最；議獄得情，處斷公平，爲法官之最；差役均平，盜賊止息，爲軍職之最。）對於縣令的考績，規定六種標準：一田野闢；二、戶口增；三、賦稅平；四、盜賊息；五、軍民和；六詞訟簡，六、事俱備爲上等，升職一等；兼四事者中等，減二資歷；其次爲下等，減一資歷，否則罷降，平常者依本格。」這些規定都很合乎科學的原則。

明太祖十四年制定在京六部五品以下，聽本衙門正官考核四品以上，由天子裁奪，十六年又改，凡京官考核，俱由其長官開具送吏部覆核，外官亦各由其直屬長官考核，再送呈其高級長官覆核。續通典選門載：「直隸有司首領官及屬官亦從本司官考覈，任滿從監察御史覆考，各布政司首領官，俱從按察司考覈，其茶馬、鹽馬、鹽運、鹽課、提舉司、軍職首領官，俱從布政司考覈，仍送按察司覆考，其布政司四品以上，按察鹽運司五品以上，任滿黜陟取自上裁」。明代吏部在性質上多與今之考試機關相似，京官考核由長官開具送吏部覆核，頗似現代公務員考核由長官開具送考試機關覆核情形。明代並派御史巡按州縣，示以：「毋得摭拾人意，賢否皆具實蹟以聞。」

第二節　中央政制中之監察制度

歐美各國對於行政機關的監督權，大都置於民選的代表機關之手。所謂彈劾權，即是議會對於總統或國務員的犯罪，得向憲法上所指定有審理彈劾案權限的機關，提起訴訟，請求審理和處罰的權力。彈劾權之所以屬於議會，因議會是代表人民的機關，有監督政府的權力，加之彈劾權爲監察權之一，自屬於議會。美國憲法學者傅斯特（Foster）在美國憲法（American Constitution）上指出：上古人民的部落會議，已有彈劾權的行使，各部落中的一切糾紛訴訟，都由部衆大會處理，迄政治組織漸次發達，普通民刑訴訟雖漸改歸法庭訊辦，而從前的人民大會於重大案件還是有權過問。議會是人民大會演進的結果，自可操有彈之權，龐德（Pound）在立法的司法（Legislation Justice）一文中，也說，彈劾權是立法團體兼理司法的遺跡。古代希臘城邦對於犯重罪多由人民審判者日耳曼的部落大會議更常審理重大案件，斯托里（J. Story）在美國憲法評述（Commentaries on the constitution）中主張，議會應有審理彈劾案之權，以爲上院可能具有公正剛直、才智、獨立等美點，又有一般人認爲彈劾案件多帶政治性質，司法機關不易過問，假若遇有彈劾法官的案件，司法機關更不便過問。此外，對於控訴與審判應由上院及下院分別執掌，以免彈劾與審判之混合。

在歐美彈劾制度中，以議會爲彈劾權的主體者如英國，其奉行已久的制度，係以彈劾權專歸於衆議院，審判權則歸於貴族院。英國的貴族院，具有法庭性質，能處置少數特殊訴訟事宜，麥克文（Prof Mcilwain）以爲議會之近似法庭，有過於其爲立法機關（Parliament was more a court than a legislature）。近世英國由衆議院所提出的彈劾案，不論被控者爲平民或貴族，貴族院均有權予以審理。英國的彈劾制度，自一三七六年（愛德華第三 Edward Ⅲ 時代）以來，曾經行使數次，最初係拉廷末（Lord Latimer）與勒非爾（Lond Nevill）被彈劾，一三八六年波耳 Michael de la Pole 被彈劾，一三八八年布爾來 Burley被彈劾，一四四九年波爾（William de la Pole）被彈劾，一四四九年以後，彈劾案很稀，自一六〇三年到一七一四年斯丟爾(Stuart)王朝時代，英國議會漸佔勢力。一六二一年以後，衆議院以彈劾案爲對政府的有力武器，自一七一四年以迄一八〇四年，彈劾哈司丁（Warren Hastings）和莫非爾（Lord Melville）兩案，較爲重大，一八〇五年以後，彈劾權更少用了。

英國的彈劾制度，雖無明文規定，但就其實例研究，即可明英國彈劾制度的特性，這種劾度的特性，在於不以彈劾爲單純的懲戒，並視爲一種刑事裁判。衆議院舉行彈劾，即爲舉行刑事的告發；貴族院舉行裁判，即爲舉行刑事的裁判，被告的罪名，即爲刑事犯罪，對於刑事犯罪的制裁，即爲刑罰。英國的貴族院素具有最高刑事裁判所的性質，而衆議院爲各郡代表的集合體。英國方面凡刑事犯罪的告發權照例由人民所組織的大陪審官（Grand Jury）行使，則關於對官吏犯罪的告發權，衆議院自可用全國陪審員的資格來行使。換言之，彈劾權的提出，應屬於衆議院，所以英國的彈劾制度含有刑事裁判的性質。若就刑事犯罪加以刑罰的制裁而言，未嘗不可由普通法庭負責而似無庸有此彈劾制度的存在；但當時英國的司法制度還不能脫離行政機關而獨立。此外，又因國務員除刑事犯罪外，且有職務上的過失，事關政治的性質，非普通法庭所能審理。

彈劾制度源於英國，迨美國獨立後，輸入美國，後更輸入歐洲大陸各國，各國多仿效，且有以之明定於憲法中者，美國憲法第一條第二項規定衆議院有「彈劾之全權」。第三項又規定「參議院有審訊一切彈劾案之全權」。但參衆兩院之性質，仍與英國不同，依照美國憲法規定無論大總統副總統，無論犯叛逆罪賄賂罪或其他的重罪輕罪，議會都可彈劾。在英國的情形不同。英王有元首的虛名，並無實在的權力。所以樸萊斯登（Blackstone）說：「英王不但不能做錯，並且想不到作錯，及意存做錯事。」（The king is not only incapable of doing wrong, but even of thinking wrong he can never mean to do an improper thing.）

美國憲法又規定審理總統彈劾案時，應以最高法院院長爲主席，其用意在於避免副總統有參預審理之嫌。美國憲法第二條第四項規定，大總統、副總統、及合衆國文官因叛逆罪、賄賂罪或其他重罪輕罪都受彈劾與定讞時，應受免職處分。美國制裁被彈劾者，除剝奪官職而喪失官吏能力外，並不待加以刑罰的制裁。若犯可起訴之罪惡，則於彈劾後，仍可在普通法庭內提起訴訟，內閣閣員對總統負責，不對議會負責，其身分與普通官吏同，所以美國不似英國的彈劾權專對國務員行使。美國的彈劾權，行使於大總統副總統及一切官吏，其適用的範圍雖廣，但對的適用範圍，頗受限制。因爲美國的彈劾權，只適用於犯罪行爲，（如：叛逆罪，收賄罪，及其他重罪輕罪）而不適用於失職行爲。如遇美國議員行爲有辱議會尊嚴時，議會可自動決議而除其名，無待彈劾。美國彈劾案中關於彈劾法官（亦屬文官）者甚多，此制較爲奇特，在法德未見，在英國議會之對法官行使罷免，亦只須表決即足，不必以彈劾行之。

次就法國的彈劾制度而論，在一七九一年的憲法中，已有彈劾制度，依現行憲法（一八七五年七月十六日的憲法）第十二條第二項的規定：「國務員因職務上的犯罪，得受衆議院的告發和參議院的裁判。」這種所謂職務上的犯罪，究指違反刑法上所規定的條文，或指濫用職權倘無明確的意義。但自從有了彈劾制度的採用，即倣英國而帶有特別刑事裁判的性質，因此，論者以「職務上的犯罪」可認爲刑事犯罪，並以所課的刑罰，即是刑罰的制裁。至於對總統的彈劾權，則明白規定以叛逆罪爲限（一八七五年二月二十五日憲法第六條第二項）。法國仿效美國，大總統可受衆議院的彈劾，受參議院的審判。但議會彈劾總統，只可於其犯叛逆罪時（依據一八七五年二月二十五頒佈憲法第六條第二款）以別於對一般閣員因「職務的犯罪」而提出的彈劾。法國一八七五年七月十六日的憲法第十二條所載，參議院除可受理衆議舉發總統犯叛逆罪，國務員犯職務罪外，尙可依據國務會議，總統署名之命令，成立法院，審判一切危害國家安全的罪犯。法國的彈劾權的範圍，較美國爲廣。

在德國方面，不以彈劾權完全歸之議會，議會有提出彈劾之權，而無審判之權。本來，德國各邦，除普魯士等極少數之外，以前對於彈劾制度並未實行，有些邦則認彈劾制度爲刑事裁判。一九一九年的新憲法第五十九條，規定：「聯邦國會對於聯邦大總統，聯邦行政院或各部部長認爲違背憲法或聯邦法律時，得代表聯邦向國事裁判所控告之。」普魯士新憲法第五十八條規定：「國務員違反憲法或法律的行爲，邦議會得向政治裁判所提起公訴」德國派彈劾制度的特點，在於以裁判權置於法院，而不置於上議院，以「免官」爲對被彈劾者的制裁方法，縱使情節較重，亦僅使被彈劾者暫時喪失參政權而已，奧國新憲法與德國大致相同，其憲法中第一四二條規定，對於總統及一切行政官吏，違反憲法的行爲，得由議會向憲法裁判所提起公訴，羅馬尼亞憲法第九十八條規定：「國王及兩院得控訴國務員，並將其移解於獨有該項審判權之最高法院，」此種係表示國王與議會分而領有提出彈劾之權。

對於其他官吏的彈劾，各國各有不同的規定，從範圍上看去，英國的範圍最廣，法國次之，美國又次之，德國的範圍爲最狹小。德國的彈劾權，僅適用於閣員及總統，對於事務官（指含有技術性的普通官吏），以爲其行動關係國家並不大，且有行政長官自上督率，如犯罪，則可由普通法律處置，依據一八五〇年三月的法律，在巴威略(Bavaria)有國事裁判所(Staatsgerichtshof)專審判一般被議會彈劾的內閣人員，第一次戰後的共和憲法，對於總統和國務員的違憲，及犯法行爲，亦規定由議會檢舉，由國事裁判所審訊，（普魯士新憲法第五十八條亦定此制，）英國的彈劾權究應適用於平民與否，抑僅限於官吏，至今尚無定論，但彈劾權應用於平民者，其例難覯，大抵均對官吏而發。關於彈劾案的裁判，在英法兩國，其性質與普通刑事裁判之性質相同，英國貴族院對於裁判彈劾案，不僅可爲免職的處分，并可判處死刑及其他刑罰。法國方面，如議會對於卸任閣員在職時的不法行爲，未能過問，則普通刑事法庭(Cour d'assises)經政府舉發，亦可處辦。

美國對於彈劾案的裁判，另爲獨立的懲戒（指在普通刑事裁判性質之外）。美國參議院對於定讞諸犯依據憲法第一條第三節第七項的規定，僅可對之加以免職，及剝奪享受合衆國尊榮，有責任或有酬金職位之資格的處分。如被定罪者尚犯有普通刑事罪時，則依法「仍應受法律上公訴、審訊、判法、及懲罰之處分」。德國與美國的規定略同。其國事裁判所雖爲獨立機關，但於犯罪者的科罰，僅及於罷免職位及取銷薪俸。捷克憲法第六十七條，規定：「對於大總統可科的罰則，只限於失其大總統的職務，及喪失其將來爲大總統的能力爲止。」奧國憲法第一四二條規定：「憲法裁判所之科刑判決爲免職，情節重大者，爲參政權之暫時剝奪。捷奧兩國係倣美制，關於各國審訊彈劾案機關的裁判能力，除英法二國外，大都以免職及剝奪公權爲止，而不爲普通的刑事處分。其原因在於審訊彈劾案件，既多屬政治行爲的性質，而審訊者又多非熟悉普通刑律的專門人才，若予以刑事裁判的責任，極易發生惡果。歐美的彈劾制度，在運用上，頗欠靈便，且在政黨政治之下，彈劾權更難發揮正當的結果。自責任內閣制實行，輿論監督，漸趨嚴厲；政黨紀律，漸求加嚴，影響所及，馴致歐美的彈劾制度，日趨衰落。

監察權隸屬於立法，在英國更有其特殊的歷史，依照英國法律，欲在普通法庭控訴一最高的官吏，非常困難，普通法庭對於貴族而行處罰，更爲絕對不可能之事，因此立法機關始以人民代表的權威，掌握彈劾的權力，但自責任內閣制實行以後，附屬於立法範圍的彈劾權，已久置不用。監察權若不獨立，流弊很大，在政黨政治之下，政黨議員對於政策極易感情用事，而於彈劾審判之際，亦難免以情感爲準，因而易於妄入人罪，有違公平不偏之旨，從前英國的閣員，如爲議會不滿時，一經下院彈劾，上院必判決有罪，所謂彈劾審判，均爲飾詞。議會制定法律，重在審愼周詳，自不必再掌糾彈官吏之權，若再有監察的權力，勢將放棄其本來的制法職務，甚或籍彈劾以逞私利私見。

中國的監察權，其範圍很廣，彈劾權僅爲其中之一，中國監察權中之彈劾官吏權和外國議會的彈劾權不同。各國議會雖兼理彈劾權，然不如我國早於古代卽以獨立的主體，行使獨立的彈劾權。我們就中外的彈劾權比較來看，覺得其中的異點不少。一、各國的彈劾權，對學適用的範圍不同，（各國法律上亦無一致的規定。美國憲法以彈劾權可適用於犯罪的行爲，法國憲法以彈劾權可適用於職務上的犯罪，德國憲法以彈劾權可適用於違反憲法或法律的行爲）。但各國亦具有其共同之點，卽在：彈劾權只適用於一切違法的行爲，不得適用於不當的行爲。在現代政府之下，對於國務員之涉及政策錯誤的行爲，只能用不信任投票的方法去加制裁，而不能用彈劾的方法（英國內閣制未實現以前，議會對於國務員的不法行爲，例如：與外國訂立不當的條約等，也可彈劾，但在近百年以來，逐漸只用不信任投票的方法，而不用彈劾的方法）。

中國的御史，有討論政治得失，採風向俗的職務，其彈劾官吏的權限，範圍廣泛，對於違法行爲或不當行爲，對於妨害公益或妨害私德的行爲，都可施行彈劾權，而無限制。明代的都御史，可以彈劾「學術不正」上書陳言變亂，成憲，希進用者」，監御史有「正風俗，振綱紀」的職責，可彈劾驕奢淫佚違反善良風俗者，以及思想不正行爲不端者，淸代的都察院的職責，「凡政事得失，官方邪正，有關於國計民生之大利害者，皆得言之」，對於王公貝勒大臣的「驕肆慢上」「無禮委行」，亦可彈劾。

二、就彈劾權之對人適用的範圍而言，英國算是最狹，英國多適用於國務員（其適用於非國務員而被彈劾的極少，如：一八〇四年彈劾哈司丁（Warren Hastings）而不適用於君主。在各國中，範圍較廣的如：美奧，美國可適用於大總統副總統及其他一切官吏；奧國可適用於大總統及國務員邦知事。美奧的彈劾權仍以官吏爲限。德國、法國、波蘭、捷克諸國以前的彈劾權，只適用於大總統及國務員，不適用於其他官吏。中國御史彈劾的人物，並無限制，凡王公大臣、藩服大臣、督撫、及道府州縣官吏，不分尊卑文武，甚至因巡按所至，可以彈劾非現任的致仕官吏以及非官吏的土豪惡霸。

三、關於彈劾案的裁判機關，或以彈劾案交法庭裁判，如比利時的彈劾案，交由最高法院裁判；德國的彈劾案，交由國事裁判所，或以彈劾案交由上議院裁判，如：美國、英國、法國其衆議院通過的彈劾案，由上議院組成裁判所裁判之。依據普通的原則，對於彈劾案的科罰，以免官及剝奪公權爲止（如：捷克新憲法第六十七條，美國憲法第一條第三節第七項，奧國憲法第一四二條，都有相似的規定。英國雖對彈劾案，視之爲刑事裁判，但其科罰，亦未超過免官的程度）。若有餘罪，再交普通法庭適用刑法科罪，頗類似一種特殊的懲戒處分。中國以前對於彈劾案的科罰，則無一定的限制，被彈劾者的科罰與普通犯罪者，亦非必呈差異。輕則記過降職免官，重則監禁絞斬，均由君主自行發落，或由君主的輔弼機關擬罪呈請君主發落。

從中國監察制度的演進來看：中國古代不採人民監督官吏的方法，而採「以官治官」的制度，卽是，以御史台或都察院監督行政和司法機關。自古以來，監察權的發達，成爲中國政治制度上的特點，在古代的監察權中不僅是對官吏的彈劾權，還有對行政的監督權如：接受各官廳施政成績的報告，檢查各官廳經費出納的會計報告，和註銷各衙門案卷等，都成了都察院的重要職權，這種行政的監督權與彈劾權的關係，很是密切，有了這種行政的監督權，才不致使彈劾權無法施展。秦漢以來，均由御史擔任糾察的責任，歷代御史的官階職權，雖然表現差異，但其權威均大，對於行政、司法、財政、軍事、教育、考試各種措施，對於習俗、思想，私人的道德等，御史均可提出糾彈，糾彈各人的行爲，以及朝廷的失政，彈劾罪犯罪事後，監察罪犯罪於將成之先，由御史職權行使範圍的無限制，由分科分道監察的方法，遂使上下都受御史的監察，成了御史監察的對象。

周禮天官：「小宰之職，掌建封之宮刑，以治王宮之政令，凡宮之糾察（鄭康成註：「若今御史中丞」）民之治令，以贊冢宰，凡治者受法令焉。掌贊書，凡類從政者。」這種小宰掌王宮的糾察和漢代的御史中丞，似均爲宮掖近臣，雖係小臣，但因掌治令，授成法，尚可認爲一種司憲之官。歷代職官表卷十八上載：「周官御史，次於內史外史之後，蓋本史家之屬，故杜佑以爲非御史之任，然考其所掌，如：贊冢宰以出治令，則凡政令之偏私闕失，皆得而補察之，故內外百官悉當受成法於御史，實後世司憲之職所由出。」

秦代以前，御史多掌記事的職務，其威權又常超出一切之上，正筆直書，可定千古的罪名，史官中亦有不畏強禦不對任何威權屈服的梗梗者，崔抒弑君，太史以直書被殺，其弟繼續直書亦被殺，最後終有一弟直書以完成其兄之志，而且「南史氏聞太史盡死，執簡以往」，預備繼續直書之，淳于髡對齊「御史在前，執法在後」。可知：執法可定千古的罪名，兩者都有極大的威權。又如戰國時代，常有獻書於大王御史的說話，而秦王趙王會於澠池，御史各命書其爭執。

秦代以後，由記事變爲彈劾，多掌糾察的職務，成了察官。秦統一六國，御史除政務外，仍職掌文書，漸由執掌文書進而參加國政，漸掌有監察的職務。秦時，御史大夫是副丞相，又有監察御史，巡行郡縣，職司監察，有彈劾的職務。自秦以來，御史糾彈百官，日益發達，唐代蕭至忠嘗說過：「故事，台官無長官，御史人君耳目，比肩事主，得自彈事。」（大唐新語）明朱元璋對御史湯和等表示：「國家立三大府，中書總政事，都督掌軍粮，御史主糾察，朝廷綱紀，盡繫於此，而台察之任尤清要。」（九通職官表）這樣說來，由彈劾權的獨立，而可表現其與政權軍權鼎立的現象。

兩漢掌管圖書的責任，仍歸御史，皇帝策詔，多由御史轉下各官，漢代的御史本職，係掌副丞相，總領百官，西漢時凡國家大事，對於考課地方官吏，受領計簿，亦由丞相與御史大夫共治之。漢代的御史大夫，仍爲三公（太尉、丞相、御史大夫）之一，漢代的御史制度，據典章上所載，較秦代爲完備。漢書百官公卿表稱：

「御史大夫位上卿，掌副丞相，有兩丞，秩千石。一曰中丞，在殿中蘭台，掌圖籍祕書，外督部刺史，內領侍御史十五人，受公卿奏事，舉劾案章。」漢代的御史大夫雖和後代的都御史不同，但其職掌在承風化，典法度，執法以監臨百官，是一種兼執憲之官。

漢成帝綏和元年，御史大夫何武建言設三公官，分職授政，以御史大夫改作大司空，分行丞相的職務。漢御史大夫有兩丞，一爲御史丞，一爲中丞。哀帝元壽二年，中丞出外爲御史台主，始專糾察之任。由此，使中丞成爲御史台的長官，類似滿清都察院御史的職務。如：歷代職官表卷十八上說：「自東漢省御史大夫，而以中丞爲台率，始專糾察之任。其後歷代或復置大夫，或但設中丞，規制多殊，要皆中丞之互名，蓋即今都察院台官之職矣。」這是漢代御史制度的一種變遷。

西漢會要所載，前漢的御史，除御史大夫及中丞外，尚有侍御史，治書御史，符璽御史，御史中丞從事，監察御史，御史大夫掾西曹掾，主簿，御史屬，柱下令等官，其中以侍御史的職任，多而且重，治書侍御史以法律當天下奏讞，定其是非參主台事各種御史都歸大夫及中丞管轄，不論在殿中或在寺中，如中丞奉詔治獄，則侍御史即負有逮捕犯人的責任，而聽中丞的差委。後漢廢御史大夫，有時或復設，亦不率領中丞，中丞漸成一切御史的長官，權位日重可與司隸校尉尚書令會同，並專席而坐。（其初中丞遇尚書侍郎，須止車執版揖，而丞郎坐車僅舉手禮之，見宋書百官志。）

後漢的御史中丞，不屬於三公的司空，中丞及中丞以下的侍御史等官均改屬少府。後漢的御史，正職之外，尚有他職，如：中丞督兵討捕盜賊（范史所載馮琨以御史中丞將兵督揚州九江諸郡軍事，盛修以御史中丞募兵討長沙零陵賊之類），遂成後世督撫兼都御史的來源。漢代侍御史所掌凡五曹：一、令曹，掌律令；二、印曹，掌刻印；三、供曹，掌齋祀；四、尉馬曹，掌廄馬；五、乘曹，掌車駕。侍御掌奉命出巡各地查災害，督察官吏，成績優異者可升中丞。中丞外調，即可二千石。侍御史出缺，由公府掾屬高第者升補。總計，漢代御史的職權，如察舉非法，舉劾違失，典法度，掌律令，理大獄，治疑獄，掌圖書秘籍，監理諸郡，監察部刺史，監察三輔郡，監督軍旅，督運軍糧，討捕盜賊禁察踰越，糾察朝儀祭酒，安撫屬國州縣，護從巡幸，監護東宮。

御史在糾察官吏，御史之外，還有諫官，諫官在監督政府，這是中國古代政治下之兩大特殊制度。惟由演進的結果，御史愈後，其權愈重而諫官之職，愈趨愈微。兩漢時代的三公，兼負諫職，國有大過，三公諫爭，哀帝時，丞相王嘉封還詔書，亦表示諍諫之切。而專負諫職者，則為光祿勳之屬官，大夫，議郎（大夫，有光祿大夫，大中大夫，中散大夫，諫議大夫，在漢均係諫職議郎亦徵賢良方正敦樸有道之士任之）。常以議論，應對為務。至於「給事中」一職，秦時已有。晉書職官表：「給事中，秦官也，秦漢雖有給事中的官名，但只有加官，並無正員，給事中為君王的近臣，時備顧問，與侍中，給事黃門侍郎等官，均係侍從左右，出入禁中，地位相近，後漸「平尚書奏事」，「掌顧問應對」，並進於專掌封駁的職務。後漢章帝以後，廢「給事中」，其所加者仍不外大夫、博士、議郎。侍中雖亦始於漢代，且掌侍左右，備顧問應對，但係君主親寵之官，不足比於諫職。曹魏時，又置給事中，仍如漢代，只為加官。晉代的給事中，已設為專官，地位定為第五。

漢代的司隸校尉與刺史，都是地方的監察官，監領一州，又是中央的要職，有監察公卿的權利，秦時無此官職，漢武帝時置之，初是中央官，後監察郡縣。漢書百官志：「同隸校尉周官，武帝征和四年，初置持節，從中都官徒千二百人，捕巫蠱，督大姦滑，後罷其兵，察三輔、三河、弘農，元帝初元四年去節，成帝元延四年省。綏和三年哀帝復置，但為司隸，……屬大司空比司直。」

光武復名司隸校尉，亦監察七郡。續漢志卷三六註「（司隸校尉）職在典京師，外部諸郡，無所不糾，封侯、外戚、三公以下無尊卑，入宮開中道稱使者，每會後到先去。」「（司隸校尉）持節掌察舉百官以下及京師近郡犯法者。」漢初，司隸雖尊於中一千石，但受丞相，御史大夫的節制，成帝時，丞相掾屬始不能督促司隸，司隸校尉可彈劾三公，上察百僚，下察郡守，漢書匡衡傳：「司隸校尉秦丞相備位三公，領計簿，而專地盜土。」

司隸可以奉詔捕殺罪犯，逮捕公卿，卽外戚亦受其監察，司隸本京師重官，漢末綱紀廢弛，權臣多自兼，如：「鎭東將軍曹操自領司隸校尉」（後漢書獻帝紀）更有遠在他郡而稱兼司隸，如袁紹爲司隸校尉，其後出奔他郡，爲渤海太守「猶稱兼司隸」（袁紹傳），逾越法令，則非常制。司隸校尉監察京兆尹，左馮翊右扶風（三輔），河南郡，河東郡（三河），及弘農等七郡。東漢都洛陽，河南置尹稱河南尹，司隸校尉秩比二千石（續漢志卷二六）有從事史十二人；從事都由司隸任免，秩百石，又有假佐二十五人，內有典佐書佐，主部文書，每郡一人，由郡吏充任，每歲一更。

秦代的監御史和兩漢的刺史，都是常設的地方官。此外，又有臨時的監察官，卽是君主的使臣，由詔令臨時規定其職權，有時，純粹監官的刺史，也受臨時監察官的監察。（使臣的監察制，原非固定的制度，一切由詔令臨時規定。）秦代的監御史，其詳細職權已不可考，據漢書蕭何傳：監御史只有考察權而無任命權。日知錄卷九上說及，秦監御史與郡縣制同時設置。漢初的監御史，依九條監察三輔，唐六典稱：「惠帝三年相國奏御史，監三輔不法事，詞訟盜賊，鑄僞錢。獄不直，繇賦不平，吏不廉，奇刻踰侈，及弩力十石以上，作非當服，凡九條。」

常設的刺史制，在兩漢政制中，有其特色，但因時設時廢，多有變易，漢代刺史，則以六條監察各郡，非條，所令卽不察：

「一條，強宗豪右，田宅踰制，以強凌弱，以衆暴寡；二條，二千石不奉詔書，遵承典制，倍公向私，旁詔守利，侵漁百姓，聚斂爲姦；三條，二千石不卹疑獄，風厲殺人，怒則任刑，喜則淫賞，煩擾刻暴，剝奪黎元，爲百姓所疾。山崩石裂，妖祥訛言；四條，二千石選署不平，苟阿所愛，蔽賢寵頑；五條，二千石子弟，恃怙榮勢，請托所監；六條，二千石違公下比，阿附豪強，通行貨賂，割損正令。」……漢書百官表注。

刺史不察二千石以下的黃綬丞相，刺史如監察有逾詔條，或干預郡守行政事，則爲非法。刺史至郡可以考試儒生，諸侯王亦受刺史的督察。至於治所，初無固定，自東漢始有治所。兩漢刺史的差異，據陔餘叢考卷二六上稱，「舊制，州牧奏二千石長吏不任職者，事皆先下三公，遣據吏案驗，然後黜退。光武不復委任三府，而權歸刺史。」西漢的刺史，受治於御史中丞，漢書薛宣傳「宣爲中丞，執法殿中，外總部刺史」西漢末，王莽曾置設執法左右刺姦，職權亦如漢刺史（王莽傳下），刺史秩本六百石，而監察二千石官，位卑權重。日知錄卷九：「秩卑，則其人激昂，權重則能行志。」刺史職司監察，守令專理民政，其制頗善。

刺史的員吏與司隸路同，不監察百官時，卽無都官從事，刺吏的功曹從事，爲治中從事，從事秩皆百石。刺史各監察一州，兩漢均有十三州，王莽時嘗一度改置十二州，漢末獻帝建安十八年改爲九州。當時已改刺史爲州牧，而「州」已非監察區。只就兩漢十三州來說，十三州中，司隸部一州，所餘十二州，十二刺史各部一州，兩漢的刺史與州牧，迭互更置，漢末靈帝中平五年，州牧制始確立，刺史制廢除，蓋當時黃巾亂起，不得不加重牧伯權力，督剿賊寇，其結果，中央監察地方的刺史廢除，州牧成了地方的行政官。刺史逐漸變成州牧，使以前純粹的監察官，漸增了行政上的職務，發展而爲總攬地方權力的行政官吏。刺史與州牧之分，在乎有無行政職權之別。西漢亡於中央權臣，（西漢以郡爲單位，若以一郡之力而欲抗拒中央，其勢難張，至王莽之篡，則係利用中央權臣的地位）●東漢亡於地方州牧（東漢州牧制已施行，州牧地廣人衆，州牧因而有所憑籍，更有兼領二州以上者，形成外重內輕，幹弱技強，易於割據之勢）。

兩漢的御史制度，逐漸建立一種完全的糾察制度，魏時，御史掌奏劾，律令，察非法，掌考課，督軍糧，安撫賑濟等事，其職亦如兩漢，冊府元龜：「魏文帝黃初二年，又以御史大夫爲司空，改中丞爲宮正，後皆復舊名，侍御史八人，又置治書執法，掌奏劾，治書侍御史但掌律令。」三國魏志杜襲列傳：「文帝踐祚，襲爲督軍糧御史，更爲督軍糧執法。」三國魏志明帝本紀：「黃初七年，遣治書，侍御史荀禹慰勞邊方，景初元年，冀兗徐豫四州民遇水，侍御史循行沒溺，開倉賑救之。」魏時，以治書侍御史分統侍御史，其地位更高。三國中的蜀漢，也設有御史中丞，如蜀志，向朗列有：「朗子條，景耀中爲御史中丞。」

冊府元龜載：「吳亦有御史大夫，後又置左右御史大夫。」

冊府元龜上又說：「晉初罷大夫，因漢制，以中丞爲台主。」李華御史中丞廳壁記上說：「晉宋元魏以還，無御史大夫，由是中丞威望愈尊，禮有加等。」通典：「魏晉以來，治書侍御史分掌侍御史所掌諸曹，若尙書二丞。」大抵晉代不設御史大夫，中丞的地位因之抬高，卽以中丞任御史大夫的實職，同時又沿魏制，增高治書侍御史的地位，卽以治書侍御史任中丞的實職。晉時，中丞與司隸分督百僚行馬內（行馬，卽官署前所設之儱柴木，交互其木，以爲遮攔），自皇太子以下，中丞無所不糾，後亦糾及尙書，南朝之際，卽在行馬外，如遇監司不糾，亦得奏之。雖丞郎下朝相値，亦得斷之。（見南齊書及隋書百官志）對於御史選擇，極爲重視，漢代常以刀筆吏積勞而得，此時則異。

宋齊兩朝的治書侍御史責任稍輕，梁朝對之又加重，選任亦較愼重，當時中丞的職任，非常重要，論劾的責任，百官中有犯罪而被發覺者，卽坐中丞以失察之罪，因而免職者頗多。北魏改中丞爲中尉，益張其威，愼重其選，通典上稱：「後魏御史甚重，必以對策高第者補之。」其御史各官，頗似前代，北齊的御史台掌糾察彈劾，中丞一人，治書侍御史二人，侍御史八人，殿中侍御史檢校御史各十二人，錄事四人，（見隋書百官志後周「六官之建，改中丞爲司憲中大夫，御史台爲司憲，屬秋官府。」（見州府元龜）「司憲中大夫二人，掌司寇之法，辨國之五禁。」（見通典）。司憲中大夫的職位與中丞同。魏晉南北朝之際，御史官尉時有變更，且仍不免雜差，但其地位，則漸提高。當時，御史可以風聞而事彈奏，如北齊沈約嘗爲御史中丞，奏彈王源說：「風聞東海王源……」卽係採用人民告密的書狀，略去姓名，而指爲「風聞訪知」。又舊制御史台隸屬的機關，後漢稱爲御史台，亦謂之蘭台寺，梁代及後魏北齊則謂之南台，隋及唐謂之御史台。

以諫職而言，魏時，光祿已不復居禁中，已無兼領諫職之必要，文帝置有散騎常侍，掌規諫，其下又置給事中，以爲加官。晉代的散騎常侍與給事中雖隸門下而別爲一省，南朝改集書省，侍從左右，獻納得失，省諸奏聞。文書意異，隨事爲駁，封駁成了集書省的職務，而非給事中一官所能專。同時，門下省掌侍從左右，擯相威儀，獻納盡規，糾正違闕，亦兼諫職。北齊之中侍中省（掌出入門閣），不若南朝門下省之兼有諫職，而北周之給事中士，（只掌六徑及諸文志，給事左右）亦非諫職。

隋代廢中丞，改御史爲大夫，抬高治書侍御史的品位，以代替中丞的職任，煬帝廢御史直宿禁中的舊制，使御史專屬於外台，漸遠於宮禁，歷代職官表卷十八上稱：「隋以中丞爲大夫，而治書侍御史專主簿領以爲之貳，至唐復改書爲中丞，自梁以後，大夫卽漢魏中丞之職，中丞卽漢魏治書侍御史之職，名雖遞易，而實則無殊也。」關於侍御史的選任，亦有變遷，隋開皇時，卽巳廢除後魏革選的舊制，由吏部選用，不由台主。

唐代，台主爲御史大夫，實卽漢魏中丞之職，次爲中丞，實卽漢魏治書侍御史之職。貞觀初，「以法理天下，尤重憲官，故御史復爲雄要。」（通典）其組織，「御史大夫一人，從三品，中丞二人，正五品；掌邦國刑憲典章之政令，以肅正朝列。侍御史四人，從六品下，令史十五人，書令史二十五人，掌糾舉百僚，推鞫獄訟。主簿一人，從九品下，錄事三人，從九品下，掌印及受事發辰，勾檢稽失。殿中侍御史六人，從七品上；令史八人，書令史十人，掌殿廷供奉之儀式。監察御史十人，正八品上，令史三十四人，掌分察百僚，巡按郡縣，糾視刑獄，肅整朝儀。」（唐六典）御史台有三院卽：台院（主糾察百僚，侍御史隸之）；殿院（主殿庭供奉之儀，殿中侍御史隸之）；察院（主巡按州縣，監督御史隸之）。

唐代開元時，已用中丞爲採訪使，其後，所有節度使，觀察史，刺使……等官，多加御史大夫或御史中丞銜，如節鎮入京爲本官，卽稱爲「知台事。」代宗時，嘗以浙西觀察使蘇州刺史御史大夫李涵知台事。在外的各使，若兼大夫中丞官銜，則其幕府參佐屬員，均用御史爲之，稱爲「外台」，御史之勢更盛。元代的行御史台的制度，係自唐代的外台制度發源而來，明代的總督巡撫的制度，又從元代的行御史台的制度發源而來（見續通考行御史台門）。關於分巡分察兩事，爲唐代御史制度的重要變遷，武則天嘗改御史台爲肅政台，設左右肅政兩台，都左察朝廷，右澄郡縣。中宗以後，又改爲左右御史台。景龍二年，又置十道按察使，分察天下，唐代仿效秦代的監察史，以御史外巡州縣，行使職務，但非如清代巡撫的職務。明代各省巡按御史以及清代巡察御史的淵源，可推到唐代的十道巡按御史，而由唐代的安撫、存撫、宣撫、諸使、樹立了明代和滿清巡撫制度的基源。至於按察使，本爲觀察使，頗似明代的按察史，都和純粹的御史職位有別，十道巡察使可算是唐代御史制度之一種新發展。由唐代的分察制度，漸漸演進而成了滿淸十五道監察御史的淵源（用以分察各部院衙門）。

唐代侍御史的職務有四：一掌推鞫，二掌彈舉，三掌公廨，四掌台中雜事，而彈舉僅居四種職權中之一，殿中侍御史兼掌府庫出納及宮門內事，對於京畿諸州衛兵禁隸亦可管理。唐宗御史主簿，掌勾稽簿書錢穀事，類似現代的審計官。

唐代御史糾察的範圍，據通考職官表所載：「唐監察御史後增至十五人，正八品，下掌分察百寮，巡按州縣，獄訟，軍戎，祭祀，營作，太府出納皆涖焉。知朝堂左右廂及百司綱目，凡十道巡按，以判官二人爲佐務，繁則有支使，其一，察官人善惡，其二，察戶口流散，籍帳隱沒不均；其三，察農桑不勤，倉庫減耗，其四，察妖滑盜賊，不事生業，爲私蠹害；其五，察德行孝弟茂才異教，藏器晦迹，應時用者；其六，察黠吏豪宗兼幷縱暴，貧弱寃苦，不能自申者，凡戰後大克，獲則數俘馘，審功賞，然後奏之，屯田鑄錢，嶺南黔府選補，亦視功過糾察，決囚徒則與中書舍人金吾將軍涖之，國忌齋則與殿中侍御史分察寺觀涖宴射習射及大祠中祠視不如儀者以聞。……與元元年以第一人察吏部，禮部，兼監察使，第二人察兵部工部，兼館驛使，第三人察戶部刑部。」

唐代以前，彈劾本歸御史，鞠案禁繫則委之大理。唐貞觀之末，御史中丞李乾以因自大理往來，易滋弊端；且按事入法，多爲大理所反，乃奏准於台中置東西二獄，以自繫劾，在御史制度中，不僅分巡分察，起自唐代，卽各御史獨立彈事，風聞彈事，與中丞之不奉違法制詔，亦均在唐極盛。唐代御史，可以「風聞彈事」。這種表現，頗類似以近代檢察官因直接聞見，得以施行偵察處分一般。御史對於風聞彈劾，無論有無確證，或符合事實與否，均不負誤劾的責任。對於證據確鑿的犯罪行爲，固可彈劾，而於風聞傳說中未明眞相的嫌疑行爲，也可彈劾，不特可以彈劾犯罪於已成事實之後，復可彈劾犯罪於將成事實之先，這是古代御史奏彈的重要方法及其保障。

御史台雖由長官總管，但是，御史的職務，各有專責，各自獨立行使糾察權，不受長官的指揮，不受同僚的牽制，表示御史制度的特色，很類似近代各國獨立行使審判權的法官，劉肅的大唐新語上說：「李承嘉為御史大夫，謂諸御史曰：『公等奏事須報承嘉，不然，毋忘聞也。』諸御史悉不稟之，承嘉厲而復言，監察蕭至忠徐進曰：『御史人君耳目，俱握雄權，豈有奏事先咨大夫？台無此例。設彈中丞大夫，豈得奉諮耶？』承嘉無以對。」此外，大夫中丞且可對君主的不當命令，加以拒絕。大唐新語上說：「宋璟則天朝以頻論得失，內不能容，而憚其公正，乃勅璟往揚州推按。奏曰：「臣以不才，叨居憲府，按州縣乃監察御史事耳。今非意差臣，不識其所由，請不奉制。」無何復令按幽州都督屈突仲翔，璟復奏曰：『御史中丞，非軍國大事不當出使；且仲翔所犯贓污耳。今高品有侍御史，卑品有監察御史，今勅臣，恐非陛下意，當有危臣者，請不奉制。』月餘優詔，令副李嶠使蜀，嶠喜，召璟曰：『叨奉渥恩，與公同謝。』璟曰：『恩制示禮數，不以禮遣璟，璟不當行，謹不謝。』乃上言曰：『臣以憲司，位置獨坐，今隴蜀無變，不測聖意令臣，副嶠何也？恐乖朝朝故事，請不奉制。』」

隋時，集書省併歸門下省，長官稱納言，並有散騎常侍，諫議大夫，給事中等官，於是門下省成了諫議機關。但因煬帝多加改革，諫職日衰。唐時，復重諫職，除左右散騎常侍，左右諫議大夫外，又有左右補闕，左右拾遺，各掌侍從諷諫，大事廷議，小事上封事。左屬門下省，右屬中書省。因此，唐時有諫官，而無諫署。

以給事中而言，六朝時代，給事中的品秩和職掌，較前確定，梁代定有「隨時封駁」的職掌。北齊更明定給事中的職掌，並明定其員額。唐六典：「北齊集書省署給事中六十員，從第六品上。」後周改給事中為給事中士（六十人）屬天官府。隋代改給事中為給事或給事郎，員額大減，其職權則漸確定。在隋代以給事中屬門下省（以前給事中屬集書省）後世多所因襲，隋代以前，給事中，不外任侍從，或備顧問，或掌經籍。隋代專掌「省讀奏案」，後代抄發本章淵源於此。

一各代給事中的職掌，不外侍從左右，獻納得失，省讀奏案，駁正違失，掌理六經文志，到了唐宋兩代，其職掌非常發達。唐代薄御史，重諫官，諫議大夫和給事中，可稱爲侍臣，而御史可稱爲法吏，唐代的給事中，仍隸門下省，其位雖在諫議大夫之下，而權甚重，但非純爲諫職，掌侍左右，封駁詔勅，駁正刑獄，糾理寃滯無告，裁退選補不當，分判門下省事，凡百事奏抄，侍中旣審，則駁正違失，如侍中侍郎並闕，可由給事中監封題給驛卷。六朝以前的給事中，旣在君主左右，便能在詔書起草前獻納得失，駁正違誤，隋唐時，給事中均以外庭之臣爲之，並不預宮中之事。只可塗竄於詔書已下之後，（詔勅不便者塗竄而奏，謂之塗歸）而不能陳說於未制之前。其地位卽由宮內移到宮外，由事先諫止成了事後諫止，但是唐代對於勅旨和百司的奏疏，由中書宣出者，仍經給事中書讀後，交下施行（淸代重要或祕密的詔旨，由軍機處密行，不經給事中。）到五代時，給事中都兼他官，不能專司封駁之任。

五代之際，其御史大夫，御史中丞，侍御史，殿中侍御史，監察御史，主簿……等官，仍依唐朝舊制，亦如唐代之有三院。宋代的御史制度，則有重要變遷。御史大夫只爲兼官，而無正員；御史中丞除正員外；多以他官兼權。而三院出外任風憲之職，常用他官兼領，此外又以御史兼言事，成了台諫合一的先例。元豐年間，神宗想以司馬光除御史大夫，但爲宰相蔡確王珪所反對，終未除人，葉夢得稱：「元豐旣新官制，四十年間，職事官未有不經除者，惟御史大夫中右散騎常侍，至今未嘗除人，蓋兩官爲台諫之長，非宰執所利，故無有啓之者。」不除御史大夫而用中丞爲台長，其目的在謀低減御史台的地位，但中丞仍可行使糾察之權，因此，在神宗以前，甚至連中丞缺人，亦不卽補，却使品職更卑之知雜御史，獨掌台務。

唐世台官，雖職在抨彈，然進退從違，均出宰相。宋代御史的遷敍都依常規，不由宰相隨便任免，而一般宰執，便以久不除人的方法，以相抵制。宋代的御史中丞及三院御史，多用他官兼領，言官可以兼權御史中丞，且用宰相的屬官兼權，宰執操縱御史，影響了御史的糾彈權。唐代的御史和諫官分立，宋代初亦使御史和諫官分司職務，天禧初年置言事御史，孝宗淳熙十五年，依唐制置拾遺補闕，專掌諍諫，不事糾彈，對於諫官，又未許其行使御史的糾彈權，換言之，卽許御史兼諫官職，而不許諫官兼御史職，且諫官又不屬御史台，仍屬門下省，御史除糾察非違的職權以外，還可論列時政的得失，宋代的分察制度卽六察制度，源於唐代，包含吏察、戶察、刑察、兵察、禮察、工察，以六察官爲監察御史。其後清代的御史對於各衙門的稽察，係淵源於宋代的監察御史。

遼之南面朝官中，有御史組織，制不完備，有御史大夫，御史中丞，侍御史，除侍御史外，而無殿院的殿中侍御史，和察院的監察御史，使三院的職事合併起來，金與遼不同，設有各種法令，督促御史行使職權，而以不去官爲其保障，其御史制度大概和唐宋時代略同，而非如宋代消極阻止御史行使職權的習慣。

以言諫官，宋初，置有諫院，以正言知院事或以他官領之，或須他官而不預諫事。元豐改制，諫職之長，爲左右散騎長侍，以永不除人，馴致以左右諫議大夫爲重，其下有左右司諫，左右正言等官，至於宋初的給事中，分治六房，（後至明代，給事中分爲六科治事，仿行宋制。）宋初的給事中，亦如五代，多由他官兼任，迄元豐官制施行，給事中乃有專任的官員。南宋又設門下後省，以給事中爲後省的長官，由此，給事中漸進而成獨立的一曹（金時則廢門下省，仍留「給事中」一官）。宋代天禧以後，諫官仍爲諫官，台諫大抵仍係分立，諫官御史可互相糾駁。給事中與諫儀大夫，拾遺，補闕雖同屬門下省，但其主要職務，在主封駁書牘。自仍異於諫官，後來諫官不常除人，而在三省的制度廢後，雖有諫院，亦不常除官。

遼時，散騎常侍與給事中均在門下省，而非諫職，另有左右諫院，設左右諫議大夫等官，分隸門下中書兩省。金時，廢去兩省，諫院獨立，門下省奏駁除授失當事，歸之審官院。宣徽院雖有給事中之名，已非其舊。元代，諫職不顯，左右補闕與給事中，都有職責以修起居注，然無封駁之權。元承金制，御史台丞各官亦趨完備。元代的御史台，於至元五年七月設置（依據高智耀張雄飛等的建議），任中書右丞塔察兒爲御史大夫；元世祖且嘗下詔求天下直言。御史台由以御史大夫爲其長官的御史台，與其屬下的殿中司，及察院組成，以倣唐之三院制（台院，殿院，察院）。元代抬高御史的品格，御史大夫陞到正一品，中丞陞到正二品，侍御史和治侍御史，歸併於察院，使三院制結束。

書御史陞到從二品，侍御史也成了堂上官，後來三院僅存殿中，察院兩院，而殿中又僅兩人，至明初，廢殿中

元代雖設諫官，但御史仍承宋制，得兼言職，此外，別有行御史台，及提刑按察司，行御史台與御史台的關係，正如行中書省之與中書省，可稱是一種特殊的制度，行御史台分道設立，統制各道憲司，而總諸內台，成了後來明代督撫制度的淵源。行御史台於至元十四年七月，始置於揚州，稱江南行御史台，二十一年閏五月，遷於杭州。二十二年二月徙江州，同年五月又徙杭州，二十三年徙於建康，二十六年五月復還揚州，二十七年五月，置行御史台於中慶，名雲南行御史台，始有二行台。二十九年八月罷雲南行台，三十年二月復置，大德二年十一月移於京兆，稱陝西行御史台。（成宗紀）提刑按察司，分屬於御史台，行御史台，掌管監督糾劾地方官。至元二十八年二月，改稱肅政廉訪司。提刑按察司自至元六年二月始置於四道後隨道之增置而更增，終成二十四司。

明代，御史台改稱都察院，御史大夫改稱都御史，中丞改稱副都御史，而僉都御史，略當以前侍御史，治書御史的職位。明初，曾仿唐宋遼金元所置之御史台，而監察御史嘗增至百一十人，洪武中，罷御史台，置都察院。明史百官志稱：「洪武十六年陞都察院爲正三品，設左右都御史各一人，正三品，左右副都御史各一人，正四品，左右僉都御史各二人，正五品，經歷一人，正七品，知事一人，正八品，十七年陞都御史正二品，副都御史正三品，僉都御史正四品，十二道監察御史正七品，建文元年，改設都御史一人，革僉都御史，……宣德十年，始定爲十三道，……十三道監察御史一百十八人，浙江、江西、河南、山東各十人，福建、廣東、廣西、四川、貴州各七人，陝西、湖廣、山西各八人，雲南十一人。其在外加都御史或副僉都御史銜者，有：總督、提督、巡撫，有總督監巡撫，及經略總理贊理巡視撫治等員。」

明代的「都御史專糾劾百司，辦明寃枉，提督各道，爲天子耳目風紀之司。凡大臣姦邪，小人構黨，作威作福者劾；凡百官猥茸貪冒壞官紀者劾；凡學術不正，上書陳言變亂成憲，希進用者劾。遇朝覲考察，同吏部

司賢否黜陟；大獄重囚，會鞫於外朝，偕刑部大理讞平之。」可見御史的地位到了元明兩代，日益增高，職權極爲發達，明代的監察權已與政權軍權鼎足形成「中書總政事，都督掌軍旅，御史掌糾察」的三權分立制。

明代因廢玄侍御史，殿中侍御史，治書侍御史等名銜，以糾劾巡按照刷問擬的責任，均委給監察御史，監察御史之權大擴，明代以後，監察御史臻於獨立的地位，不受御史大夫以下的節制，元明兩代的監察御史，署銜都不用御史台或都察院三字，明代御史的選任，設有許多限制，重在經驗及才能，並禁用新進之士，此外，明代都御史的出使，又爲清代督撫兼都御史的淵源，續通志載：「明永樂十九年，遣尚書蹇義諸人巡行天下，安撫軍民，名曰巡撫，事畢停遣，後定爲都御史，出使之職，兼軍務者，加提督；有總兵者，加贊理；事重者加總督，又有經略總理整飭撫治，巡治諸衛，然必以都御史任之，以便行事也，蓋仿秦監郡御史，唐巡按州縣御史之制，而其秩較尊，大略與元之行御史台同。」

明代任巡撫之外，有巡按御史，與巡撫不相統屬，清代裁去巡按御史，事權統一，自秦代監郡，唐代巡按，元代行御史台，明代巡撫，而變成滿清的督撫兼都御史制。

歷代君主多不敢殺戮御史，但亦有對御史加以笞逐或殺戳之事。如：唐玄宗因監察御史周子諒彈牛仙客非宰相才，即擲擊之於殿廷，絕而復蘇，又杖之於朝堂，流亡而死；明時，監察御史楊爵因世宗日事齋醮，不理朝政，工作煩興，年歲頻旱，而夏言，嚴嵩反作頌稱賀，乃上疏彈劾，世宗立即下詔獄榜掠，血肉狼藉而死，一夕復甦，御史浦鋐疏救，亦死獄中。

明代自革中書省後，裁去切諫官，只留給事中一官，兼掌諫議補闕拾遺的職任，其職權不僅恢復唐宋的舊制，且較唐宋兩代給事中的職掌更爲擴大，明代的給事中，獨立自爲一曹（洪武中，嘗暫隸承敕監或通政司）而唐宋的給事中，則隸於門下省，明制淵源於宋，與唐代不同。

元代的給事中，並不分科，宋代的給事中，分治六房，雖足爲明制的淵源，但或不如明制的詳密。唐宋的給事中與其他諫官同屬一省，而給事中只掌封駁，不掌其他的諍諫；明代的給事中，其官與職，大爲增加，給事中之上，有都給事中，有左右給事中，而都給事中爲六科領袖，極爲愼重選任，其職務兼有以前所有的諫官職掌，由專司封駁的官吏，進而爲奏論朝政得失百官賢佞的官吏。對於章疏案牘，六科都給事中，得與部院各衙門平列，品位雖卑而權特重。因此，明代的各部，多畏「科參」顧炎午有云：「明代雖罷門下省長官，而獨存六科給事中，以掌封駁之任。旨必下科，其有不便，給事中駁正到部，謂之科參。」紀綱因恃六科以維持，但六科獨立無所統率，往往放縱干預分外的事務，科道兩方互峙而互相攻擊。迨清代，遂併六科於都察院。

清代的行政系統之下，中央的最下級官廳，由直接的上級官廳監督，順次推到最上級的官廳爲止。地方最下級官廳，亦依行政系統，由直接的上級官廳監督，順次推到最上級的官廳爲止。至於中央官廳與地方官廳彼此對立，不相統率。地方官不受中央官廳的指揮監督，同隸屬於君主之下，表現出中央與地方均權的制度，不似各國的內閣可直接指揮監督地方最高級的官吏。但是，滿清政府對於監察權的行使，則不論中央或地方官廳均集中於都察院，依其官吏彈劾權，集中其對於內外官廳的監督權。

滿清初年，尙沿用明制，六科獨立自爲一曹，到了雍正元年，以六科給事中併入都察院，台諫合一，科道連稱，都察院之所掌兼爲「整飭綱記，諫言得失」。明代之左右僉都御史，清亦裁去，明代的右都御史，右副都御史，均爲實官，清則僅爲督撫兼銜，此爲兩代之差異處。都察院行使監察權之際，不分中央與地方官廳之別，亦不問直轄官廳與非直轄官廳之別。如：在外加都御史銜的督撫，都有彈劾一切官吏的權限，總督和巡撫，可以相互彈劾，同時督撫又可進而彈劾中央政府的各大臣，清代行政官廳的監督權，雖只可對直轄的下級官廳行使，但監察則是集權爲之，都察院的監察權，打破普通的行政系統。清代的台規，御史「即所奏涉虛，亦不坐罪。」

雍正時，六科既隸屬於都察院，聽受都御史的考核，而科道合併，又影響於給事中的職權。給事中遂以稽查六司爲主，與御史同其職務，給事中已不足當其諫言得失，即封駁執掌，亦歸烏有。因詔令既多由軍機處密行，縱然法律上許給事中有封駁詔令的大權，可是，已不經給事中之手，所以在事實上給事中亦變成了御史。科道在清代以前，機關分立，職權不一，就法令言，給事中掌宣行制敕居於內，御史掌糾彈百官，居於外，給事中監督朝廷，御史監督官吏。前者糾正於法令未布之先，後者糾正於敗壞已成之後。清代的科道雖然合一，但六科分察京內各部院的文書，十五道除稽察京內各部院事務外，還分理京外各省的刑名，一似偏重於糾正君主的違失，一似偏重於糾正百官的違失。因此，科道的職權，在法令上仍是分立。明代的科參，係參六部而非駁君主，清代六科既已附屬於都察院之後，在事實上便成了察官，言責則不能實行，科道只察臣下，而不能爲及君主本身。

第三編　歷代的地方政治制度

第一章　地方政制之現代觀

中央政府與地方政府的關係，大概都表現在集權或分權兩種制度之上，所謂集權制，即以一切政治權力出於中央，中央為行使其權力計，復分全國為若干的區域，為若干級的地方政府。地方政府為了事實上的需要，固可擁有一定範圍的權力，但由中央給予，而中央又得隨時增損之。所謂分權制，即是：全國政治的權力，由憲法予以劃分，由中央政府與地方政府分領之，屬於中央的權力，地方政府必須服從，而中央亦不得干預純粹屬於地方政府的權力。

現在英國的地方政府系統，始於依利薩白（Elizabeth）所頒佈的救貧律，按照此律　教堂司事（Church Warden)為當然監理員(Overeser)此外，地方法官(Justice of the peace)，由富戶選出二八至四人，充任監理員，教士與富人合辦救貧事務，在教區內籌款，此為英國抽方行政及財政的起點，英國貧民日多，選舉權不普及，一八三二年國會頒佈改良律（The reform act of 1832)地又有一八三四年之救貧修改律，一八三五年之普通市區律（Municipal Corporati n act），十八世紀十九世紀以來，社會上因有新的需要，即組織新機關以施行之。各機關因有新職務，便產生了新官吏，掌有征稅與借款之權，逐漸成立道路部，導河部　地方衛生部，政進律委會，商埠衛生機關，公葬部，學校部，至一八八三年，史稱地方政府為疆域機關及稅收混亂時代。

現代的英國各級地方政府，根據幾項法案而成：一則由一八三四年的救貧修政律（Poor law amendment act of 1834）而組織救貧聯區（Poor law union）.，二則由市區律（一八八二年重行通過的（Municipal

Corporationact）而組織市議會（Borough Council）；三則由一八九四年通過地方政府律，組織城區議會，及鄉區議會，更就鄉區組織教區議會，及教區集會；四則由一八八八年通過地方政府律，組織行政道議會及道市議會，而使英國地方政府的系統告成，其最低單位則爲郡。此外，由一九二九年再通過地方政府律，廢訟救貧聯區，公濟事務由行政郡及郡市議會委員會主持之。

英國的地方組織和法國相差異，係合立法行政權爲一體，中央不指派干涉，而由人民選舉，其職權往往由中央條例（Statute）所賦予，地方的權力範圍頗大；且可由地方法（Local act）取得其他權力，中央不製時各級地方政府所應辦的事業，地方又可自由籌措經費，有時中央依其所定標準，還給以補助金。英國地方政府系統中，似行政郡（Administrative County）的地域爲最廣，以郡市（County Borough）的權力爲最大。郡市雖位於行政郡內，然行政獨立，絲毫不受其干涉，論者以其地位似中國的特別市，不受行政的干涉一般，普通市（Municipa Borongh）次之，雖爲行政郡中之分區，但大市的權力亦甚大，並不完全受行政郡的管理。再次爲城區（Urban District）及鄉區（Rural District），前者有相當的自治權，後者嚴受行政郡的統治，最下爲教區（Parish）。總之，英國中央政府之下分郡（County）（郡有舊郡與行政郡之郡別），郡又分區（Distric.）。舊郡爲一純粹的選舉司法的，及軍制的區域，行政郡在全國共有六十二（倫敦除外），郡政府的組織，採委員制，之下的鄉區，全國共有六五八，其由人民直接選舉，又設分組委員會（如：財政、教育、慈善等）郡內較大的城市，由國會准許得爲道市。郡政府採委員制，由人民直接選舉，教區係在鄉區之下。至於城區政府的組織與鄉區同，而職權較大，城區領有特許狀後，即得爲普通市（Municipal borurgh），一九二三年共有二五三市，其組織與城區同，但地位較高，可自設警察。

以言美國，在昔日新英格蘭（New England）殖民地中，雖有郡（County）的組織，然仍以鎮（Town）爲地方政府的單位，新英格蘭鎮政府，即爲鎮民大會（Town meeting）由大會議決征收地方稅，準備全部地方費用，議通必要的地方法案，迄後推選執行委員會（Board（f selection）使於鎮民大會閉幕後，執行其決議案，在南部殖民地中，地方政府系統不同，以郡爲地方行政的主要單位，郡內官吏由州長所委任，並無居民大會表決租稅等事實，良以南方多係大地主操縱的局面，郡政府的主要機關，爲郡法院，兼有行政和司法效用。

中部殖民地如紐約，以及潘雪爾花尼亞（Pennsylvania）各州，採取混合的地方政府，有郡行政，有市行政，自荷人退出新荷蘭（New Netherland）後，英人分之爲郡，中部殖民地曾成立鎮和鎮區之類，已成爲地方政府的重要區域。除新英格蘭外，在其他殖民地內，另有一種地方政府單位，稱爲市邑（Borough），大抵得由州長頒發市憲，美國革命並未根本改造地方政府，新英格蘭仍保有其市組織，非爾基尼亞（Virginia）仍維持其郡政府，其他各州，亦有將州官改爲民選的，美國內亂後五十餘年，全國市、州、鎮、區、鄉村各級政府，極多變更，美國地方區域異常混亂，有各種不同的名稱和組織，市、鎮、市邑、村、各種區域的區別，非源於區域的大小，人口的多寡，地位的重要，而係依據其合法地位和地方慣例。

美國在殖民地時代，分爲十三州，獨立後，中央與州的權限劃分。中央的權力，係列舉的，州的權力係概括的，關於外交國際、宣戰、媾和、幣制、銀行、度量衡、國稅國債、郵政國籍、移民、及二邦以上的商業諸權，均屬中央，餘則屬於州。州長爲州之行政長官，州議會爲立法機關，均由人民選舉，州之下有鎮（Township）郡（county）市（City）。鎮與郡的分別，在於歷史的關係，非由於人口地域之別，鎮盛行於東部，郡盛行於南部，鎮有鎮民大會以選舉鎮務委員（Selectmen）等，東部之郡，仍舊爲司法及稅收區域，南部之郡，近年兼管其區內教育等。在東部及西北部，或以郡爲行政單位，或以鎮爲行政單位，官吏由民選。市的制度有三種：（一）市長與市議會制，均由人民選舉，分掌行政與立法；（二）委員制，市民選委員掌立法行政職責。（三）經理制，由市民選議員，組議會，再由議會聘任一專家爲經理，主持一切市政事宜，議會專任立法及監督行政，而經理對議會負責，議會對人民負責。鎮、郡、市均直屬於州，由州憲法規定其權力，對於市的監督更嚴，並於所領市特許狀上詳載其組織及權力。州議會對於市特許狀的內容，又可隨市而異，因此，州議會有以賦予市權的大小爲政爭之工具者，亦有以特別立法（Special legislation）爲賄而施惠者。晚近市自治（Home rule）之呼聲日起，美國人士多認其人民之自治，尙不若集權下之英國，遂有自治的要求。

蘇聯以內，依一九三〇年的變更，其新地方行政機構分爲自治共和國等五種，所謂自治共和國大都無憲法，至其政府的組織，通常由所屬聯邦共和國的憲法決定一切。一九二五年蘇俄新憲法規定：「自治共和國之權力機關，依蘇俄之憲法而定。」其次，地方行政中之特別區或邊疆區則僅蘇俄一邦有此組織。特別區執行委員會之下，設有各種委員會，如國民經濟委員會，工農監察委員會，土地委員會，商業委員會，財政委員會，公用委員會，軍事委員會等十四個委員會，均對區執行委員會及全俄同權人民委員部負責。其三，「州」之最高權力機關，爲州蘇維埃大會，大會選舉州執行委員會委員。州執行委員會亦須選出幹部會；其四，區之最高權力機關爲區蘇維埃大會，由大會產出區執行委員會，由區執行委員會再選出三人或五人的幹部會，其五，鄉村蘇維埃爲蘇維埃制度最下層的基本組織，每居民百人可選代表一名，每年選舉一次，其主要職責在於發展農村合作社，成立集體農場，指導鄉村各團體及組織的活動，此外，城市蘇維埃爲城市之最高權力機關，每年選舉一次，市區蘇維埃的任務，即在處理本城文化，建設經濟等。在較大城市的工人居住區內，得推選一城市執行委員會，再選出幹部會。

法國地方系統的特點，在將權力集中於上層門羅（W. B. Munro）譬喻之爲尖頂塔，法國在古代已分行省，享有相當的政治獨立，其後，王權大盛，行省漸失其政治上的重要性，其主要行政區域爲（Généralité）設監察史（Intendent）一人，由國王委任，並向國王負責，巡視轄區內之行政，司法警察財政。大行政區域復爲小行政區域，通常稱爲市區，總計在四萬以上，市區小者爲鄉村，大者爲城市。中世紀之市區，大抵有相當之自治權；至十六、十七兩世紀，自治權逐漸削減，且致全失。一七八九年之革命，國民會議廢掉原有的行政區域，分全國爲八十三省（Département），省分爲縣（Arrondisement），縣分爲司法區（Canton），以市（Commune）爲地方政府之最低單位，各級地方官民選，中央政府不干涉地方事務，結果，地方政治與財政，反越紊亂，一七九五年的憲法，附有修正地方制度的條款，保留公民選舉官吏的原則，但官吏應向中央負責，同時以司法區爲地方政府的最低單位，將大市區均改為司法區，並以小市區合成司法區。一八〇〇年拿氏復以市區為根本單位，變司法區為司法區域，各市應有市長參事和議會，此類官吏，由中央委任，其地方系統，係集權於巴黎。各省之內，設行政長一人，由中央委任，係對中央負責，省分為縣，設總長一人，各市設一市長。

所以從法國地方制度的演進看來，在法國的封建時代，全國紛亂，中央權弱，地方乘機要求多量的自治權，十四世紀以後，國王權力逐漸恢復，封建勢力乃衰，漸趨中央集權，尤其是在路易十(四 Louis XIV)時代為最盛，革命以來，法國逐漸成為集權國家，全國行政集中於巴黎的中央。在法國中央政府之下，有省(Department)縣(Arrondisement)區(District)市(Commune)，縣區隸屬於省，縣為一單純的行政區域，縣長由中央任命，區為單純的選舉區域及司法區域。省為中央系統下之最高的政治單位，一九二一年全國有九十省，中央任命省長一人，其任期無定。省有省議會，但其職權狹小，關於政治性質的問題，絲毫不能涉及，議決之案須得中央批准，中央有解散省議會之權。

省縣區之下有市，是法國最小的政治單位，可視為真正的地方自治區域，市議會由人民選舉議員，其權亦小，中央有解散市議會之權，市議會推舉議員一人，為市長，為地方的行政長官，有公布法令及管理財政衛生公安等事宜之權，同時又為中央政府的代表，以監督人口調查，製發選民册，執行兵役等。市長下之官吏，多由市長委任，但公安局長由大總統直接任命，大市的財政局長，係由市議會薦舉三人，由中央擇任其一，省長可指揮監督市長，並可加以停職一月的處分，內務部長對市長可予以停職三個月的處分，大總統更可免市長的職務。省長不受地方人民意志的拘束，市長多遵循中央意旨；省議會市議會亦多仰承中央的意旨。

德國自一八七一年普法戰爭之後，完成聯邦帝國，各拜失去其獨立地位與主權，聯邦政府的權力，係讓與的，列舉的各邦的權力，是固有的，概括的，凡未明白賦與中央的權力，均屬於邦，對於外交、軍政、郵電由中央專設機關管外，其餘中央的權力，多委托邦或邦以下的政府代為執行。不似美國對於應屬中央的權力則由中央自設機關執行而少委托下級政府執行的事實，因此德之中央權力雖大，而所執行的事務反少；各邦權力雖少，而所擔負執行的事務則甚多。

由德國革命後，中央與邦的關係，很少變動，中央與邦權的劃分，其性質可分三方面：第一、如：外交、殖民、國籍、軍事、貨幣、關稅、郵電等之立法事項，專屬於中央；第二、如：民法、刑法、訴訟法、社會、經濟、出版、集會、結社、衞生、勞動之救濟、軍士及其家屬之保護、護照、公用之徵收、天然物產及經濟企業之公有，商業、度量衡、銀行、紙幣、實業礦產、保險、航海、漁業、交通、財政以及其他關於公共幸福安寧秩序之立法事項，爲中央可有之權力；第三、關於中央得規定原則者，如：宗教團體之權利，義務教育制度，公共團體之職工，土地之分配與使用等立法事項，其專屬於中央的權力，各邦不得干涉，而屬於中央可有的權力，則在中央未立法時，各邦有立法權，至於中央法規的效力，係在各邦法規之上；若各邦法規對於中央法規發生疑問或爭執時，由該邦的中央官廳根據中央法律，要求中央最高裁判所判決之。

各邦政府的組織，大致相似，如：普魯士邦政府的組織，有邦議會（由普邦國民直接選代表），有參議會（由邦內各省選代表）參議院接受內閣關於公務執行的報告，對於內閣向邦議會所提的法案，有陳述意見之權，有以文書提出於邦議會而表示反對之權。除以上兩者之外，又有內閣，以內閣總理（邦議會選任）及國務員（由內閣總理任命）組織之，內閣對邦議會負責，邦之下爲省(Provin)z，省議會爲立法機關（由各郡Kreis依人口選舉代表），再由省議會選舉省委員會(Provinziolau S S chuss)與行政官(Lancleadirektor)共負行政責任，省之自治力很少。區（Regierungsbegirk）在省之下，有區長（由邦議會委任），區委員會由省委員會指派四人組織，主席爲區長，區委員會爲行政裁判機關，並掌警察行政，郡（K eis）在區之下，有郡長（由邦政府任命）執行郡內一切行政事務，兼任警察局長，又兼郡委員會的主席，又有郡委員會（含有半執行及半顧問的性質），郡議會爲郡之立法機關（由人民選舉）。

凡有人口三萬以上之地，則不屬於郡，而屬於市，市有市長（由市議會選舉），任期甚長（六年、九年、或十二年、或竟終身職），市議會（由市民選舉，任期四年）。市之權力較大，在市範圍內之公共事業，多歸市舉辦之，郡之下爲村，有議會（由選民年四十以上者選舉之）有村民大會（由選民年四十以下者選舉之），由村議會及村民大會選村長一人，執行村內行政事務，任期四年，在德國，其邦以下的地方政府，關於立法機關的產生，雖由人民直指或間接選舉，然其行政長官，多由邦政府直接委任。邦政府又操有地方之司法及警察權，在足以牽制地方職權

再就以前的意大利來說：一八六五年三月二十日的法律，規定一種省市制度，其主要特點，一方面採自比利時，他方面大部取自法國，各種地方機關的職務及其關係，由一八八八年十二月三十日的法律，予以詳細規定，成爲制度，後經一八八九年七月七日，及一八九四年七月十一日國會法的補充與修正，因益完備，意大利地方政府的區域，爲：省、縣、區，市，省市享有特殊利益及自治權，兩者頗爲重要，縣則大抵爲選舉區，意大利的省，頗似法國，表現其政治性，其任免及行動，均受政治的左右，省長由君主任命，代表中央得頒布並執行法律，監督本省行政，召集省議會，解散省議會，並可批准或否決省議會議案，關於省議會議員的選舉，與國會的選舉制度相同，任期六年，每三年改選其半數。

市爲意大利地方政治區域中之最順自然而最有勢力者，各市均有議會，議員以人口爲比例而行選舉，任期六年，每三年改選半數，市長爲各市的行政長官，一八九六年以前，大多由君主於市議員中簡任之，亦有由市議會自其議員中選出之，一八九六年以後，市長均由市議會選任，任期三年，市長亦爲中央政府的代表，市長可由省長罷免，但特殊情形爲例外，莫索里尼獨裁後極力摧殘地方自治，一九二五年取消羅馬市議會，一九二六年復取消五千人口以上或五千人口以下之市，及市議會。自羅馬以次之市，或爲中央政府任命的督辦及幫辦所操縱，或爲其任命的市委員所直轄。

第二章　歷代地方政制中之基本組織

第一節　地方組織的特質

歷代的地方組織，均以縣為初級區域，縣之上有郡或州，地方區域的層級，以三級兩級為最普遍，縣成了下級基本的行政組織。惟對於京畿所在地，大都較一般地方為重視。如秦代的內史，漢代的三輔，晉朝的司州，（秦之內史，掌治市師；漢分左右，武帝更右內史為京兆尹，左內史為左馮翊；又改主爵都尉為左扶風，主內史右地；是為三輔。晉之畿內稱司州，仍由司隸校尉領之）。隋唐時代的京兆，元代的腹裏（元代以中書省直接所領之山東、西河、北地，稱為腹裏），明清時代的直隸，都很重要。對於普通之郡，若以守或太守見稱，則京都所在之郡，必特稱之為「尹」，普通之州，若以刺史見稱，則京都所在之州，必特稱之為牧。東漢時代有河南尹，東晉時代，有丹陽尹，隋唐時代有京兆尹，宋代有開封臨安府尹，明清時代有順天府尹，晉代有司州尹，隋有雍州牧。宗乾道時，嘗以皇太子領臨安府尹事，清雍正時，嘗的部院大臣兼管順天府尹事。

秦代以郡統縣，其郡上的監察御史，僅為監察官，設置無常，仍為兩級制的地方組織，漢初並行封建郡縣，以郡國統縣。武帝劃全國為十三部，雖設刺史監察州內郡國之治，但刺史不常設，亦無治所，仍屬二級制。漢末，刺史已成固定之位，形成地方區域的三級化。而六朝亦沿用之。隋代，縣以上，州郡互稱，以州或郡統縣，均為二級制，唐初十道，道有按察觀察，因係中央監督之官，如漢代之部，貌似三級，實則仍為二級。安史亂後，節度使奪州郡之權，於是形成三級。宋代以路為最高級區域，府州軍監縣次第下之。路為中央與地方間的連繫機關（並無總司軍民各政全體的常設機關，各司的性質，係中央各部的派出機關）是以仍為兩級制。元代為三級制（大抵以中書省統府路，以府路統州縣），明代為省府及州縣三級制，清代雖仿明制，但置道於省府之間，道爲監察區，而督撫又在布政按察之上，其層級頗多，由上可知歷代地方區域的層級，大概多係三級制，逐漸演進而來。

地方組織的性質，無論三級二級，均表現中央系統下的地方行政組織，是基於中央和地方之權限上的分配，顯明各級地方政府並非地方自治團體，僅爲中央的地方行政機關，從地方制度的層級而言，縣總是最下級的是直接臨民施政的機構，縣以上無論二級或三級，大都爲中央的監督區域，對最下級的行政官署，作層層的節制。

從政制的演進上說，歷代中央爲便於統治指揮各地起見，尤其在亂世，每制定分區較少面積較大的地方區域，予以固定的地位與權限，使成爲最高級的地方政府；但是到了太平時代，又恐造成地方割據，便變更其名目，分割其職權，使之仍爲一監察分區，循環演出這種現象，如：漢之刺史，唐之按察，觀察等使，元之行中書省，然行之既久，這種監察官變了固定，並使監察分區也變成了眞正的區域。

第二節　周代的地方制度

我國的地方制度，周代以前曰州，王畿千里之外，又建設羣后羣牧，舜時分天下爲十二州，禹改建爲九州，禮記王制：「凡四海之內九州，州方千里，所建百里之國三十，七十里之國六十，五十里之國百有二十，凡二百一十國，」由此可知州之下爲國。周武王初卽位時，首布列爵分土之制，仿唐虞之五服，於王畿之外，別爲九畿（卽：侯、甸、男、采、衞、蠻、夷、鎭、藩）周制，王畿千里，又謂之國畿，爲王所直轄，王畿之外，五百里爲侯畿，侯之外五百里爲甸畿，其餘由此類推。其制度，依據孟子萬章下，禮記王制及周禮所載，可考者，有：列爵共五等（卽：公、侯、伯、子、男，其下爲附庸）；次爲分士，公侯百里，伯七十里，子男五十里，附庸不足五十里，三爲置監，方伯之國三人，大國置三卿，其二卿命於天子，次國置二卿，其一卿命於天子，都屬於置監之類，四爲定統系，五國爲屬，屬有長，一長爲連，連有帥，三連爲卒，卒有正，七卒爲州，州有伯，八州八伯，有天子之老二人統之，曰左右二伯，大小相維，尊卑相屬，自陝以東，周公旦主之，自陝以西，召公奭主之。

周禮所謂「體國經野」，即指王城遠郊六鄉的「比」「閭」「族」「黨」「州」「鄉」，和郊外六遂的「鄰」「里」「酇」「鄙」「縣」「遂」而言，依周禮司徒篇所載，王城遠郊設六鄉，其系統：五家爲比，設比長一人，官級爲下士，五比爲閭，設閭胥一人，官級爲中士，四閭爲「族」，設族師一人，官級爲上士，五族爲黨，設黨正一人，官級爲下大夫，五黨爲州，設州長一人，官級爲中大夫。五州爲鄉，設鄉大夫一人，官級爲卿，合一萬二千五百家，以外尙設有鄉師四人，官級爲下大夫，又鄉老一人，管二鄉，官級爲公。

王城郊外爲「甸」，設六遂，其系統：五家爲鄰，設鄰長一人，五鄰爲里，設里長一人，官級爲下士；四里爲酇，設酇長一人，官級爲中士；五酇爲鄙，設鄙師一人，官級爲上士；五鄙爲縣，設縣正一人，官級爲中大夫，五縣爲「遂」，設遂大夫一人，合一萬二千五百家。此外尙設有遂師四人，官級爲下大夫，遂人二人，官級爲中大夫，當時官吏，鄉遂官居半，自鄉遂大夫以下，都稱爲鄉官，其優點，卽如孫詒讓周禮政要所云：「周六官吏教約五萬餘人，而鄉遂官居其大半。大凡鄉遂之官共三萬七千八百七十二人，以距王城二百里內，設官如是之多，而不嫌其冗」。「就其地之人推舉而治其衆，其情親而祿薄，舉凡官吏儀制之文，供張之費，一切無之。而有事則其徵調賦斂，刑政教治之詳，無不躬蒞之，事畢舉而民不擾，固其宜也。」

鄉官的職掌，如：校比，卽調查六鄉六遂的人畜車輦旗鼓兵革以及田野稼器。其次，鄉遂諸官，使民明瞭各種法制；三則鄉官所屬黨州皆有序，六鄉共一百五十黨，三十州，州黨之外，另有鄉庠，鄉學之教，爲鄉三物。四則推行聯合的辦法，以表現互相扶助和糾的察作用。當時人民的組織有族師（五家爲比，十家爲聯，五人爲伍，十伍爲聯，四閭爲族，八族爲聯，使之相保相受，以受邦職，以役國事），有比長（五家相受，相和親，有辠奇衺則相及），有里宰（以歲時治稼穡，行其秩敍以待有司之政令），有鄰長（掌相糾相受，凡邑中之政相贊），五則作民，卽公家對人民的徵役，徵役種類，如：師（征伐）田（田獵）行（巡狩），役（役作）。六則徵斂，即徵籌器用於人民。此外，尚有祭祀喪祀昏冠等事，均爲地方官吏的職責。

周末，管子治齊，亦仿周代六鄉六遂制度，而寄軍令於內政，其制度爲內政分治和軍政分治。管子立政篇：「分國以爲五鄉，鄉爲之師，分鄉以爲州，州爲之長；分州以爲十里，里爲之尉；分里以爲十游，游爲之宗，十家爲什，五家爲伍，什伍皆有長焉。」這些鄉官的職掌，爲監察人民的行爲而加以糾正，並隨時選舉人民中孝悌忠信賢良俊材，依次報告，以備錄用。除了內政分治之外，又有軍政分治，即至戰時，仿周制「田賦出兵之法」，部勒民衆，寄鄉老制於地方組織之中，以五家爲「軌」，五人爲伍，軌長帥之，十軌爲里，故五十人爲小戎，里有司帥之，四里爲連，故二百人爲卒，連長率之，十連爲鄉，故二千人爲旅，鄉良人帥之，五鄉爲帥，故萬人爲一軍，五鄉之帥帥之。

第三節　秦代的地方制度

郡縣組織，在春秋戰國時代已有之。至秦而劃一，論者以郡始於晉秦，以所得戎翟地遠，使人守之，爲戎翟君民長，故名爲郡。如：史記匈奴傳稱：「趙置雲中、雁門，代郡；燕置上谷，漁陽，右北平，遼西，遼東郡以拒胡，魏有河西、上郡，以與戎界邊，」秦統一後，分天下爲郡縣，將全國分爲三十六郡，如：隴西、北地、上郡、河東、上黨、太原、雁門、代郡、雲中、九原、邯鄲、鉅鹿、上谷、漁陽、右北平、遼西、遼東、齊郡、東郡、碭郡、薛郡、瑯琊、泗水、三川、穎川、南陽、漢中、巴郡、蜀郡、南郡、長沙、九江、會稽、南海、桂林、象郡，迨平百越後，又加四郡，共四十郡。郡成了中央與縣的聯絡機關，執行中央律令，監督所屬各縣。郡的組織除外史之外，各設有郡守（一人），而以丞（一人）爲守之副，通考：「秦置郡丞以佐守，在邊爲長吏，掌兵馬。」後漢書：「每郡置太守一人，丞一人。」守丞任行政，郡尉掌佐守，典武職，任軍事，有時可互兼，監御史，掌監郡，監察郡的屬縣，至於監察「守」與「尉」，則由中央另設官任之。

論者又以爲縣制之成，或始於滅諸侯國以爲縣（如：楚滅陳，滅九國皆縣之，見新唐書地理志），或出於集鄉集邑以爲鄉（如：魯語所稱「三鄉爲縣」）；或出於分私家田以爲縣（如：晉分祁氏田爲七縣，羊舌氏田爲三縣，見左傳宣十一，宣十二）。自戰國時代以來，縣邑制度，早有變更，係以郡統縣，通典：「至於職國，則郡大而縣小矣。」所以甘茂對秦武王說：「宜陽大縣，名曰縣，其實郡也。」以郡轄縣，在秦代乃確立爲我國的地方行政組織，且成了歷代行政制度的軌範。

秦代郡縣制，即在地方行政組織中，分爲二級，依當時各地方情形劃分天下爲若干行政單位，直接隸屬於中央，各郡設郡守一人，爲地方行政的最高長官，郡之下，再畫分爲若干縣，每縣面積，約方百里，復依人口的多寡，分縣爲二等，萬戶以上爲一等縣，縣令爲其長官；不及一萬戶者爲二等縣，縣長爲其長官，縣令縣長綜理全縣政務，其下有「縣佐」掌佐令，有「縣尉」掌武事，丞尉各分爲二級，祿過二百石者爲長吏，百石以下者爲少吏，縣之下爲縣治，亦甚完備。十里爲一亭，有亭長，十亭爲一鄉，鄉有三老，有秩、嗇夫、游徼三老管教育，秩與嗇夫管獄訟賦稅，大概鄉區較大，人口較多，則設有秩，否則設嗇夫，游徼保禁捕姦盜，縣令秩千石至六百石，縣長秩五百石至三百石。郡縣之長，均由皇帝直接任命，歲盡多，須呈報政務於中央，縣所受制於郡之點，即在監御史之監察權。論者以秦代郡縣的優點，在於等級不多，職權集中，運用機構比較靈活，且轄地不大、事務不繁，守令視察，較易周密。

第四節　漢代的地方制度

劉邦分天下爲「國」與「郡」，郡由天子直轄，國屬所封同姓或異姓之王（同姓王者九國，即：齊、楚、淮南，燕、趙、梁代、淮揚、荆，異姓王者七國，即：楚、梁、趙、韓、淮南、燕、長沙），可視爲封建郡縣之並行。秦以前的封建爲分土，漢則爲分民封戶，漢初封國，大者七十餘城，小者五六百戶，漢之中五，郡直轄於中央，國之行政官爲內內，郡之行政官爲太守，設都尉爲軍政長官，京師所在地稱內史地，三分之而設京兆尹，左馮翊，右扶風，謂之三輔，爲京畿的行政長官，三輔及郡國之下有縣，縣大者置令，小者置長，封國有二：王國與郡相等，侯國與縣相等，諸侯王所食郡爲王國，列侯所食縣爲侯國。各封國戶口繁殖，引起中央的制裁，而有七國之變，亂後削地減官，王侯權力，大爲限制，諸王不復治國，由中央派國相治之，王國與郡乃同級，侯國與縣同級，成了郡國二級制。漢初，除王國之外，中央所轄之郡，設有太守，掌民政，設都尉，掌軍政，郡太守，每年巡察各縣。

「國」爲兩漢獨有的地方組織，其等級與郡雖同，但其制度與官吏則異。通考：「漢制：列侯所食縣曰國，后太后公主所食曰邑，有蠻夷曰道，凡縣萬戶以上爲令，減萬戶爲長；侯國爲相，秩次亦如之，皆秦制也，漢因之。」續漢志二八：「皇子封王，其郡爲國。」所封之王，名諸侯王，爲高帝所創置。漢初封地大者竟有達七十餘城者，景帝時加以限制，武帝行分封制，王國疆域漸小，東漢所封人數及戶口均少於西漢，迄其末季，封建制幾已消滅而成爲純粹的郡縣制，和帝以後，雖有封爵之名，而實際上已無土地租食。

封王者固限於劉姓，諸侯王是世襲制，父死子繼，兄終弟及，同產子也可以嗣爵（漢書平帝紀：又令諸侯王公列侯，關內侯，亡子而有孫若子同產者，皆得以爲嗣），無嗣除國，有時特加恩賞，封國仍在，（後漢書宗室四王三侯傳，（北海王）基立十四年，薨，無子，肅宗（章帝）憐之，不除其國），諸侯王在國內衣食租稅，對皇帝的貢納，有獻費，有酎金，王國官屬，漢初有太傅輔弼王，職如師，有內史，治國民；中尉掌武職，丞相總統衆官，其他，卿，大夫，均如中央，景帝令諸侯王不得治國，王國官吏改由中央派遣，省御史大夫，廷尉等職，裁減其他員數。武帝改太僕爲僕，秩千石，郎中令秩亦千石，成帝廢內史，以相治民，職如太守。中尉如郡都尉，太傅改名傅，相秩均二千石，相有長史，漢初相位高如太守，元帝初元三年，改居郡守下，相係中央任命，不受王命，且含有監視王的作用，爲王與中央的聯繫。

景帝時，更名郡守爲太守（見漢書百官表），王莽嘗改太守爲大尹或連率等名目，東漢又復太守之名。秦漢太守多兼郡尉事，東漢廢各郡都尉，郡爲中央與縣的聯繫機關，執行中央律令，監督所屬各縣，郡國具有治民的職掌，或進賢勸功，決訟檢姦，勸民農桑，振救乏絕，秋冬遣無害吏無訊諸囚，平其辜法，論課殿最，歲盡遣吏上計，並舉孝廉，郡國二十萬舉一人，典兵禁備盜賊，郡守因地因時而可有權省公費，除吏繇，以及任免所屬椽吏。

漢代的郡守縣令，均有專殺權，有時郡守濫設法令，中央亦加限制，丞相御史直接管轄郡守，丞相御史大夫又考察郡守歲終的計簿，而西都天子親受計，所謂計帳，則計相（丞相屬官）上之。東京但使司徒受計。兩漢均重視太守，官職，政績良好，常升任公卿，後漢時代或以尚書令，僕射爲郡守，或自郡守入爲三公（見通考卷六三）。郡守的屬官如「丞」，是輔佐太守的，邊郡有長吏掌兵馬，有諸曹掾史多人，如：漢書循吏傳上所稱：「有功曹史主選署功勞，有五官掾署功曹及諸曹事，其監屬縣有五部督郵，曹掾一人，正門有亭長一人，主記室史主錄記書催期會，無令史，閤下及諸曹各有書佐幹主文書。」功曹主太守屬吏的任免賞罰等，功曹外，有主簿主拾遺補闕，議曹掌參議。督郵監察屬縣官，分部不同，有五部督郵（見續漢志），亦有分兩部者，郡掾也監督四縣，卽係督郵之職。郡有決曹主罪罰刑獄事，郡有文書博士，有郡三老、少府、戶曹、倉曹、太守的屬官還有別駕，書佐（十八），賊曹掾等郡有內郡外郡之分，外郡有長史官，內郡無之，內郡中以京都爲皇帝所在地，其郡守的職權及員吏，異於他郡。秦代治理京師之官，稱爲內史，漢之三輔官卽治京師附近三郡，東漢治京師者爲河南尹。三輔官，以郡守高第升入，三輔掾吏，得用他郡人，其吏掾亦較高於他郡。

漢武帝開地斥境，南置交趾，北有朔方，改雍爲涼，改梁曰益，並有徐州，及荊揚青豫兗幽并冀等處，乃分天下爲十三部，除司隸校尉部所轄京畿附近六郡外，其餘冀豫兗徐青荊揚益涼幽交并十二州，每州爲一部，均有所轄各郡。州設刺史，郡置太守，刺史初不過按察巡察，爲中央所派之使而已，刺者刺舉不法，史者使也，頗似後世之巡按御史，係一種地方監察官，至平帝時，共有郡國一百零三，其中以國稱者二十，侯國二百四十一，縣邑千三百一十四，道三十二，總共千五百八十七。光武中興後，郡國縣邑，迭有併增，順帝時，郡國有百零五，縣邑侯國千一百八十，桓靈之際，郡國有百十二，又有增加。郡有郡守（景帝後稱太守）郡尉（後亦更名都尉，）光武時，省郡之都尉，以後則於邊郡或要郡偶置之，是以都尉之在東漢，已非郡之常員。漢末增地方之權，改刺史爲州牧，使州成爲有實權的地方行政區域刺史亦成了固定的上級地方官，靈帝時又改州刺史爲州牧如劉焉劉虞並自九卿，出爲益州幽州牧，專州郡之行政司法各權，並置別駕治中諸曹掾屬號曰外台。

兩漢縣治相同，縣令與縣長所屬的丞尉，其秩次不一，王莽時嘗改縣令爲宰，漢代的縣，受郡的指揮與監督，太守有秋巡以課縣吏，有春行以勸農商。縣組織之下爲鄉、亭，亭長「求捕盜賊，承望都尉」「里有里魁，民有什伍，善惡以告。本注曰：里魁掌一里百家，什主十家，伍主五家，以相檢察，民有善事惡事，以告監官」（漢書百官表）。日知錄稱亭有亭舍，且有街守之設，亭是行旅的止宿地，亦是解決鄉民爭訟的公所，三老爲劉邦所置，孝悌力田爲呂后所置，文帝時置常員，鄉官之秩祿取給於民，縣有三老，郡國亦有三老，縣令縣長的屬官，尙有自署的曹掾史，「諸曹略如郡員，五官爲廷掾，監鄉五部。春夏爲勸農掾，秋冬爲制度掾。」（續漢志卷二八）。縣史掾史，重要者，如門下掾，戶曹掾史、縣令、令史、獄史、外史、閭師、功曹、鄉吏、里正、校經師等，又有鐵官、工官、水官（設於魚利多之縣），鹽官以地而定。

第五節　魏晉南北朝的地方制度

自東漢以司隸校尉及十二刺史各主一州，漢末又以州牧代刺史後，州漸成地方區域，而在郡縣以上，迄隋代以前，未嘗改易，三國時，魏與吳蜀分立，魏有州九，郡五十四；蜀有州一，郡十一，吳有州四，郡十八。（魏得豫雍等九州，蜀得益州，吳得揚荊交三州，並分交州爲廣州。）晉分州爲二十，（置司州創立秦、寧、平、梁、江、益州，並吳之廣州共二十州，）因兼行封建，遂亦有國，郡國共有百七十有三，縣邑千二百二十有九，迄司、豫、雍、涼。青、幷。兗、幽等州淪陷，遺民南渡，漸立州郡。晉書：「州置刺史；郡皆置太守，河南郡，京師所在，則曰尹，諸王國，以內史掌太守之任。」關於州的組織，魏設州牧，晉則改爲刺史，任重者爲持節都督，輕者爲持節。非要，則單爲牧或刺史。前漢遣使，持節爲信，魏晉武官持節，則其位甚重，魏黃初二年，置都督諸州軍事，以持節都督稱，凡衝要之州，均以都督兼刺史。刺史雖爲牧民之官，而以「持使節」兼領，頗似清代的督撫。晉同魏制，持節分爲三種：一、「使持節」，得殺二千石以下；二、「持節」，可殺無官位者；三、「假節」，則限於軍事，僅得殺犯軍令者，是以魏晉時代的刺史，因持節而可總攬一州的軍政大權。

西晉以後，往往以校尉等爲州刺史，晉元康中，以護羌校尉爲涼州刺史，西戎校尉爲雍州刺史，南蠻校尉爲荊州刺史，以後南齊亦嘗以劉宋所置之護三巴校尉，改爲刺史，則係以武職兼地方事。州之下有郡（設太守）國（設內史）；郡國之下有縣（設令或長），與漢制同，太守內史兼掌兵，以兼帶將軍或中郎將之號爲榮。

通考：「縣尉，漢大縣二人，小縣一人。……主追捕盜賊，伺察姦非，魏因之。」縣之佐治員，晉時有縣尉（職在巡禁姦宄），及主簿（鈎稽簿書），至於前代所設的縣丞，則已廢置。宋書卷十一律志序：「魏晉以來，遷徙百計，一郡分爲四五，一縣割成兩三。或昨屬荊豫，今隸司兗；朝爲零桂之士，夕爲廬九之民。去來紛擾，無暫止息，版籍爲之渾淆，職方所以不能記。」又通典卷三三職官十五上說：「不經宰縣，不得入爲台郎。」台郎卽尚書郎，爲重視縣政的表現。

宋齊的各州都督刺史，多以皇子充任，而皇子年幼，每以資歷較高的親臣爲州別駕或長史，行刺史事以副之，其權且大於刺史。後魏諸州，設三刺史，皇室一人，異姓二人，郡置二太守，縣置三令長，東晉南北朝以後，疆域日蹙，多置州郡，使州郡愈多而轄境愈小，州郡之區域，相差無多。南朝的宋、齊、梁、陳，及北朝的後魏、北齊、周、各代均援漢晉之制，但不再封國。「後魏縣置三令長，孝文初制，縣令能靜一縣刼盜者，兼理二縣，卽食其祿；能靜二縣者，兼理三縣，三年遷爲郡守，食二千石，能靜二郡者兼理至三郡，亦如之，三年遷爲刺史。」（通典卷三十三職官十五）北魏的州郡縣，各分上中下三等，北齊每三等中，又各分上中下三等，其置部設職，各有等差。據通典上說：「北齊制，縣分上中下三等，每等又有上中下之差，自上上縣至下下縣，八九等，然猶因循後魏，用人雜濫，至於士流每恥居之。元文遙遂奏於武帝，請革之，乃密令搜揚世胄子弟，恐其辭訴總召集於神武門，宣旨慰諭而遣，自此，縣令始以士人爲之。」北周末年，復改都爲督總管，一大州總管數小州，但州郡彊域愈分愈小，一州不及漢之一郡，一郡僅如漢之一縣，官多如毛。

第六節　隋唐時代的地方制度

隋初仍沿齊制，惟縣一律置令，無長之稱。開皇三年，罷郡，以州統縣，刺史縣令三年一遷，佐官四年一遷。其原因由於隋文帝以舊制太紊亂，始加改革。隋書卷四十六揚尚希卷上說：「尚希時見天下州郡過多，上表曰：「……竊見當今郡縣倍多於古，或地無百里，數縣並置，或戶不滿千，二郡分領，所謂民少官多，十羊九牧，……今存要去閑，併小爲大，……帝（文帝）覽而嘉之，於是遂罷天下諸郡。」

煬帝大業三年又改州爲郡。郡置太守，縣有令有長。「煬帝以大興、長安、河南、洛陽、四縣令，並增正五品，諸縣皆以所管閑劇及衝要之處，以爲等級。」（通典）郡分上中下三等，舊制有兵處，則刺史帶領諸軍事以統之，至此，別置都尉等領兵，與太守不相知，縣則除京縣外，另分等級，總計郡爲百九十，縣爲千二百五十五，區域較漢均狹。

魏晉南朝嘗於外州，置行台，（魏晉南朝稱尚書省內爲中台或外台，其隨所管之本道，置於外州，稱爲行台，）以行尚書事。北朝的元魏開府置屬號爲尚書大行台，總管一路府州，北齊的行台，在令無文，其官有令，僕射、尚書、丞、郎，隨權制以置員，但为爲征討而設，非爲常置。至北周始兼理民事，隨代援用，號行台省，自尚書令以下，設有食貨、農圃、武器、百工各監，總理兵農工民各事，類似後來元代的行中書省。但在煬帝時，又設有刺史十四人，巡察畿外，後雖改制，仍有司隸從事之職，派遣京官臨時權攝，以行使巡察職務。

以言唐代，唐初郡縣之數，多於隋世數倍，至唐太宗貞觀元年，始革其弊，依山川形勢，分天下爲十道即：國內道、河南道、河東道、河北道、山南道、隴右道、淮南道、江南道、劍南道、嶺南道，睿宗景雲二年，分山南道爲東西二道，又分隴右道而置河西道，旋罷。玄宗開元二十一年更分爲十五道，卽京畿道、關內道、河南道、河東道、河北道、山南東道、山南西道、隴右道、淮南道、江南東道、江南西路、黔中道、劍南道、嶺南道。貞觀初，遣大使十三人，巡省天下，開元十一年，遣使分巡天下，使之分道而察，其後由巡察使改爲按察使，（開元二年巡察使二十八人改爲十道按察採訪使，每道一人，四年罷去，八年復置十道按察使，十年罷，十七年又增十道京都兩畿按察使）又改爲採訪處置使（天寶末，採訪處置使又兼黜陟使），以及改爲觀察置使，其名雖常變，但均因道而常設，每道又有度支營田使，租庸使，轉運使，鑄錢使，分掌財政。道爲一種監察區域而非行政區域。

道之下有州，州之下有府有縣；府有尹，縣有令，州有刺史，唐於道府外，州郡互有廢置，唐之所謂道，可視爲中央分治的區域；所謂府，則係軍衛區域。均不能以地方區域稱。至於京兆、河南、太原等處之稱爲府，係因帝都或行在關係，實則仍與州或郡同爲一級。武德時嘗改郡爲州，天寶時又改州爲郡；乾元時復改郡爲州，因此，唐代的州或郡，實爲同一區域，稱州時，則改太守爲刺史。唐之刺史，已非漢魏可比。但當至德時節度使可制數郡，尙有古刺史之實。

凡戶滿四萬以上的州，爲上州，二萬以上爲中州，不滿二萬爲下州。縣有京縣（如長安萬年等六縣），畿縣（卽京兆等府所轄之縣）；在各州則分：上縣、中縣、中下縣、下縣、四等，縣之長官均稱爲「令」，與隋同。依貞觀十三年的定簿，有州府三百五十八，縣一千五百五十五；依開元二十八年的戶部帳，有郡府三百二十八縣一千五百七十三，其間尙有增減。

唐代行政區與軍區的劃分爲其地方政制特徵之一。除各級行政區域外，又有都督府之設，掌各地軍事，形成軍政分立的現象。都督府又有大都督府（如在揚、幷、益、荊等州）中都督府（如在汴、兗、魏、冀、蒲、綿、秦、洪、閩、越等州），下都督府（如在齊、鄜、涇、襄、安、潭、遂、通、梁、夔等州）。其次，在內地與邊區的制度亦有不同，內地爲普通制如道府州縣，而邊地爲特別制，在邊區地方平時在道區設節度使，由觀察使或按察使兼得專制軍事，州郡區設經略使。此外，有都護府，掌撫諸蕃，征外寇；用兵時另設招討使，以後節度使因漸能總軍旅，專誅殺，每鎮輒統數州，刺史爲其所屬，兵甲財賦民事等，均爲所支配，形同漢末的州牧。

五代之際，地方行政區域有州府，軍監之別，五代時的縣制，未有更張，但縣令人選，多係無能，而其誅求刻剝殊甚。輔佐縣令的縣丞，晉時已廢，隋時又添置，縣各一人。唐時，於縣令之下，亦有縣丞，主簿各一人，京縣則倍之，其職掌同於前代的制度。

第七節　宋代的地方制度

宋初召諸鎮節度使會於京師，賜第以留之，分命朝臣出守列郡，號爲權知軍州事，軍指軍事，州指民政，其後文武官參爲知軍州事，二品以上，及帶中書樞密院，宣徽院職事，稱判某府州軍監，不去底缺，其本官高者謂之判，以後遂成定制。除以朝臣京官知府州軍監縣事外，其使官亦多，均出差遣掌兵者有制置、宣撫、招討、招撫、鎭撫等使，安民者有撫諭使、理財者有總領使等。宋代改唐分道之法而爲路，太宗匡義時，分中國爲十五路，即：京東東、京東西、京西北、河北東、河北西、河東、永興、秦鳳、淮南東、淮南西、兩浙、江南東、江南西、荊湖北、荊湖南、福建、成都、潼川、利州、夔州、廣南東、廣南西，仁宗析爲十八，神宗析爲二十三，徽宗增爲二十六（即：京畿、京東東西、京西南北、河北東西、永興、秦鳳、兩浙、淮南東西、江南東西、荊湖南北、福建、成都府、潼川、利州、夔州、廣南東西、燕山、雲中）。路設經略安使，掌一路兵民之事，置提點刑獄官，掌察一路之訟獄，置轉運使，掌一路之財賦，對於較重要之件，或須劾聞，或須條以上達，南宋以後，宋地狹小，東南所保有之路，僅僅十六（即：浙西、浙東、江南東、江南西、淮南東、淮南西、荊湖南、荊湖北、京西、成都、潼川、利州、夔川、福建、廣南東、廣南西）。

宋採中央集權政治，地方官吏，有京師外州之別，京師所治，立尹治之，對於地方財政司法軍政各權，由中央分別派遣官吏主持，直接總命於中央，凡天下錢穀，由漕司徵集，總於三司；收天下之兵，集於京師，其分駐於外者，稱爲就糧，並由京師遣兵駐屯防守要郡， 又特設提刑官司理地方司法權， 但宋代的地方分區極狹，中央對於地方的直接控制，亦難周到，而各路的政令，亦難畫一。

路以下有州、府、軍、監，府州均領有縣，軍監有領有不領者。凡路多置有監司，以監督地方行政，監司爲一總名，中分爲帥、漕、憲、倉四使。帥爲安撫使，統制軍事；漕爲轉運使，掌一路財賦；憲爲提刑案察使，掌司法事項；倉爲提舉常平使，掌賑濟事項，四者亦非必同時設置，或使一使兼掌他使，九通政典彙要合編卷一八四上稱：「漕、淮、浙、江湖六路儲廩，以輸中都，而兼制茶鹽泉寶之政，及專舉刺官吏之事，設都轉使，轉運使，副都制官，掌經度一路財賦，而察其登耗，有以足上供及郡縣之費，歲行所部，檢察儲積，稽考帳籍，凡吏蠹民瘼，悉條列上達，及專舉刺官吏之事。設提點刑獄，掌察所部獄訟而平其曲直，所至審問囚徒，詳覆按牘，凡禁繫淹延不決，盜竊逋竄不獲，皆劾以聞，並舉刺官吏之事。」

州有知州事，或稱通判，掌一州內之兵、民、戶口賦稅錢穀、獄訟聽斷等。府設府尹（開封府有牧尹，但不常置）無尹時，則有知府事。知府事掌理一府實際政務，此外，還有權知府一人，以待以上的朝臣充任，即宋史上所謂「權知開封府事」，軍置知軍事，監置知監事，縣爲最下級的行政區，亦有赤、畿、望（四千戶爲望）緊（三千戶以上爲緊），上（二千戶以上爲上），中（千戶以上爲中），下（不滿千戶爲中下，五百戶以下爲下）七等，每三年根據戶口數目而爲升降，縣有縣令，其職務在治理民政，勸課農桑，掌理戶口、賦稅、錢穀賑濟、給納，有戎兵則兼兵馬都監或監押，建隆三年，以朝臣爲知縣，其間復參用京官或幕職爲之。

至於縣之佐治員，在宋初並無「縣丞」之設，其後始於赤縣置丞，位在簿尉之上。於有出身幕職令錄內選充，熙寧間又於二萬戶以上之縣設縣丞一員，以幕職官或縣令人充任。崇寧以來，不拘邑之大小，都可置丞，使其主管農林水利，大觀三年又加減罷。嘉定後，小邑不另置丞，以簿兼任。凡縣千戶以上均置主簿；四百戶以上，置尉兼簿事，建隆三年，每縣均置縣尉一員，在主簿之下，其奉賜與主簿同。

第八節　遼金元之地方制度

遼之地方組織，以府爲高，府所轄者有州，有城，並直接有縣，州以統縣爲原則，但州亦有統州者，（如開州統開遠縣外，又統鹽穆賀三州）縣的種類，或屬於府，或屬於州，更有屬於州之州者，（如：遼陽、縣屬於遼陽府，開遠縣屬於開州，會農縣屬於開州所統之穆州）。至於宗室外戚大臣，築城賜額，則稱爲頭下州軍，其不能爲州者稱「軍」，不能爲軍者稱城；不能爲城者稱堡，凡最高之州，均設有節度使司，或觀察使司。其所轄之州，而又轄縣者，設有刺史，縣制，均設有「令」。總計有六府，即：臨潢府、遼陽府、大定府、興中府、析津府、大同府。州軍城共百五十有六，縣二百有九；並有部族五十二，屬國六十。

遼設五道，即：上京，東京、中京、南京、西京。金設十九路，即：上京、東京、中都、南京、西京、咸平、河北東西、山東東西、河東北南、鳳翔、鄜延、慶原、臨洮、大名府、京兆府等。金總管府設都總管，散府設府尹，節鎮設節度使，刺史州設刺史，防禦州設防禦使，均同其級。其下有縣，置「令」，亦有赤縣、京縣、劇縣、上縣、中縣、下縣之分。如：大興宛平爲赤縣；在諸京倚郭者爲京縣；次赤縣者爲劇縣；普通縣，萬戶以上者爲上縣，三千戶以上者爲中縣，不滿三千戶者爲下縣，縣以外，設有鎮、城、堡寨，由知鎮、知城、知堡、知寨，分別領之，計：在先京五，總管府十四。開散府九，節鎮三十六，防禦州二十二，刺史州七十三，軍十六，縣六百三十二，後盡升軍爲州，或升鎮堡寨爲縣，於是京府州乃有百七十九，縣增至五十一，城寨堡關共一百二十二，鎮有四百八十八。

元人分領土爲四汗國，在中國境內者爲大可汗國所屬，依其封建部落的舊習，畫分所屬爲十一區，各設一「中書省」，省領若干「路」。除北京一區外，各中書省均冠以「行」字，以行中書省而與中央區相爲分別。元代的行中書省，原稱行中書省事，表示中書省分出於各地方之意，後漸成常置的地方行政官府，並表示其爲行政區域之名，略稱行省。

「國初有征伐之事，分任軍民之事，皆稱行省，未有定制。」如：元之太祖十二年封木華黎為太師國王都行省；（木華黎傳）十九年以嚴實為彰德等州之行尚書省事；（元太祖紀）二十二年任李全為淮南楚州行省；（李魯傳）元憲宗元年任牙剌瓦赤，不只兒，斡魯不覩答兒等為燕山等處行尚書省事，任訥懷塔剌海，麻速兒等為別失八里等行尚書省事；任阿兒渾為阿田河等處行尚書省事；（元憲宗紀）使都元帥察罕兼領尚書省事（本傳）等。

百官志上又說：「中統至元間，始分立中書省，因事設官，官不必備，皆以省官出領其事，其丞相皆以宰執行某處省事繫銜。」如：元中統元年，書中書右丞相廉希憲行秦蜀行省事；（元世祖紀）二年，以右丞粘合南台，行中與行省事；右丞張啓元行平陽太原等路行省事；至元二年參知政事張惠行山東省事；（本傳）翌年左丞相耶律鑄代之。

自元統元年以來，已用知行省之名，但其備設行省專任丞相以下官屬，實自至元十一年始，元世祖紀：「至元十一年三月辛卯，改荆湖淮西二行樞密院為二行中書省，伯顏，史天澤並為左丞相，阿求為平章政事，阿里海牙為右丞，呂文煥為參知政事。行中書省於荆湖合答為左丞相，劉整為右丞，塔出，董文炳為參知政事，行中書省於淮西一帶。同年八月以史天澤之議，廢淮西行省，而為行院，只存荆湖行省。」至元十七年以後，有日本行省，（征東行省）十八年之占城行省，二十三年之緬中行省，交趾行省等。

其初，丞相均以執行某省事繫銜，後改為某處行中書省。凡錢糧，兵甲，屯種，軍國重事，無不領之，每省丞相一員，平章二員，右丞一員，左丞一員，參知政事二員，但丞相非必設置，常付缺如。此外，又有宣慰使，肅政廉訪使，儒學提舉使。行省因國內紛亂，漸進而為地方區域，權力頗大，形成極端的地方分權的現象。

行省之下有路府州縣，大抵以省領路，路領州，州領縣，而腹地或有以路領府，府領州，州領縣者；且有府與州不隸於路而直隸於省者；又有縣不隸於州，而直隸於府路者，邊遠地區，設有軍，各統以縣，元置行中書省十一（即：河南、江浙、江西、湖廣、陝西、四川、遼陽、甘肅、嶺北、雲南、征東等處行中書省，行中書省統有路府，元於各路設總管府，有上下路之別（十萬戶以上爲上路，十萬戶以下爲下路，或當衝要而不及十萬戶者亦爲上路）。是以府路通稱，領有州縣。

十一行省然十一國，有宣慰司掌軍民之務，分道以統郡縣，行省有政令，則布於下，郡縣有請則爲達於省，行御史台稱行台，二十二道肅政廉訪使，除八道隸御史台外，江南十道則隸於江南行台，陝西四道，則隸於陝西行台，行樞密院及行院，專主兵事，事竣，則能入行省。

州縣各分三等，江淮南北之制，如州，一萬五千戶以上爲上州，六千戶以上爲中州，六千戶以下爲下州；江淮以南，以五萬戶以上爲上州，三萬戶以上爲中州，不及三萬戶爲下州，再言縣，六千戶以上爲上縣，二千戶以上爲中縣，不及二千戶爲下縣。江淮以南，則以三萬戶以上爲上縣，一萬戶以上爲中縣，一萬戶以下爲下縣。計路有一百八十五，府有三十三，州有三百五十九，軍有四，安撫司有十五，縣有一千一百二十七。上縣置達嚕噶齊一人，縣尹、丞、簿、尉各一人，典史二人。中縣不置丞，餘如上縣，下縣置官如中縣，民少事簡之地，則以簿兼尉，後又別置尉，主捕盜，別有典史一人。在赤縣中之宛平縣，置達嚕噶齊及尹各一人，丞、文簿各三人，尉一人，典史三人；而在大興縣則置達嚕噶齊、尹、丞各一人，主簿二人，尉一人，典史三人。元制，凡主要長官，均由蒙古人充任，漢人南人只充佐治人員。

第九節　明代的地方制度

明代罷中書省，存行省之名，確定行省爲地方區域，明代行省有十三，即：山東、山西、陝西、江南、浙江、江西、湖廣、四川、福建、廣東、廣西、雲南、貴州，尙有南直隸北直隸，原有之路改爲府，府分三等，糧達二十萬石以上者爲上府，以下者爲中府，十萬石以下者爲下府，全國共一百五十九府。府以外有州，州有屬州，直隸州之別，屬州地位，與縣相等；直隸州直屬於京師，或省，可領縣，其地位等於府（有二百三十四州）。

省的組織分三部，卽承宣布政使司，（處理一省民政）；提刑按察使司（掌一省刑名按劾之事），都指揮使司（掌一省軍政），分其權於三司，使之相互牽制，藉獲中央集權之效，永樂以後，督撫制度，漸次成立，影響於三司分立制度的動搖。督撫本爲差名而非官名，以尙書或侍郎任之。總督本有「總督糧秣」「總督河工」「總督軍務」等名，後因對內對外，用兵，各鎭總兵不相連絡，遂常以尙書或侍郎等要員總督軍務，以爲統制；加之用兵之際，又總指揮文官，乃加之以「都察院右都御史」之銜，使可指揮並監督地方官吏，因之布政按察各司，都受總督的節制。

明太祖命太子巡撫陝西，取左傳「行則撫軍，守則監國」之義，取名巡撫，後人亦稱撫軍。巡撫亦係中央派侍郎等大員巡視撫綏地方水旱飢饉，而有以宣慰人民，但侍郎隸各部，巡撫御史隸都察院，所以巡撫侍郎與巡撫御史的系統不同。因不便行文，遂又加巡撫侍郎以「都察院右都副御史（或僉都御史）之兼銜。使可督率巡按御史，因之巡撫侍郎，掌有監督地方官吏之權，而布政按察亦於無往中受其指揮，同時又須於水旱飢疫之地兼及平盜各事，既已設置侍郎巡撫，使不再派總督軍務之人，而以巡撫侍郎「提督軍務」。巡撫又漸兼管地方文武官吏之權。但在明代，督撫都是差名，而非官名，其銜名如「總督陝甘軍務」，或「巡撫浙江」其管轄區域亦不限於一省或數省。

明代特遣之巡撫御史，代中央督察一省，其權力與地位，較之漢武帝以後之十三部刺史爲尤重，而與漢代的綉衣直指御史相似，府設知府一人，州置知州一人，縣設知縣一人，掌一縣之政，「凡賦役歲會，實徵，十年造黃册，以丁產爲善，賦有金穀、布、帛、及諸貨物之賦，役有力役、雇役、借債不時之役，皆視天休咎，地理，豐耗，人力貧富，調劑而均節之，歲歉則請於府，若省而蠲減之，凡養老祀神、貢士、讀法、表善良、恤窮乏、稽保甲，嚴緝捕、聽獄訟，皆躬親厥職而勤愼焉，若山海澤藪之產，足以資國用者，則按籍而致貢。」（續通考卷六十一，職官十一）明代計有府百四十，羈縻之府十有九，州二百三十有四，縣一千一百七十有一，此外，土官宣慰司十有一，宣撫司十，安撫司二十有二，招討司一，……等。

明初，布政使司的長官，初分三等，上府從三品，中府正四品，下府從四品，後改爲正品。縣分三等，上縣知縣從六品，中縣知縣正七品，下縣知縣從七品，後改爲正七品。縣以糧額多寡分之。十萬石以下者爲上縣，六萬石以下者爲中縣，三萬石以下者爲下縣。縣之佐治員，無尉之設，有縣丞，主簿典史，各州府縣關津要害處，設巡檢，副巡檢，主緝捕之事，置驛丞，掌郵傳迎送之事，置河泊所官閘官壩官，掌收魚税啓閉之事。設税課司大使，掌典税之事。置批驗所，遞運所，掌驗茶鹽，遞運糧食之事。

第十節　清代的地方制度

清初沿用元人「行省」及明代督撫制度，一省之中，督撫一人之權甚大。清代仍行「省」「府」「縣」地方三級制，「道」爲監察分區，並非行政區域，設省十八，光緒時又增爲二十二省，省下設道，十八省共有八十一道，道之下有府及縣，至於州廳則參列其間，或同於府（則隸於省），或同於縣（則分治如縣）。省爲最高級的行政區，總督巡撫，成爲定員，但亦僅有巡撫而無總督，或僅有總督而無巡撫者，巡撫掌民政，總督兼軍政，總督爲地方最高長官，綜治軍民，有轄一省或兼管數省巡撫的職權，略次於總督。其不設總督之省，卽由巡撫兼管提督的職務，以掌兵事。因清代於重要省分設提督，統轄全省水陸各軍，爲武職中最高之官。

清代總督必兼「都察院右都御史」銜，至於應否兼「兵部尚書」銜，則由吏部請旨定奪。清代巡撫，必兼「都察院右副都御史」銜，應否兼「兵部侍郎」銜，亦由吏部請旨定奪。督撫下面有承宣布政使及提刑按察使兩司，布政使掌理財政戶口監察轉免道府以下文官。按察使掌一省刑名按劾之事，以振風紀而澄吏治，三年大比，爲監試官，大計爲考察官，秋審爲主稿官，又有提督學政掌一省學校士習文風之大政令。

總督一方面爲地方的長官，一方面有政務的掌握，其職權頗廣，有奏摺咨請之權，有制定省例之權，有節制軍隊之權，有對外交涉之權，有陞調黜免監督文武官吏之權，有上奏會計及監督官吏之權，有第四審之裁判權有兼理河道鹽政之權，備有元代行省行台行院諸種職權。總督巡撫的職權雖廣，究爲單獨處理政務之官，中央仍易於駕馭，而二司分掌民刑，足以互相牽制，所以總督巡撫不易形成割據。在省之下有道，或合數府，或以省及直隸州爲區域，其下爲府，合數縣或數州廳爲區域，州有普通州（普通州廳與縣並立）與直隸州（直隸州由道而達省，地位同府）之別，最下爲縣。

道在行政上雖介於省，府之間，但僅爲省以下之監察分區，其性質爲布政司之佐貳。道員係治官之官，而非理民之道。關於普通職務的道員，在清初有分守與分巡之別，分守爲布政使之副，專掌錢穀，分巡爲按察使之副，專掌刑名，到了清末，兩者漸混，而無所異，其職務掌彈壓地方，可合令軍隊，並有監督道內事務之權。府置知府，直隸州置知州（規制如知府），屬州亦置知州，以縣之地大而事繁者升置之。廳，置同知或通判，如無轄境，僅爲府之佐貳，其制約如州縣，直隸州或廳方面常以知州行知縣事，不另設知縣。縣有知縣一人，屬下有典史（主獄訟及捕盜等事）有稅課司大使副使，有倉庫司大使副使，（掌賦稅及倉庫）縣丞主簿因事增減，分管糧馬巡撫，河防各事，巡檢主捕盜等事，設於關津險要處。其他如諸藩部諸土司，則係特別的地方行政區域。

關於中央官廳與地方官廳之間，中央官廳與地方官廳，無統率之關係，兩者均直隸於皇帝，遇有互相堅持的事務，惟以勅裁決之。當外省巡撫上奏時，例須咨部，與之接洽。

第三章 中國地方自治制度之特質

第一節 中國古代之地方自治與近代歐美之比較

地方自治的意義有二：一爲廣義的自治，即指任何公共事務凡與人民有利害關係者，都由人民自理，而不依賴政府的官吏，這種觀念淵源於英國，在昔歐洲王權發達之際，英人的自由思想，影響於政治制度之趨向，以爲無論行政、立法、或司法，但使人民參與其間，即爲自治之實行。二爲狹義的自治，即法律上的自治，以團體爲重，由政府予以法律上的人格，使其得以團體自身爲主，在一定限度內，可對政府要求獨立自營的權利，此爲歐洲大陸的自治觀念。

遠在中世封建時代，諸侯互相攻伐，絀於財政，以自治權與市民交換軍費，都市乘機要求各種自治之權。迄後，國王以自治權爲交換品，聯市民以削諸侯之權，都市之權愈大。十七、十八世紀，君主雖專橫，然反響所及，在地方行政上，地方團體仍漸獲得獨立的人格，爲自治行政的設施。此種思想初表現於法國，繼而展及於德意志聯邦中，馴致普魯士邦先承認市自治權，其餘各邦並漸承認鄉自治權，自治之名無遠弗屆，而英國亦漸趨變易其原有的色彩，美國更受這種思潮的影響不少，融成其現行的地方自治制度。

構成地方自治團體的要素，一爲爲公共目的而活動的人民，二爲國土內一定的地區，三爲表示和執行公共意思的機關，四爲政府所賦予的自治權，就組織來說：有行市長議會制的，此制通行於美國各市和歐陸之多數城市，由市民直接或間接選舉市長和議員，以分任行政立法，而收相互監督之效。有行委員制的，如美國各市中，有由市民選出的若干委員。所有市政府的權力，完全集中於委員會之手，委員會爲行政機關，又爲立法機關，市長爲委員會之主席，並無實權。有行市經理制的，如在美國，亦盛行此制，由市民選委員五人或七人，組織委員會以決定行政方針，製訂法律，管理財政收支等事。對於事務的執行，則以最優待遇聘請專家負責。如商店董事會之聘用經理，在加拿大、愛爾蘭、西班牙等處亦有仿行之例。有行議會委員制的，即以議會爲自治團體最高機關，對於行政，則由屬於其下的若干委員會任之。議會選出委員長，此制合立法行政爲一爐，使行政首長受議會的節制，一面又於委員會之上，設長期官制，以專門人才處理行政，不受議會變更的影響，此制行於英國及其殖民地方面，有行行政集權制的，此制在各種制度中，極爲普遍，行於法德日等國，由國家任命官吏掌理行政，對自治團體，只負有限的責任，一方面是國家的行政官，一方面是自治團體的首長。人民代表所議決的，能否執行，仍操於行政首長之手。有採直接公民制的，此爲最不普遍的制度，以自治團體的最高立法權屬於公民團體，而有一公民另選的委員會或首長執行行政事務。此制行於美國，新英格蘭各部之區內，以及瑞士之若干區內。

在中國古代的地方自制治度之下，只就鄉治來說，其處理鄉村事務的吏員，由地方人民推舉，經縣長認可，或由各戶輪流充任，均非國家的專任官吏，此等吏員係名譽制，由各戶樂捐或公攤以助經費，此爲古代地方自治中鄉治制度的特色。

試就中國古代的地方自治制度與近代歐美制度比較看來，可找出其差異之點：一、歐美近代的地方自治，爲全民的參預，中國古代的地方自治則爲少數特殊之地方人士所致力。二、歐美近代的地方治自，係以地域爲其構成的要素，中國古代的制度，則基於宗族觀念的基礎而產生而趨於發展。今之地方自治團體，爲一種地域性的團體，以土地爲構成的要素，至於中國古代的地方自治團體，專依「人」而存在，等於普通之一社團。三、中國古代的地方自治制度，爲農業社會的產物，而近代西洋的地方自治制度，則表現於工商業的進程中，並建築於國家意識國民意識之提點上。四、中國古代的方地自治制度，係基於人類自救與自守的義務心，以及己立立人，己達達人的互助心責任心，其目的不在於預治權，而其實際却輔佐了政府。此與歐美國家所提倡的自治精神不同。歐美制度，則以使人民參政爲目的。五、今之地方自治團體，依人民的要求而產生，是自動的自治，中國古代的自治團體，則爲補行政之不及而設，比較可視爲被動的自治。六、中國古代的地方自治制度，以重秩序，守信義修身齊家爲基本，着重在以道德精神而維繫社會。至於近代歐美的地方自治，則以法治爲本，根據法律，以行舉措。

第二節　中國歷代地方自治機構之演變的大勢

周代的鄉官制，是比較具體的地方自治制度，春秋戰國以來，鄉官制已漸消失，秦行商鞅什伍之法，以五家爲伍，使一人主之，十家爲「什」一人主之，凡同伍同什之人，使互相告姦，如有隱匿不告，則聯坐，其目的專在檢舉姦宄，較周制則爲趨於狹小，兩漢的鄉治，最爲發達，漢代制度，縣下有鄉，有亭有里，後漢書百官志注引漢官儀云：「材官樓船年五十六，老衰，乃得免爲就田。應令選爲亭長。」當時有什伍、里魁、亭長、又有三老、嗇夫、游徼、鄉佐等，武帝時壺關三老茂上書，明戾太子之寃。嗇夫職在聽訟，收賦稅，但東漢設有鄉佐，主賦稅於是嗇夫之職，重在知民善惡爲役先後，知民貧賤爲賦多少，以平其差品。

魏晉南北朝之際，鄉制雖漸破壞，但晉代之鄉，仍有嗇夫，里仍有吏，晉初以每縣戶五百以上設鄉，三千以上設二鄉，五千以上設三鄉，萬以上設四鄉，鄉置嗇夫一人，鄉戶每千以下置治書一人，千以上置吏佐各一人，正一人，五千五百人以上置吏一人，佐二人，縣率百戶置里吏一人，其土廣人稀，能隨宜四達，吏背不得減五十戶。

南朝之宋，以五家爲伍，伍長主之，二伍爲什，什長主之，十什爲里，里魁主之，十里爲亭，亭長主之，十亭爲鄉，鄉佐、三老、有秩、嗇夫、游徼各一人，其職守亦同秦漢。北朝之後魏，初行宗主督護之制，但不同宗者，常以細故，而起爭端，孝文帝時，改行隣里黨長之制，係採用李沖之說，立三長，以五家爲一隣，置一隣長，五隣爲一里，置一里長，五里爲一黨，置一黨長，各舉選人之強謹者充任，使課有常準，賦有常分，北齊則合十家爲一隣比，五十家爲閭，百家爲「族黨」，一黨有黨族長一人，副一人，閭長一人，鄰長十人，合領百家。

隋初，縣以下，推行保閭族制，五家爲保，四閭爲族，各置正領之以相檢察。更以五百家卽五族爲一鄉，置鄉正，掌管民間聽訟之事，畿外置里正、比閭正、黨長、比族長等，開皇十四年，盡罷鄉官，鄉治始衰。隋書：「開皇五年，長孫平奏……令諸州百姓及軍人，勸課當社，共立義倉，收穫之日，隨其所得，勸課出粟及麥，於當社造倉窖貯之，卽委社司執帳檢校，每斗收積，勿使敗損，若時或不熟，當社有饑饉者，卽以此穀賑給，又十六年二月二日又詔：社倉准上中下三等稅，上戶不過一石，中戶不過七斗，下戶不過四斗。」這種地方上的會社，雖不能表現積極的設施，却能實現消極的救濟與防禦的目的。

唐代縣以下採里鄉鄰保制，百戶爲里，五里爲鄉，四鄉爲鄰，五鄰爲保。百里置里正一人，其職掌爲按比戶口，勸課農桑，檢察奸宄，催征賦稅，及防盜等。鄉設耆老一人，亦稱父老。（貞觀九年，復於每鄉置長一人，佐二人）五百戶以上的市鎮爲坊，置坊正一人。在田野者爲村，別置村正一人，村滿百家以上者增置一人，村居未滿十家，則不另設村里。

五代時，授田之制既廢，地方雖有鄰保等區劃，但其職務，已類似近代警察的作用，專在防禦盜賊，糾察不法，周世宗時，嘗以五戶爲一「團」，團中選三大戶爲耆長，於糾舉奸盜之外，並檢察民田，頗具地方自治的作用。

宋代的鄉治，沿唐代之舊，但分催征與保安爲兩事。唐代以里正、鄉長、坊正、村五掌管，督催賦稅，防禦盜賊等事。北宋以里正、戶長、鄉書手續專司督賦，另設耆長、弓手、壯丁，專司防盜，唐宋的鄉治精神，去古已遠，宋代的里正、戶長等，徒給差役，對於政教的關係，表現很微，王安石時，行保甲法，以十家爲保，設一保長，五十家爲一大保，設一大保長，十大保爲都保，設正副督保各一，每戶置牌，挨戶抽選壯丁，給於弓弩，授以武術，輪流備盜，其後又圖恢復比、閭、族、黨、之法、但未完成。南宋之保長，保正制度，條供差役而已。

使風教易周，家至日見，此大督小，從近及遠，如身之使手，幹之總條，然後口算平均，義興訟息。」但是，這種制度如果運用不當，易於發生妄張威福，肆虐鄉閭的弊端，因爲里胥鄉正既有權糾察非違，卽可以濫用威權，欺良民，加之，又有權督課賦役，更可以剝削良民。何况他們又能出入官府，很容易形成狼狽爲奸的惡現象。所以昔時地方自治制度下基層人員的好壞，影響於人民的幸福不少，柳子厚封建論上說：「有里胥，而後有縣大夫，有縣大夫而有諸侯，有位諸侯而後有方伯連帥，有方伯連帥而後有天子。」顧炎午的日知錄上說：「天下之始，始於里胥，終於天子，其灼然者矣。」

日知錄上又說：「明初以大戶爲糧長，掌其鄉之賦稅，多或至十餘萬，運糧至京，得朝見天子，洪武中或以人材授官，至宣德五年閏十二月，南京監督御史李安，及江西廬陵吉水二縣耆民，六年四月監察御史張政，各言糧長之害，謂其倍收糧石，準折子女，包攬詞訟，把持官府，屢經禁飭，而其患少息，然未嘗以是而罷糧長也。」明仁宗洪熙時，巡按四川監察御史何人淵進言：「天下州縣，設立老人，必選年高有德，衆所信任者：比年所用，多非其人，或出自隸僕規避差科，縣官不究年德如何，輒令充應，使得憑藉官府，妄張威福，肆虐鄉閭；或遇上司官按臨，巧進讒言，變亂黑白，挾制官吏。」顧炎午在日知錄上也批評：「近世之老人則聽役於官，而靡事不爲，故稍知廉恥之人，不肯爲此，而願爲之者，大抵皆姦滑之徒，欲倚勢以陵百姓者也。」這是論及到古代地方制度之下層的病態。

敬啟

『民國專題史』叢書，乃民國時期出版的著名學者、專家在某一專題領域的學術成果。所收圖書絶大部分著作權已進入公有領域，但仍有極少圖書著作權還在保護期内，需按相關要求支付著作權人或繼承人報酬。因未能全部聯系到相關著作權人，請見到此説明者及時與河南人民出版社聯系。

聯系人　楊光
聯系電話　0371–65788063
2016年3月28日